Staats- und socialwissenschaftliche Forschungen

herausgegeben

von

Gustav Schmoller.

Neunter Band. Viertes Heft.

(Der ganzen Reihe vierzigstes Heft.)

F. Groſsmann: Über die gutsherrlich-bäuerlichen Rechtsverhältnisse in der Mark Brandenburg vom 16. bis 18. Jahrhundert.

Leipzig,
Verlag von Duncker & Humblot.
1890.

Über die

gutsherrlich-bäuerlichen Rechtsverhältnisse

in der

Mark Brandenburg

vom 16. bis 18. Jahrhundert.

Von

Dr. phil. **Friedrich Grofsmann.**

Leipzig,
Verlag von Duncker & Humblot.
1890.

Seinem verehrten Lehrer,

Herrn Geh. Regierungsrat Dr. A. Meitzen,

Professor an der Universität Berlin,

zugeeignet.

Vorwort.

Die vorliegende Schrift stützt sich zum Teil auf ungedrucktes Material, zumeist entnommen dem hiesigen Geh. Staats-Archiv. Für die bereitwillige Gestattung des Zutritts zu demselben bin ich der Kgl. Archivverwaltung zu Dank verpflichtet, nicht minder den Herren Geh. Archivrat Reuter, Archivrat Dr. Friedlaender, Archivar Dr. Arnold, welche mich bei der Benutzung der Akten stets freundlichst unterstützt haben.

Herrn Geh. Regierungsrat Meitzen, der mich zuerst in das Studium der Agrargeschichte eingeführt hat, sowie Herrn Professor Schmoller, in dessen staatswissenschaftlichem Seminar diese Arbeit vorgelegt wurde, spreche ich auch an dieser Stelle meinen Dank aus für die vielfache wissenschaftliche Anregung und Förderung, die ich von ihnen erfahren.

Berlin, März 1890.

Friedrich Grofsmann.

Inhaltsübersicht.

Berichtigungen.

Auf Seite 28 Zeile 5 von oben ist zu lesen statt: **426** Bauern 389.
- - - - - - - - - - - **1563½** Hufen 1524.
- - - - - - - - - - - **85** Kossäten 100.
- - - - 6 - - - - - - **7773** Bauern 7989.
- - - - 7 - - - - - - **5101** Kossäten 5487.
- - - - 10 - - - - - - **3228½** Hufen 3256.
- - - - - - - - - - - **4791⅚** - 4780.
- - 71 - 12 - - ist hinter 1624 einzuschalten: , noch nicht die von ca. 1570.
- - 79 - 5 - - ist zu lesen statt: Nichterblichkeit Vererblichkeit.

Erstes Kapitel.

Die gutsherrlich-bäuerlichen Rechtsverhältnisse in der Mark Brandenburg während des 15.—18. Jahrhunderts sind nur zu verstehen, wenn man zurückgeht bis auf die Zeiten, in denen die Mark wie alle Länder östlich der Elbe kolonisiert wurden.

Wie die Besiedlung erfolgte, ist freilich keineswegs völlig klargestellt, namentlich sind wir über das Schicksal der Wenden noch nicht sicher unterrichtet. Während die einen annehmen, sie seien völlig vertrieben oder in die Kietze zurückgedrängt worden[1], glauben andere, die Kolonisation sei mehr auf friedlichem Wege erfolgt[2].

Wie dem auch sei, — die Wahrheit dürfte wohl auch hier in der Mitte liegen, da die ganze Mark nicht gleichzeitig kolonisiert wurde — das steht fest, dafs für die bäuerliche Rechtsentwicklung in späterer Zeit nicht die slavischen, sondern die deutschen Rechtsverhältnisse mafsgebend geworden sind, und wir betrachten daher zunächst in kurzem Überblick die Gestaltung dieser bis etwa zur Mitte des 15. Jahrhunderts.

Auch hier freilich herrscht noch keineswegs völlige Klarheit, nicht einmal hinsichtlich der wichtigsten Fragen. Denn erst vom 13. Jahrhundert ab beginnen die Urkunden, die uns allein Auskunft geben können, reichlicher zu fliefsen, bis dahin sind wir auf Rückschlüsse und Vergleiche mit den andern Ländern östlich der Elbe, deren Besiedlung allerdings fast gleichzeitig und fast gleichartig mit der der Mark erfolgte, angewiesen.

---

[1] So Droysen, Preufsische Politik Bd. I p. 59. Vergl. auch Ernst, „Die Colonisation Mecklenburgs im 12. u. 13. Jahrh." (in Schirrmachers Beitr. z. Gesch. Mecklenburgs Bd. II) passim.

[2] Riedel, Die Mark Brandenburg im Jahre 1250 (1831/32), passim.

Die ursprüngliche Stellung der Bauern in der Mark schildert Korn[1] folgendermaſsen: „Sie waren durchaus persönlich freie Leute, besaſsen ihre Güter erblich und unwiderruflich, durften sie frei veräuſsern und ohne die Verpflichtung zur Beschaffung eines Nachfolgers (Gewehrsmannes) ungehindert verlassen. Auſser den Abgaben an Zins, Decem und Bede, welche alle dem Markgrafen zukamen, hatten sie nur solche Dienste dem Landesherrn zu leisten, welche das öffentliche Interesse nach der damaligen Staatsverfassung erforderlich machte. Unter einer Privatgutsherrschaft standen sie nicht, vielmehr waren sie nur ihren eigenen Dorfgerichten mit dem Schulzen an der Spitze und den markgräflichen Landgerichten unterworfen“.

Diese Ansicht hängt wesentlich mit der Meinung zusammen, die sich Korn über die Art und Weise der deutschen Dorfgründungen in der Mark gebildet hat, daſs nämlich in der Regel ein Grundherr ganzen Bauerngemeinden unter Vermittlung eines Unternehmers, des späteren Schulzen, ein bestimmtes Stück Land zur Bebauung gegen Entrichtung von Abgaben überlieſs.

Unter den Grundherrn versteht Korn[2] vorzugsweise gröſsere Grundbesitzer, wie — auſser dem Markgraf — noch geistliche Stifter und hohe Adlige. Ebenso urteilt Bornhak. Ja dieser geht sogar soweit, zu behaupten[3], „es sei kein einziger Fall nachzuweisen, daſs der weltliche Lehnsmann eines Markgrafen oder Herzogs, ein einfacher Ritter, auf seinem Grund und Boden ein Dorf hätte begründen lassen“.

Dem gegenüber kann ich u. a. auf eine wagrische Urkunde aufmerksam machen, in der dem holsteinschen Overboden Marquard von Stenwer vom Grafen von Holstein ein groſses Gebiet, die noch heute so genannte Propstei, damals noch mit Wald bedeckt, überwiesen wird. Dabei ist die Einnahme des Ritters, die Brüche aus dem Gericht, 1 Freihufe etc. so genau bestimmt, daſs man sieht, es kann sich hier nur um Kolonisationen handeln, die der Ritter vornehmen sollte[4].

---

[1] Zeitschrift f. Rechtsgeschichte Bd. 11 p. 7. Im folgenden einfach mit Korn citiert.

[2] p. 9/10.

[3] Über die Entstehung des Rittergutsbesitzes in den Ländern östlich der Elbe. Forschungen zur deutschen Geschichte Bd. XXVI p. 127 ff.

[4] Hasse, Schleswig-Holsteinisches Urkundenbuch Bd. I N. 328 ao. 1216, vgl. Lübeckisches Urk.-B. I. N. 269. Hier erhalten die Ritter Marquardt von Segeberg und Berthold von Rönnau die Acker des Dorfes Gnissau unter der Bedingung, jährlich 100 solidi zu zahlen, wenn sie aber in ihrem Gebiete mehrere Dörfer gründen, brauchen sie von diesen keinen Zehnten zu zahlen, erst ihren Enkeln kann der Bischof das Abkommen kündigen.

Selbst wenn wir aber keine urkundlichen Gegenbeweise hätten, so würde doch das Fehlen der Urkunden kein argumentum ex silentio zu ziehen gestatten. Denn es liegt durchaus kein Grund vor, anzunehmen, dafs bei den Dorfgründungen immer ein schriftlicher Vertrag zwischen dem Grundherrn und den Bauern resp. dem Unternehmer abgeschlossen worden sei. Wäre dies der Fall, so wäre es ganz undenkbar, dafs in solchen grofsen Territorien, wie z. B. der Mark Brandenburg oder Mecklenburg, fast alle diese Kolonisationsprivilegien spurlos verschwunden wären. Andrerseits aber sehen wir doch schon unmittelbar nach der Kolonisationszeit im 13. Jahrhundert überall ganze Dörfer in den Händen von Rittern. Mit Recht hat daher Knapp[1] als die weitaus häufigere Besiedlungsart angenommen, dafs der Bauer von Anfang an einen kleinen Grundherrn über sich hatte; es fragt sich nur, welche Rechte dieser besafs.

Um dies zu verstehen, mufs man sich die eigentümlichen Besitzverhältnisse in der Mark klar machen. Alles Land gehörte dem Markgrafen, der es vom Kaiser zu Lehn erhalten. Er konnte nun das Land entweder direkt an Bauern austhun oder — wie wir soeben als wahrscheinlich nachgewiesen — an Ritter resp. Klöster behufs Kolonisation weiterverleihen. Der Ritter setzte aber den Bauern durchaus zu gleichem Recht ein, wie der Markgraf. Die Glosse zum Sachsenspiegel[2] kennt in der Mark nur ein bäuerliches Besitzrecht, das Erbzinsrecht, d. h. das Recht, das Land gegen Abgabe eines Zinses erblich zu nutzen. Der Bauer konnte sich also keineswegs Eigentum zuschreiben[3]; selbst dann nicht — das beweist die Glosse Johann von Buchs[4] deutlich —, wenn er den Boden selbst urbar gemacht hatte, sondern er hatte von Anfang einen Herrn über sich, von dem er sein Land empfangen, nämlich den, dem er den Zins gab. Dieser Herr war aber nach altem deutschen Recht befugt, ihn zu pfänden, wenn er den Zins nicht zahlte[4], er hatte auch ein Vorkaufsrecht an dem Bauerngut[5].

In dieser Hinsicht standen also der Markgraf und der kleinere Grundbesitzer einander gleich.

Der Markgraf hatte aber als Landesherr noch andere Rechte über die Bauern, er war der oberste Gerichtsherr über

---

[1] Bauernbefreiung in den östlichen Provinzen Deutschlands Bd. I p. 34. Im folgenden einfach mit Knapp citiert.

[2] art. III 79 u. II 59. Leider ist in den Ausgaben nicht deutlich zu erkennen, welches die ursprüngliche Glosse Johann v. Buchs ist. Wäre dies der Fall, so würde man zweifellos die ursprünglichen Verhältnisse klarer überschauen.

[3] Wie Knapp annimmt, I. p. 57.

[4] Gl. zu Ssp. I 54.

[5] Gl. zu Ssp. III 79.

alle Bewohner der Mark, er konnte ihnen Steuern — die Beden — abfordern, endlich auch Dienste mit ihren Wagen und Pferden oder mit ihrer Hände Arbeit beanspruchen, besonders Burg- und Brückendienst — die Namen bezeichnen das Wesen — und den Heerdienst[1].

Es wäre nun an und für sich wohl denkbar gewesen, dafs der Markgraf, wenn er einem Ritter Land zur Besiedlung übergab, sich über die anzusetzenden Bauern alle diese Hoheitsrechte vorbehielt, dafs er die Steuern für sich erhob und durch seine eigenen Boten eintreiben liefs, dafs er die Gerichtsbarkeit und damit auch nach mittelalterlicher Anschauung die Polizei entweder selbst ausübte oder einen Vogt mit der Verwaltung derselben beauftragte, dafs er die Dienste der Bauern nur zum Bau der Wege, Festungen, Brücken etc. im öffentlichen Interesse in Anspruch nahm.

Allein wahrscheinlich ist dies durchaus nicht; denn man mufs gerade der Darstellung Korns gegenüber, die Knapp zur Grundlage seiner Schilderung genommen hat[2], betonen, dafs das Mittelalter eine Scheidung zwischen öffentlichem und privatem Recht in unserm Sinne nicht kennt. Daher kann der Markgraf die Hoheitsrechte, die ihm zustehen, als private Finanzquellen benutzen, er kann sie veräufsern, verschenken oder verpfänden.

Was lag nun näher, als dafs er einem Ritter, den er mit Grundbesitz zum Zweck der Kolonisation belehnte, auch das Recht verlieh, die Bede als Einnahmequelle neben dem Zins sich anzueignen und die Gerichte zu halten. So verzichtete schon im Jahre 1197 der Markgraf für das Gebiet des Bistums Brandenburg auf alle ihm zustehenden Rechte[3]. Warum sollten nicht auch die kleineren Grundbesitzer diese Rechte erhalten?

Mit Recht hat daher Kühns[4] angenommen, dafs z. B. die Patrimonialgerichtsbarkeit nicht erst später von der Vogteigerichtsbarkeit sich losgelöst habe, sondern mit der Kolonisation entstanden sei.

Dasselbe Verhältnis konnte natürlich auch nachträglich

[1] Über die Dienste s. Riedel, Die Mark Brandenburg II p. 226 ff.

[2] Ich berücksichtige daher im folgenden in erster Linie Korns Ansichten, Knapp nur da, wo er von ihm abweicht.

[3] Riedel, Cod. dipl. Brandenb. I VIII 123. Ähnlich für das Kloster Arendsee ibidem I XVII 1.

[4] Kühns, Geschichte der Gerichtsverfassung in der Mark Brandenburg Bd. II p. 146 ff. Kühns schreibt allerdings der Patrimonialgerichtsbarkeit eine niedere Kompetenz zu. Es hängt dies mit seiner Auffassung des judicium supremum zusammen. Die Irrigkeit derselben ist von Bornhak, Geschichte d. preufsischen Verwaltungsrechtes Bd. I p. 9 ff. u. p. 33 nachgewiesen. — Der Markgraf behielt sich von der gewöhnlichen Gerichtsbarkeit in der Regel nur die höhere Strafgerichtsbarkeit vor, vgl. Bornhak l. cit. p. 71.

eintreten durch Veräufserungen oder Verleihungen. Und dies scheint in der That, wie das Landbuch von 1375 ausweist[1], in umfassendem Mafse in der Mark unter den askanischen Fürsten geschehen zu sein, nicht nur hinsichtlich der Gerichtsbarkeit, sondern auch hinsichtlich des Zinses, den der Bauer in den markgräflichen Dörfern ja ebenso wie in den ritterschaftlichen oder geistlichen zahlen mufste.

War aber einmal der Ritter, sei es von Anfang an, sei es nachträglich, als Erbzinsherr Obereigentümer der Bauernstelle[2], so war der Bauer nach der Anschauung des Mittelalters nicht mehr ein Privatunterthan des Markgrafen, sondern des Ritters, zumal wenn dieser auch noch sonst obrigkeitliche Rechte über ihn erlangt — genau so, wie der Ritter selbst nicht sowohl Unterthan des Kaisers, als vielmehr zunächst des Markgrafen war.

Die Ausbildung dieser Anschauung setzt Korn[3] erst in das 15. Jahrhundert, nach meiner Ansicht ist sie mit und durch die Kolonisation entstanden, jedenfalls ist sie zur Zeit der Bedeverträge[4] — gegen Ende des 13. Jahrhunderts — vollständig klar ausgeprägt. Denn hier heifsen die Bauern subditi vasalli, der vasallus aber ist dominus bonorum[5]. Auch die Gerichte und die Dienste müssen damals bereits vielfach in den Händen des Adels gewesen sein. Wenigstens verordnet schon 1324 der Markgraf[6]: „Wer höchste oder niederste Gerichte oder Frohnden besitze im Land, der solle seine Unterthanen nicht mit Dienst und Gerichten zu Unrecht verderben."

Wäre nun aber die Besiedlung der Mark stets in der Weise vor sich gegangen, dafs der Grundherr, sei es nun der Markgraf oder ein Ritter oder ein Kloster, alles Land an die

---

[1] ed. Fidicin.

[2] Bornhak l. cit. p. 17 behauptet allerdings, diese Anschauung habe sich erst später gebildet, sie liegt aber meines Erachtens schon in dem Wesen der Erbzinsleihe und den Rechten, die sie dem Empfänger des Zinses gab, s. oben p. 3.

[3] p. 7.

[4] Bei Riedel, Cod. dipl. III I N. 8 u. 9 von 1280 u. 1281. Das Datum des zweiten ist falsch, wahrscheinlich ist 1283 gemeint, s. Kühns l. cit. II p. 152 Anm. 222.

[5] Vgl. Bornhak l. cit. p. 17. — Im ersten Bedevertrag heifst es: si de consilio nostrorum vasallorum munitionem aliquam — construemus, ad quam constructionem vasalli cujuslibet subditi, qui possunt attingere, laborabunt corporaliter. — Im 2. heifst es: Huiusmodi census (Bede) erit sempiternus. — Dominus vero bonorum et si dominus ibidem non fuerit, extunc scultetus sive villicus dictum censum tenebitur praesentare terminis prescriptis. Quod si nec per dominum bonorum scultetum seu villicum factum fuerit, bedellus noster licite intrare bona eorum poterit ad requirendum — censum etc.

[6] Kühns l. cit. I. p. 173. Riedel, Cod. dipl. I XV 78 N. 105.

Bauern austhat, so würde der Nachweis, dafs dieselben als unterthänig nicht nur dem Markgraf, sondern auch eventuell dem Ritter schon im 13. Jahrhundert galten, nur einen geringen Wert haben. Denn man würde doch auch für die ältere Zeit die Behauptung Knapps [1] für begründet halten dürfen, dafs etwa bis zum Jahre 1250 es zwar Bauern und auch Ritter gab, dafs aber ein Rittergut im späteren Sinne des Wortes noch nicht vorhanden war. Ja Knapp nennt überhaupt bis zur Reformation den Ritter gar nicht Gutsherr [2], sondern nur Grundherr, wenn er ihn auch wenigstens im 15. Jahrhundert im Besitz der obrigkeitlichen Rechte sein läfst.

Der Grund dieser eigentümlichen Unterscheidung liegt darin, dafs Knapp den Besitz, den die Ritterschaft selbst bewirtschaftete, für sehr gering hält. Er stützt sich hierbei offenbar auf die Anschauung von Korn [3]. Ihnen beiden erscheint daher die Frage nach der Entstehung des vom Ritter bewirtschafteten Gutes ziemlich unwesentlich, den hauptsächlichsten Zuwachs des Ritterschaftsbesitzes sehen sie in der Occupation der wüsten Hufen und der Legung der Bauern.

So wenig ich nun leugnen möchte, dafs durch diese beiden Erwerbsarten der ursprünglich herrschaftliche Besitz aufserordentlich vergröfsert worden sei, so kann man auf diese Weise doch niemals erklären, wie denn jener ursprüngliche Besitz in die Hände der Ritterschaft gekommen sei. Die Schwierigkeit der Erklärung wächst durch den Umstand, dafs der Besitz, den die Ritter in eigener Wirtschaft hatten, gar nicht so unbedeutend gewesen sein kann. Denn schon der Bedevertrag von 1383 [4] rechnet, dafs ein Ritter mindestens 6, ein Knappe mindestens 4 Hufen in eigner Wirtschaft habe. Dies setzt aber voraus, dafs ein ziemlich grofser Teil des damaligen Ackerlandes von adligen Höfen aus bewirtschaftet wurde, da ja doch die Zahl der gesamten Adligen schon damals eine ziemlich grofse gewesen sein mufs. In der That ergiebt auch das Landbuch von 1375, wie die beifolgende

---

[1] I 28.

[2] Vgl. I 33 und 38.

[3] Diese beruht wiederum auf der von Riedel und v. Raumer, s. Korn p. 6 u. 13 Anm.

[4] Riedel III 1 11: miles sub aratro habebit sex mansos, famulus vero quattuor et hii erunt penitus liberi et si quidem plures habuerint, de his dabunt censum (praelibatum). Knapp I p. 31 (hiernach wohl auch Schröder, Lehrbuch d. deutschen Rechtgeschichte p. 118) nimmt an, das Gut des Ritters habe höchstens 6 resp. 4 Hufen betragen. Zu diesem Irrtume scheint er durch die Ausdrucksweise bei Korn p. 12 verleitet, die an und für sich diesen Sinn nicht hat. Die Angabe der Urkunde, si quidem plures habuerint, zeigt deutlich, dafs mindestens 4 resp. 6 Hufen in herrschaftlichem Besitz vorausgesetzt werden.

Tafel zeigt[1], daſs in 384 Dörfern der damaligen Mittelmark von 15 930 Hufen 1579 im Besitz der Ritterschaft sich befänden, 1026 Pfarr- und 13325 Bauernhufen waren, daſs also der bäuerliche Besitz um ca. achtmal gröſser als der ritterschaftliche war. In der Uckermark stellt sich das Verhältnis fast nur wie 5 : 1[2], von 7079½ Hufen in 139 Dörfern sind 1052¾ ritterschaftlicher, 434 pfarrherrlicher und 5492¾ bäuerlicher Besitz. Daher finden sich auch hier in 73 Dörfern 169 Ritterhöfe, also in jedem Dorf durchschnittlich über zwei, während in 384 Dörfern der Mittelmark auf 129 nur 207 Ritterhöfe kommen.

Wenn man nun auch die Behauptung Bornhaks, daſs schon sehr bald nach der Kolonisation der Rittergutsbesitz im östlichen Deutschland ungefähr in demselben Umfang wie jetzt vorhanden gewesen sei[3], für die Mark als übertrieben zurückweisen muſs, so wird man ihm doch wenigstens angesichts dieser Zahlen darin beistimmen können, daſs der Rittergutsbesitz zu einem groſsen Teile schon während und durch die Kolonisation entstanden sei.

Wie konnte dies aber geschehen? Um dies zu erklären, hat Meitzen[4] die Ansicht aufgestellt, die Kolonisation der Slavenländer habe überwiegend in der Form der Verleihung der gesamten Flur an einen Gutsherrn stattgefunden, der seinerseits die Ansiedler ansetzte, dabei aber häufig groſse Flächen in eigener Wirtschaft zurückbehielt. Bornhak hat dem widersprochen, unter dem Hinweis darauf, daſs ja die-

---

[1] Mittelmark.

Kreis	Zahl der Hufen	in ? Dörfern	Pfarr-hufen	Herrschaftl. Höfe	in ? Dörfern	mit ? Hufen
Teltow	2919	70	176	30	18	282
Niederbarnim	3045	57	252	28	23	267½
Oberbarnim	4454	86	316½	67	41	498½
Zauche	2374	76	107½	9	6	62
Havelland	3138	95	174	73	41	469½
Mittelmark	15 930	384	1026	207	129	1579½

Uckermark.

	7079½	139	434	169	73	1052¾

Zu bemerken ist: Die Zahl der Dörfer ist natürlich nicht die der im Landbuch überhaupt erwähnten, sondern hier sind nur die Dörfer aufgenommen, von denen sich genauere Angaben im Landbuch finden, und die nicht als wüst bezeichnet werden.

Um die Zahl der Bauernhufen zu erhalten, muſs man die Pfarr- und herrschaftlichen Hufen subtrahieren.

[2] In Wirklichkeit scheint das Verhältnis noch viel geringer gewesen zu sein, da von den 7079½ Hufen 3335¾ wüste liegen. Die Verwüstung wird natürlich das Bauernland stärker getroffen haben, als das Ritterland, doch läſst sich das Verhältnis nicht mehr klar erkennen.

[3] Forschungen zur deutschen Geschichte, Bd. 26 p. 126.

[4] Grund und Boden des preuſsischen Staates I p. 365.

jenigen, die die eigentliche Ansiedlung vollzogen, nicht die späteren Gutsherrn, sondern Privatunternehmer, die späteren Schulzen, gewesen seien; die Entstehung des Rittergutsbesitzes stehe also mit der Errichtung deutscher Dörfer in keinem Zusammenhang[1]. Allein es steht doch durchaus nichts im Wege, anzunehmen, dafs auch der kleinere Grundherr sich ebenso wie der Markgraf eines solchen Unternehmers bediente, ihn mit den Schulzenhufen belehnte[2], aufserdem aber noch Hufen in eigener Wirtschaft zurückbehielt. Ein Beispiel dafür ist aus Schlesien bekannt[3].

Es konnte aber auch der Grundherr selbst die Schulzenhufen übernehmen und bewirtschaften, die Schulzengeschäfte aber einem Bauer überlassen, dem er dann zum Entgelt seiner Bemühungen Freiheit von Zins oder anderem gewährte. Dann wurde dieser ein sogenannter Setzschulze, und deren mufs es schon zu den Zeiten des Landbuchs eine beträchtliche Anzahl gegeben haben, da dieses überall die Lehnschulzen besonders hervorhebt. Es könnte damit sehr wohl stimmen, dafs gerade 4 und 6 Hufen in dem Bedevertrag von 1283 als Minimalmafs der eigenen Wirtschaft eines Ritters angegeben werden: gerade diese Zahlen sind ja sehr häufig die der Schulzenhufen. Jedenfalls wissen wir, dafs in den östlichen Teilen von Mecklenburg diese Form der Dorfansiedlung öfters zur Anwendung gekommen ist[4].

Es fragt sich nun, wer den Ritteracker bestellt hat. Am nächsten liegt es, zweifellos an die Bauern zu denken. Knapp selbst[5] spricht diese Ansicht aus und sie wird durch das, was wir aus der späteren Zeit wissen, vollkommen bestätigt. Vor allem lassen auch die Bedeverträge kaum eine andere Auslegung zu. In dem ersten bedingt sich der Markgraf ausdrücklich aus, dafs die cujuslibet vasalli subditi ihm Dienste leisten sollen, wenn er eine Verschanzung baue[6]; gewifs nur deshalb, weil sonst die Vasallen über die Dienste ihrer Unterthanen zu verfügen hatten; in dem zweiten Vertrag erläfst er den Bauern allen Heeresdienst, aufser im Fall allgemeiner Landesnot[7].

Sollen wir glauben, dafs damals die Bauern überhaupt von allen Diensten befreit worden seien? Gewifs nicht. Viel-

---

1 l. cit. p. 127.

2 Vgl. Riedel, Die Mark Brandenburg, II p. 213.

3 Tschoppe und Stenzel, Urkundensammlung zur Geschichte der Städte etc. in Schlesien etc. p. 282 N. VI. Urkunde d. Bischofs von Breslau für die in der Umgegend von Ujest zu gründenden Dörfer, 1223.

4 Ernst, Colonisation von Mecklenburg, p. 108 u. 110 Anm. 5.

5 I p. 33 u. 40.

6 S. das Citat oben p. 5 Anm. 5.

7 Riedel, Cod. dipl. III 1 p. 12: rustici praedictae terrae non praecedent aliquam expeditionem nisi tantum ad terrae ejusdem tuitionem vel terrae legitima necessitate imminente.

mehr werden wir anzunehmen haben, dafs in jene Zeit die Entstehung des Rechtssatzes fällt, dafs der Bauer den Ritteracker zu bestellen habe. Wir haben ja schon jene Urkunde von 1324 erwähnt[1], die die Dienste vielfach in den Händen der Ritter voraussetzt. Wie allgemein das Verhältnis war, sieht man aus dem Landbuch, wo das servicium curruum in den bei weitem meisten Fällen die Ritter haben. Dieses servicium war zwar ursprünglich die Verpflichtung der Bauern, einen Heerwagen zu stellen[2], es mufs aber wenigstens in der Mark schon frühzeitig in Ackerfronden[3] resp. Dienstgeld umgewandelt worden sein, denn in einer Urkunde von 1320 wird angegeben, dafs die servitia equorum et curruum, vulgariter Herendenyst vel hovendenyst mit verliehen seien; damit stimmt sehr gut überein, dafs nach dem Stiftsregister von Lebus vom Jahre 1400 die Bauern sämtlich durchschnittlich 4 Tage zu dienen hatten[4], der Bischof hatte aber hier nach dem Landbuch das servicium curruum.

Die Möglichkeit einer solchen Umwandlung der Dienste lag eben darin, dafs das Mittelalter nicht zwischen öffentlichen und privaten Diensten scharf unterschied.

Wann diese Entwicklung begonnen, ist schwer zu sagen, sowenig wie überhaupt mit Sicherheit festzustellen ist, wann der Markgraf zuerst seine obrigkeitlichen Rechte an Ritter etc. verliehen. Es fehlen eben die Urkunden. Bedenkt man aber, dafs die Kolonisation der Mark noch bis in die Mitte des 13. Jahrhunderts hineinreicht[5], so wird man geneigt sein, auch hier nicht eine Folge, sondern eine Begleiterscheinung der Kolonisationszeit zu erkennen.

Jedenfalls mufs die Erscheinung zur Zeit der Bedeverträge mehr oder minder allgemein gewesen sein.

---

[1] S. oben p. 5.

[2] Riedel, Mark Brandenburg II p. 232.

[3] Riedel, l. cit. p. 234, vgl. Bornhak in d. Forsch. Bd. 26 p. 136.

[4] Wohlbrück, Geschichte von Lebus p. 273; vgl. Riedel, l. c. Für Pommern glaubt Fuchs (Untergang des Bauernstandes in Neuvorpommern und Rügen p. 36 ff.) sei durch v. Bilow (Geschichtliche Entwicklung der Abgabenverhältnisse in Pommern und Rügen, Greifswald, 1843) genügend dargethan worden, dafs servitia nur die reservierten öffentlichen Heerdienste der deutschen Bauern bedeute. Ich halte aber den Beweis, den v. Bilow l. c. p. 207 ff. zu führen versucht, für das 13. und 14. Jahrhundert durchaus nicht für erbracht, am wenigsten die Umdeutung der Urkunde von 1228 p. 209, zumal Fuchs selbst ein Beispiel „von ganz beträchtlichen Hofdiensten in der Ernte“ anführt. In Schlesien ist nach Tschoppe und Stenzel, Urkundenbuch etc. p. 164, „nichts Bestimmtes bekannt“, doch bedürfen die Urkunden, die in den Anmerkungen aufgeführt werden, noch genauerer Prüfung. Vgl. jedoch Stenzel in seiner Ausgabe des Landbuchs des Fürstentums Breslau p. 37 (Jahresbericht d. Schlesischen Gesellschaft f. vaterländische Kultur, 1842).

[5] Vgl. z. B. die Geschichte der Besiedelung des Uckerlandes und Lebus bei Riedel, l. c. I Abschn. 7 u. 8.

Wenn nun aber damals die Ritter nicht blofs von ihren Unterthanen Hebungen empfingen, sondern auch vielfach die Gerichtsbarkeit über sie übten und ihre Güter sich von ihnen bestellen liefsen, so haben sie damals bereits Rittergüter im späteren Sinne des Wortes gehabt. Nur ein Merkmal fehlte ihnen, und das erhielten sie eben durch den Bedevertrag von 1283: die Steuerfreiheit, wenigstens für einen gewissen Minimalbesitz [1].

Es scheint also, dafs die gutsherrliche Verfassung nicht erst nach der Kolonisation aus einer ursprünglich rein grundherrlichen sich entwickelt hat, sondern mit und durch die Kolonisation entstanden ist.

Aber das ist festzuhalten, sie hat im Anfang noch nicht den strengen Charakter, nicht die Geschlossenheit gehabt, die ihr in der späteren Zeit eigen ist. Wenn, wie wir ja noch im Landbuch vielfach sehen, in einem Dorfe ein Ritter die Gerichtsbarkeit über seine Bauern mit einem andern teilte, wenn er nur von einem Teil der Leute die Fronden, von einem andern nur Hebungen hatte, so war selbstverständlich die Unterthänigkeit der Bauern noch keine scharfe. Es kam hinzu, dafs ja das Rittergut noch keinen grofsen Umfang hatte und demgemäfs die Dienste auf einige Tage jährlich sich beschränkten [2], vielleicht nur in der Erntezeit etwas erheblicher waren.

Insofern, aber auch nur insofern ist die Schilderung Korns von der freien Stellung des Bauernstandes berechtigt, namentlich für die erste Zeit während und nach der Kolonisation, als die ritterschaftlichen Rechte und Besitzungen sich noch nicht so auf Kosten der markgräflichen ausgedehnt hatten.

---

[1] In der Neumark 1319 ohne Einschränkung für alle Hufen, von denen Kriegsdienste geleistet wurden. Vgl. das Citat oben p. 5 Anm. 5, sowie Riedel, Cod. dipl. I XX 133 u. Bornhak l. cit. p. 134.

[2] Vgl. die Beispiele bei Riedel, Mark Brandenburg II, p. 234 u. 236.

Zweites Kapitel.

Die ersten Spuren einer Verschärfung des gutsherrlich-bäuerlichen Verhältnisses machen sich in der zweiten Hälfte des 15. Jahrhunderts deutlich bemerkbar.

Charakteristisch ist schon der Unterschied des Ausdrucks in der Sprache des Landbuchs und der Schofsregister, die uns aus den Jahren 1450, 1451, 1480 und 1481 erhalten sind [1]. Während dort fast überall mehrere Ritter, sei es mit oder ohne den Markgrafen, als hebungsberechtigt genannt werden, folgt hier nach dem Namen des Dorfes unmittelbar der Name dessen, dem es gehört: jedes Dorf hat seinen bestimmten Gutsherrn [2]. Und wozu der Bauer nach der Ansicht nicht nur der Gutsherren, sondern auch eines einsichtsvollen Landesherrn jener Zeit da war, das zeigt der Rat Albrecht Achills an seinen Sohn Johann: man solle die zu zahlenden Gülte auf das Gut und den Bauern, der darauf sitze, schlagen, sonst bitte man sie jährlich der Herrschaft ab und auf die Länge werde nichts daraus [3].

Je mehr daher das Land durch die Kriege eben jenes Albrecht Achill verwüstet war [4], desto wertvoller wurde der Bauer, desto mehr mufste dem Adel daran liegen, ihn an die Scholle zu fesseln. Und so erscheint es begreiflich, dafs schon 1484 die Ritterschaft forderte, „das nymand dez andern bavern —, der mit willen von seinem herrn nicht gezogen, auf-

[1] Abgedruckt u. a. in der Ausgabe des Landbuchs von Fidicin.

[2] Vgl. Droysen, Geschichte der preufsischen Politik Bd. I p. 73.

[3] Riedel, Cod. dipl. Brand. III 2 p. 182; vgl. Kotelmann, Die Finanzen Albrecht Achills in der Zeitschr. f. Preufs. Gesch. Bd. 3 p. 301.

[4] Kotelmann, l. cit. p. 340 A. macht mit Recht darauf aufmerksam, dafs die vielen wüsten Hufen um 1480 von den Kriegen Albrechts zeugen.

nehmen solle"[1]. Ob diese Bitte gewährt worden ist, wissen wir nicht[2], die Tendenz ist klar.

Andrerseits aber liegt es im Interesse des Adels wie der Bauern selbst, daſs die Früchte des Landbaus nur dem Landbauer zu gute kommen. Daher findet sich auf demselben Landtage zum erstenmal die Forderung einer Normierung der Gesindelöhne. Gewiſs ist es kein Zufall, daſs uns um jene Zeit auch das erste Verbot einer Gutsherrschaft gegen die Aufnahme von Häuslingen begegnet[3].

Auf die bäuerlichen Lastenverhältnisse jener Zeit wirft interessante Streiflichter ein Erbregister von 1471[4], wahrscheinlich von den Mönchen in Zinna[5]. Die Abgaben haben sich, soviel ich sehe, im Verhältnis zu den im Landbuch angegebenen nicht wesentlich verändert, nur müssen die Bauern fast stets Holzgeld geben, oder es werden ausdrücklich ihre Holzgerechtigkeiten angegeben[6], anstelle des servicium curruum, das im Landbuch erwähnt wird, sind fast überall drei halbe Tage Pflugdienste getreten. Die wüsten Höfe hat die Herrschaft in Besitz.

Wie das Gericht und die Polizei in jener Zeit gehandhabt wurden, zeigt die Vogteigerichtsordnung von Metzdorf aus dem Jahre 1472. Die Schulzen erscheinen als die Vertreter der Bauernschaft, sie haben im Vogtding zu „wrogen" alle unzüchtigen Handlungen bei Verlust ihres Lehns, und „welcher Bauer was nicht anzeiget, was er zu klagende und zu wrogen weiſs, soll 10 Mark geben". — Die Tanzlustbarkeiten der Bauern werden eingeschränkt, insbesondere auch

---

1 Riedel, C. D. III II p. 303 gravamina der Ritterschaft.

2 Nach Kotelmann, l. cit. p. 295 hätte die altmärkische Ritterschaft schon 1480 diesen Antrag gestellt und derselbe wäre 1484 (für das ganze Land) bewilligt worden. Worauf diese Angabe fuſst, kann ich nicht ermitteln, aus den bei Riedel und v. Raumer abgedruckten Landtagsabschieden jener Zeit ist sie nicht genommen. Dagegen findet sich im Landtagsabschied von 1518 § 9 (s. unten p. 13) das Verbot des Abzugs ohne Stellung eines Gewehrsmannes, „nach vermöge des alten Vertrags unser gemeinen landschaft"; es ist also wohl die Annahme des Antrags wahrscheinlich. Übrigens läſst die Form des Antrags vermuten, daſs die Ritterschaft einen Abzug des Bauern nur mit Willen seiner Herrschaft zu dulden gewohnt war. — Vgl. auch das Diesdorffer Urk.-Buch (s. unten p. 13).

3 Vogtdings-Ordnung der Vogtei Metzdorf von 1472 Art. 17 bei v. Haxthausen, Die patrimoniale Gesetzgebung in der Altmark. (Kamptz, Jahrb. f. Preuſs. Gesetzgebung Bd. 39 p. 13).

4 Cfr. Erbregister Nr. 15 im Kgl. Geh. Staats-Archiv.

5 Das Register führt nur die Aufschrift: Register vom Eigentum Barnem, es umfaſst aber die 10 Dörfer, die schon nach dem Landbuch von 1375 (p. 24) in Barnim zum Kloster Zinna gehörten.

6 So in Rüdersdorf. Die Bauern haben einen „Kynbusch", der ihnen zugeeignet ist, in dem „ein jeder seiner Notdurft Holz fellen (kann), soviel er benötigt, wir lassen auch neben ihnen holz fellen, soviel wir dessen zu unsern gebäuden von Rüdersdorf von Nöten haben, sonsten nicht".

verboten Branntwein zu schenken, weil „das Branntweinsaufen sehr einreifset und etzliche, so noch ein wenig übrig, das Ihrige vollends daran setzen". — Verpfändungen ohne Konsens der Herrschaft werden den Bauern streng untersagt[1].

Von der Erbschaft, wenn sie nach aufserhalb geht, gebührt der Herrschaft der Abschofs, der neue Annehmer des Hofes mufs auch das Annahmegeld zahlen[2].

Die Annahme selbst geschah, wie aus einem Protokollbuch des Klosters Diesdorff ersichtlich wird[3], im offnen gehegten Gericht der Gemeinde. Der frühere Wirt — meist fand ja die Übergabe noch vor dem Rückzug auf das Altenteil statt — legt sein bisheriges Eigentum am Hofe durch die symbolische Überweisung eines grünen Reises[4] in die Hände des Gerichtsherrn nieder und dieser übergab dann, nachdem der neue Erwerber den Unterthaneneid geschworen, ihm ebenfalls durch ein grünes Reis den Hof. „Vor de Entphahunge to Orkond" mufste der neue Wirt eine Kleinigkeit, meist eine Tonne Bier, dem Gerichtsherrn, sowie etwas Ähnliches der Gemeinde geben. —

So unvollständig alle diese Nachrichten über die rechtliche Lage des Bauernstandes in der zweiten Hälfte des 15. Jahrhunderts sind — über die Zeit der Regierung des Markgrafen Johann sind wir auffälligerweise fast gar nicht unterrichtet — so genügen sie doch, um erkennen zu lassen, dafs die Entwicklung in der ersten Hälfte des 16. Jahrhunderts in dieser Hinsicht nur weiter bildete, was die vorhergehende Zeit schon angebahnt hatte. Dies zeigt schon der erste Landtagsabschied, der gutsherrlich-bäuerliche Fragen behandelt, vom Jahre 1518[5]. Wir sehen aus demselben, dafs dem Bauer in der That das Recht abzuziehen, ohne einen Gewehrsmann zu stellen, schon längere Zeit genommen ist[6]. Ja es erscheint sogar als notwendig, zum Schutze des Bauern

---

[1] Kamptz Jahrbb. Bd. 39 Art. 6—8, 13, 1 u. 19.

[2] l. c. Art. 13.

[3] Das Folgende ist entnommen einem sehr wertvollen, leider nicht veröffentlichten Aufsatz des Frh. v. Haxthausen über das Familienrecht des Bauernstandes in der Altmark, den dieser gründliche Forscher, der sich auf ein reiches meist ungedrucktes in der Provinz gesammeltes Urkundenmaterial stützt, im Jahre 1831 dem Justizministerium einreichte, als Ergänzung eines schon vorher erstatteten, ebenfalls sehr interessanten Berichts über die Rechtsverhältnisse des Bauernstandes in den Provinzen Altmark, Magdeburg und Halberstadt. Beide Aufsätze befinden sich in den Akten des Justiz-Minist. zur Revision d. Gesetzgebung im Geh. St.-Arch.

[4] Vgl. Art. 2 u. 4 der Vogteigerichtsordnung von Metzdorf.

[5] Bei v. Raumer, Cod. dipl. Brandenb. contin. II p. 224 ff. Korn hat diesen Landtagsabschied vollständig übersehen, wie er auch die Mafsregeln in der 2. Hälfte des 15. Jahrh. ganz unberücksichtigt läfst.

[6] „Vermöge des alten Vertrags unsrer gemeinen landtschaft." S. p. 12 Anm. 2.

festzustellen, dafs er nach Stellung eines Gewehrsmannes das Recht noch habe, seine Stelle aufzugeben; Abzug ins Ausland wird ihm aber auch dann nicht gestattet.

Der Gesindelohn wird normiert — nach den einzelnen Landesteilen verschieden — und im Zusammenhang damit der Gesindezwangsdienst eingeführt, dafs „kein Dienstbote sich vermyten und zwo Dienste ergeben soll, sie haben sich denn den Ihenen, darunter sie gesessen und geboren sein, zuvorn zu Dienst angeboten" (§ 2); 1484 wurden nur Klagen über das Weglaufen des Gesindes laut.

Die Patrimonialgerichtsbarkeit scheint um jene Zeit ihre schärfste Ausprägung gefunden zu haben. Der Landtagsabschied selbst bestimmt am Schlufs: „es mag auch ein jeglicher teil von unser Landschaft die Iren, daruber sie obrigkeit und Gericht haben, ob in vorberurten artickeln von den Iren ubertrettung geschehen, selbst nach vorberurtem mafs straffen, domit wir als der Landes furst nicht verursachet selbst zu straffen." Das Korrelat zu dieser Bestimmung bildet offenbar der Satz des Entwurfs der Kammergerichtsordnung[1], dafs der Bauer, der mutwillig seinen Herrn verklagt, d. h. mit seiner Klage abgewiesen wird, bestraft werden soll. Als eine weitere Konsequenz dieser Anschauung erscheint es nur, dafs Joachim I. 1527 der Ritterschaft verspricht, keinem Bauer das Geleit zu gewähren, ehe er den Edelmann gehört[2]. Die Reformation des Kammergerichts von 1540 setzt dann die Strafe des Bauern, der mutwillig appelliert gegen seinen Herrn, auf 6 Wochen Gefängnis im „Turm" fest.

Es ergiebt sich also, dafs bereits im Anfang des 16. Jahrhunderts die persönliche Freiheit der Bauern so eingeschränkt worden ist, wie sie es bis zu der Agrargesetzgebung des 19. Jahrhunderts wenigstens in der Alt- und Mittelmark geblieben ist. Charakteristisch ist es, dafs bald darauf sich die ersten Bestimmungen über die Dienste finden[3]

---

[1] Mylius, Corp. constit. Marchic. Bd. II 1 p. 181.

[2] Landtagsabschied bei Mylius VI 1 p. 19.

[3] Ich meine die Bestimmung des Landtagsabschieds von 1550 (Mylius VI 1 p. 90), dafs „die bäuerlichen Dienste bleiben sollen, wie vor alters" und die Bestimmung, dafs das Dienstgeld jederzeit wieder aufgesagt und an seiner Stelle Dienste genommen werden könnten. Die Zeit dieser Bestimmungen läfst sich nicht sicher feststellen. Die erste findet sich zwar zuerst im Landtagsabschied von 1550, es heifst aber dort ausdrücklich, dafs sie bereits 1540 erlassen worden sei; die letztere wird zuerst in der Diestelmeyerschen Landesordnung erwähnt (Tit. 38, Mylius VI 3 p. 43) als „unserer Landschaft hiebevor bewilligt". Köppen (Decisiones questionum juris, Magdeburg, 1600) qu. XIII N. 12 giebt an, sie sei 1550 eingeführt worden. Sie findet sich aber weder in dem Landtagsabschied noch in der Polizei-Ordnung von 1550. Erfunden kann aber doch Köppen seine Angabe nicht haben, umsoweniger als sich (s. unten p. 20) 1540 ein Antrag der Ritterschaft in diesem Sinne findet;

und gleichzeitig die ersten Klagen über die Dienste laut werden [1].

Auch die Besitzrechte der Bauern erleiden um jene Zeit eine Einschränkung. Allerdings finden sich die betreffenden Gesetze erst 1540 —, und es wird unten gezeigt werden, womit dies zusammenhängt, — aber die Gesetze jener Zeit sind in der Regel dazu bestimmt, nicht sowohl neues Recht zu schaffen, als vielmehr einen längst bestehenden Gebrauch zu sanktionieren.

Dies geht bei dem wichtigsten Recht, welches sich der Adel im 16. Jahrhundert gesetzlich zusprechen liefs, nämlich einen Bauernhof zur Errichtung eines Rittersitzes auszukaufen, aus der Fassung des Gesetzes deutlich hervor: „Als auch die vom Adel in unserm Churfürstentum sich auf einen alten Gebrauch bezogen, dafs ihnen zu ihrer Gelegenheit frei stehen sollte etzliche Bauern auszukaufen, solches soll ihnen fürderhin auch frei stehen“ [2].

Ebenso wird auch das Recht, einen ungehorsamen Bauern gegen Bezahlung seines Gutes zu relegieren, erst 1540 fixiert, aber aus den feierlichen Formen, die in der Altmark dafür 1531 [3] erwähnt werden, sieht man, dafs es faktisch schon längst geübt wurde.

Diese Enteignungsrechte des Adels, so hart sie an und für sich erscheinen mögen, zeigen doch andrerseits, dafs der Bauer noch ein gutes Besitzrecht hatte. Dafür finden sich auch sonst Zeugnisse. So wurde in der Altmark 1531 als Recht anerkannt, dafs bei wüsten Höfen die Herrschaft den nächsten Erben, dann den Gläubigern das Gut gegen Bezahlung der Schulden anbieten soll. Schlagen diese es ab, so wird

---

es scheint, dafs die betreffende Bestimmung mit demselben Landtagsabschied verloren gegangen ist, der auch die ersterwähnte Festsetzung über die Dienste von 1540 enthielt.

[1] Fidicin, Territorien der Mark Brandenburg, Bd. I p. 65. Die Gutsherrschaft von Grofs Beeren (Teltow) erhält den Befehl, die Hüfner nicht übermäfsig mit Diensten zu belasten, damit die Besitzer nicht gezwungen würden, ihre Höfe nicht zu verlassen, „wie dies zu geschehen pflege“.

[2] Landtagsabschied von 1540 b. Mylius VI 1 N. 23. Wir besitzen noch, wie es scheint, das Concept, auf Grund dessen jener Landtagsabschied redigiert wurde; s. Winter, Die märkischen Stände zur Zeit ihrer höchsten Blüte, in d. Zeitschr. f. Preufs. Gesch., Bd. 19 p. 564 Anm. Hier tritt das im Text Behauptete noch mehr hervor. Es heifst (zum XXXIX): „haben auch die von adell in der alten marck von alters und allewege den Gebrauch gehabt, das sie nach ihrer gelegenheit zu zeytten haben etzlich Bauern ausgekofft und die acker zu sich bracht. Bitten k. f. g(naden) wolten sie darbey gnediglich behalten.“ — Die definitive Fassung des Gesetzes entspricht dem Antrag insofern nicht genau, als von der Altmark in dem Gesetz nicht die Rede ist.

[3] S. d. Landtagsprotokoll bei Hübbe, Bauernrecht der Altmark in Kamptz' Jahrbüchern Bd. 45 p. 96.

ein Gericht über den Hof gehalten, und, wer das Recht zu dem Erbgeld hat, soll es einklagen. — Sind unmündige Kinder ohne Eltern bei einem Gute vorhanden, so soll erst an die Vormünder geschrieben werden, daſs sie das Gut interimsweise übernehmen, erst wenn diese sich dies zu thun weigern, darf das Gut verkauft werden[1].

Für die ganze Mark im allgemeinen bestätigt die Joachimica[2], daſs der Bauer Eigentum an seinem Gute und ein ziemlich weitgehendes Vererbungsrecht hatte. Nach dem Tode des einen Ehegatten behält der andere die Hälfte des Guts, die andere Hälfte fällt an die Leibeserben, dann an die Verwandten, erst wenn auch diese nicht vorhanden sind, an die Herrschaft.[3]

Nur auf ritterlichem Grund und Boden sollten die Bauern nicht Besitz erwerben. Daher bestimmte der Landtagsabschied von 1550, daſs „wo auch die Prälaten oder von der Ritterschaft, an ihren wüsten Feldern oder Ackern den Bauern umb Heuerkorn hatten ausgethan, soll daran den Bauern kein Eigentum zuwachsen und die Landstände der Abkündigung mächtig sein“[4]. —

Die ökonomischen Gründe der Maſsregeln, die während der Zeit von 1450—1550 allmählich, wie gezeigt, eine Verschlechterung des gutsherrlich-bäuerlichen Verhältnisses herbeigeführt haben, sind bekannt genug. Sie liegen namentlich in dem groſsen Umschwung des Kriegswesens seit den Hussitenkriegen. Die Ritter werden durch Söldner ersetzt, sie müssen sich aufs Land zurückziehen und werden Landwirte. Speciell für die Mark wissen wir, daſs Joachim I. mit starker Hand das noch immer üppig wuchernde Raubrittertum bändigte. Es hängt damit wohl zusammen, daſs gerade unter seiner Regierung die persönliche Abhängigkeit der Bauern von ihrem Gutsherrn durch die Beschränkung des Rechtsweges und des freien Abzugsrechtes, sowie durch den Gesindezwangsdienst gesetzlich fixiert wird, wenn auch, wie oben gezeigt ist[5], die Tendenz hierzu schon länger vorhanden war. Ebenso ist es charakteristisch, daſs 1536[6] auf dem ersten nach seinem Tode gehaltenen Landtag das Verbot für Adel und Geistlichkeit

[1] Landtagsprotokolle von 1531 l. cit. p. 95 f. und p. 98.

[2] Mylius, VI 1 p. 21. (1527).

[3] Vgl. auch den Titel Von Kindergeldt und Erbgeldt. Mylius l. cit. p. 23 z. B.: Wer Kindergeldt oder Erbgut von den Rat oder aus den Gericht, darinnen es lieget, an frembde Gerichte wegbringen will, soll geben dem Rat in Städten oder der Herrschaft in Dörfern etc.

[4] Mylius II 1 p. 90.

[5] S. p. 11 ff.

[6] Mylius VI 1 p. 37. Wir haben auch aufs sondern Bedenken, zu auffnehmen Unser Landt und Leute undt daſs ein jeder nach seinem Standt und Würden in gebürlicher Reputation zuhalten bey Uns bedacht,

erlassen wird, „Kauffmannschafft“, d. h. Korn- und Viehhandel zu treiben.

Die Besitzbeschränkungen der Bauern sind nur eine weitere Folge des von Joachim I. herbeigeführten Zustandes. Wenn der Adel sich mehr der Landwirtschaft widmen sollte, so war es notwendig für ihn, auf dem Lande zu wohnen und Grundbesitz zu gewinnen, schlimmsten Falls auf Kosten des Bauern, d. h. der Adel mufste die Befugnis haben, einen Bauern zu legen. Und für die Erhaltung seiner obrigkeitlichen Autorität mufste es ihm möglich sein, auch einen widerspenstigen Bauern entfernen zu dürfen: „es ist ein pawrs mahn allezeit frey, were (?) er nicht länger unter seiner herrschaft bleywen wil, so mag er den hoff verkauffen und in gewehr bringen, warumb solt man dann nicht macht haben, einen andern auszukaufenn, so er sich mutwillig kegen seine herrschaft benimmt“ [1].

Es kam hinzu, dafs nach der Reformation die Stiftspfründen keine Versorgungen für den jüngeren Adel mehr boten [2].

War daher auch die Bildung gröfserer Gutswirtschaften, wie neuerdings mit Recht betont worden ist [3], keine ökonomische Notwendigkeit in jener Zeit, so war sie doch in gewissem Sinne eine socialpolitische.

Es scheint auch nicht, dafs man jene Mafsregeln als unbillige empfunden hätte. Wäre dies der Fall, so hätte man doch in der Mark auch etwas von der Bewegung verspüren müssen, die eben in jener Zeit in Süddeutschland zum Ausbruch des Bauernkrieges führte. Allein im Gegenteil. Es findet sich vielmehr die Nachricht [4], dafs damals ein bedeu-

---

demnach wir wieder Ordnung der beschriebener Recht auch löblichen althergebrachten Gebräuchen, sich viell von Adell und Geistlichen Kauffmannschaft in mancherlei Weise zutreiben Undterfangen, solches auch den Ihren und vornehmlich der Pawerschafft, auff den Dörffern, den Städten und Kaufleuthen an ihre Nahrung und Handell zu Abbruch und Verschmelerung geschehen. Dieweill den solches beyden den von Adell auch der Geistlichkeit nicht gezieme, ihnen in Rechten solche Weg ihre Nahrung zu suchen darabgeschnitten und vorbotten, die Pawerschaft ihren Ackerbaw auch gemeinem Nutz zum Nachtheil dadurch versäumen, geringern und vergehen lassen, haben wir — befunden, solches abzuthun etc.

[1] Antrag der Ritterschaft auf dem Landtage von 1540. Zeitschrift f. Preufs. Geschichte Bd. 19 p. 364—65.

[2] Vgl. Odebrecht, Die Verhältnisse des Märkischen Adels im 16. u. 17. Jahrhundert. Märkische Forschungen Bd. II p. 438 ff.

[3] G. H. Schmidt, Zur Agrargeschichte Lübecks und Ostholsteins. p. 113.

[4] Zuerst, soviel ich sehen kann, bei Wolfgang Jobsten, Kurtzer Auszug und Beschreibung des Churfürstenthumbs und der Mark Brandenburg. Frankfurt 1571 c. 20: „Was allerley Nutzbarkeiten und herrlichkeiten in der Mark Brandenburg zu finden — (ist) jedermann bekannt, wie wohl sie vor etlichen 20—30 Jahren besser gestanden, also das viel

tender Zuzug von Fremden nach der Mark erfolgt sei, weil eben viele Bauern durch den Krieg vertrieben wurden. Und schon ein Schriftsteller des 16. Jahrhunderts schreibt dies zu der principum virtus atque clementia, qui subditos paterne curabant.

In der That läfst sich, wenn wir einer Notiz über die Bevölkerung der Mittelmark Brandenburg im Jahre 1527 trauen dürfen, konstatieren, dafs die Zahl der Bauernstellen trotz der doch schon damals begonnenen Legungen ziemlich stabil geblieben ist[1]. —

Die chronologisch genaue Festsetzung der Zeit, in der sich die Verschlechterung des gutsherrlich-bäuerlichen Ver-

fremder Völker als Franken Meisner Schlesier u. Rheinländer sich allda niedergesetzet und gewohnet, wie denn noch heutigen Tages viel ausländisch Volk in der Mark Brandenburg wohnt, sonderlich zu Frankfurt an der Oder, Berlin und Brandenburg". Die Angabe 20—30 Jahre stimmt allerdings nicht, es heifst aber in der 2. Auflage (Frankfurt 1572) vor 30—40 Jahren. Und dies stimmt zu der Angabe von Leutinger, Topographia Marchiae ed. Küster (vgl. über die Ausgaben die Allg. Deutsche Biogr. s. v.) p. 1185 Anm.: Et fuit patrum memoria adhuc ante annos LXX seculum vere aureum in his regionibus. — Qua exciti fama peregrini frequenter Marchiam adibant etc. Als Schlufs folgt die im Text angezogene Stelle. Dafs Leutinger diese Einwanderung den Bauernkriegen zuschreibt, geht aus seinen Kommentarien P. II § 10 (ed. Küster) hervor. Schliefslich findet sich bei Beckmann (Beschreibung der Mark Brandenburg 1751) noch die Notiz p. 89: „Es wird angemerket, dafs die Mark Brandenburg vor 200 Jahren zu den Zeiten des Bauernkrieges um 1525 und hernach des Schmalkaldischen Krieges anno 1547 an Einwohnern sehr zugenommen, indem die benachbarten Provinzen — in grofser Gefahr gelebet, die Mark hingegen durch das kluge Betragen Joachims I. u. II. in beständiger Ruhe erhalten wurde, weil der Landmann sich in den Grenzen der Bescheidenheit und des Gehorsams gegen seinen Churfürsten gehalten, Joachim II. aber mit dem schmalkaldischen Bunde nichts wollen zu thun haben. Wannenhero sich die Leute mit ihren Familien häufig hineinbegeben und zu einer volkreichen Zahl angewachsen."

[1] S. die Tabelle unten in Kap. 4. Ich entnehme diese Nachrichten einerseits dem Schofsregister von 1624 (s. den Anhang), andererseits einer merkwürdigen handschriftlichen Notiz über Bevölkerung und Hufenzahl in der Mark, die ich in dem auf der Kgl. Bibliothek zu Berlin befindlichen Exemplar von Scheplitz, Consuetudines Marchiae, 2. Aufl. v. 1616, auf der Rückseite des letzten Blattes und der Innenseite des Deckels fand.

Diese Notiz ist natürlich nicht, wie schon aus dem Fundort hervorgeht, im 16. Jahrhundert geschrieben, dafs sie aber ältere Quellen benutzt haben mufs, geht aus einem offiziellen, bei Kletke (Märkische Forschungen Bd. 13 p. 305 Anm.) erwähnten, bisher noch nicht publizierten Dokument von 1553 hervor, von dem ich ein Exemplar im Kgl. Geh. St.-Arch. fand. Es stimmen nämlich mehrere Zahlen über Hufen, die jene Notiz giebt, mit den dort gegebenen überein.

Im Jahre 1527 fand allerdings keine neue Besteuerung der Mark statt, die zu einer solchen Schätzung hätte Veranlassung geben können, dagegen wurde 1524 ein Hufenschofs auf 8 Jahre bewilligt, zu dem auch die Kossäten steuern mufsten (Mylius VI 1 N. 12), es wäre nicht unmöglich, dafs im Verfolg dieser Steuer genauere Erhebungen über die Zahl der Hufner und Kossäten angestellt wurden. Jedenfalls ist de

hältnisses vollzog, gestattet aber vor allem zu erkennen, ob und welchen Einflufs das römische Recht auf diese Entwicklung hatte[1].

Die Zeit seit dem Ende des 16. Jahrhunderts ist allerdings die Periode des Eindringens des römischen Rechts in die Mark[2]. Insbesondere ist unter Joachim I. eine Begünstigung des römischen Rechts unverkennbar. Die weitverbreitete Annahme freilich, als sei 1516 das römische Recht mit der Reorganisation des Kammergerichts gesetzlich recipiert worden, ist unrichtig, da die uns erhaltene Kammergerichtsordnung[3] nur ein Entwurf ist. Dagegen mufs festgehalten werden, dafs noch vor 1527, jedenfalls aber unter Joachim I. im Kammergericht nach römischem Recht gesprochen wurde[4].

Nur für das Erbrecht gelangte das römische Recht in der Joachimica zur subsidiären Geltung; dafs die Stände jemals einer allgemeinen gesetzlichen Reception zugestimmt, ist nicht zu erweisen.

Wir sehen also, dafs während die Beschränkungen der persönlichen Freiheit des Bauern sich bereits im 15. Jahrhundert entwickeln, um im Anfang des 16. gesetzmäfsig fixiert zu werden, in dieser Zeit das römische Recht erst in dem Kreise der Kurfüsten und seiner Räte Eingang gefunden hatte[5], die Stände sich noch ablehnend dagegen verhielten. Als der beste Beweis dafür dient die Regel, welche 1531 die altmärkischen Stände für die Gerichte, die ihre Unterthanen in ihrer Gegenwart halten sollen, aufstellen: „der Richter und die andern, Schulzen und Bauern sollen die Urteile finden, richten und sprechen, wie Kaiserliche Majestät und unsers gnädigsten Herrn des Churfürsten Ordnung in Erbfällen mit sich bringt, in andern Sachen nach altem Herkommen und Landes Gewohnheit“[6].

Dafs aber auch die dingliche Abhängigkeit der Bauern nicht durch das Eindringen römisch-rechtlicher Ideen beein-

---

terminus a quo diese Notiz Auskunft geben kann, das Jahr 1524, da in diesem die Grafschaft Ruppin an die Mark fiel, deren Hüfner- und Kossätenzahl angegeben ist.

[1] In der Darstellung Korns ist dies vollständig verwischt, nicht nur weil er den Landtagsabschied von 1518 etc. nicht kennt (s. oben p. 13 Anm. 5), sondern vor allem, weil er von der Betrachtung der beiden Landesordnungen am Ende des Jahrhunderts ausgeht. Vgl. unten p. 24.

[2] Vgl. für das Folgende namentlich Stölzel, Brandenburg-Preufsens Rechtsverf. u. Rechtsverwaltung Bd. I.

[3] Mylius II 1 N. 1.

[4] Dies geht aus der Stelle in der Joachimica (bei Mylius II 1 p. 23) hervor, wo ausdrücklich vom „Kaiserrecht, welches wir — in unserm Cammergericht zu behalten — verordnet haben“, die Rede ist.

[5] Vgl. Stölzel, l. c. p. 115 ff.

[6] Landtagsprotokoll von 1531 in Kamptz' Jahrbb. Bd. 45 p. 110

flufst worden ist, zeigen deutlich die noch erhaltenen Anträge, auf Grund deren sie eingeführt worden sind[1]. Ja es ist im Gegenteil eher wahrscheinlich, dafs jene Bestimmungen erst durch das Eindringen des römischen Rechts veranlafst wurden.

Rönne[2] nimmt geradezu an, dafs die Rechtsprechung des Kammergerichts, die, wie wir erwähnt, bereits vor 1527 nach römischen Grundsätzen erfolgte, den Bauern günstig war. Und in der That, wie hätte ein nach deutschem Recht urteilendes Gericht auf den Gedanken kommen sollen, dem Adel in der Altmark das Recht zu bestreiten, „nach ihrer Gelegenheit etzliche Bauern auszukoffenn", wenn man „von alters und allerwege den Gebrauch gehabt"[3]. Den römischen Juristen aber mufste dies als rechtswidrig erscheinen, da sie den Bauern Eigentum zuschrieben und eine Wegnahme des Eigentums wider den Willen des Eigentümers nicht kannten[4]. Ebenso waren sie geneigt, wenn die Bauern ein Stück Acker gepachtet und über 30 Jahre lang ihren Zins davon gezahlt hatten, den Zins als Erbzins aufzufassen und demgemäfs die Wiedereinziehung des betreffenden Ackers für unstatthaft zu erklären[5]. Hiergegen richtet sich aber die bereits erwähnte[6] Bestimmung des Landtagsabschiedes von 1550, dafs den Bauern an der Ritterschaft wüsten Feldern oder Äckern „kein Eigenthumb zuwachsen solle".

Die Verjährung kam den Bauern aber auch zu gute, wenn die Herrschaft von ihnen eine Zeitlang Dienstgeld anstatt der Dienste forderte und das Dienstgeld dann wieder aufkündigen wollte. Daher auch hier die Klage des Adels gegen das Kammergericht[7]. Überhaupt scheint gerade hinsichtlich der Dienste das Kammergericht anfänglich zum Nach-

§ 2, vgl. auch Kamptz' Jahrbb. Bd. 39 p. 16, wo die von der Schulenburg 1520 beschliefsen, jährlich zweimal Gericht zu halten und „was also in diesem Gericht nach Sachsenrecht gebrocken wäre — sollen unseres Hauses Inhaber die Hälfte davon behalten".

[1] S. dieselben oben p. 15 Anm. 2 u. p. 17.

[2] Lette und v. Rönne, Verfassung und Verwaltung des preufsischen Staates, Teil VII 3. Abt. Landeskulturgesetzgebung T. 1 p. XXI.

[3] S. oben p. 17 Anm. 1.

[4] Ausführliche Belege für diese Anschauung s. unten S. 24 ff.

[5] S. unten p. 27.

[6] S. oben p. 16.

[7] „Der Ritterschaft Artikel." Anträge zum Landtag von 1540 (vgl. oben p. 14 Anm. 3). Zeitschr. f. Preufs. Gesch. Bd. 19 p. 564. Es beclagen sich die von der Ritterschaft, das sie von etzlichen Iren underthanen dienstgelt genohmen und dieweil Ire notturfft erfordert, die Dienste widderumb von den Iren an sich zu nehmen und dargegen das Dienstgelt fallen zu lassen, beswehren sich die pawern, die dienste Irer Herrschaft zu thun und soll Inen allhie in kammergericht erkandt worden sein, als wehren die pawern die dienste, nochdem sie das dienstgelt gegeben, Irer herrschaft zu thunde nicht schuldig, welches sich die von der Ritterschaft zu hochsten beswehren etc.

teil des Adels geurteilt zu haben. Denn, heifst es im Landtagsabschied von 1550[1], „es beschwehren sich die Landstände, dafs den Bauern von Unserm Kammergericht ie zu zeiten würden abscheide gegeben, darinnen den Bauern gesetzte Dienste gemachet und ihren Herrschaften die Bauern Zeit des Dienstes zu speisen würde auferleget". Auch hier setzt der Adel das Verbot solcher Urteile durch: „jeder soll es in deme mit seinen Unterthanen halten, wie vor alters."

Es ergiebt sich also, dafs das römische Recht in der Mark zwar zu derselben Zeit eingedrungen ist, in der sich die Herabdrückung des Bauernstandes vollzog, dafs es aber keineswegs zu derselben beigetragen hat. Vielmehr deuten die Beschwerden des Adels über die Rechtsprechung des Kammergerichts darauf hin, dafs dieses seinen Ansprüchen sich entgegensetzte.

---

[1] Mylius VI 1 p. 29.

Drittes Kapitel.

Es fragt sich nunmehr, nachdem wir gezeigt haben, welche Einwirkung das römische Recht zur Zeit seiner Reception auf die bäuerlichen Verhältnisse ausgeübt, ob es dieselbe Stellung auch in der Folgezeit einnahm, bis der 30jährige Krieg über Deutschland hereinbrach. Die Anschauung ist ja vielfach verbreitet, als hätten die Juristen überall vom Standpunkt des römischen Rechts aus, in gänzlicher Unkenntnis der thatsächlichen Verhältnisse urteilend, wesentlich mit dazu beigetragen, den Bauernstand in die elende Lage zu bringen, in der er sich besonders im Osten Deutschlands während des 17. und 18. Jahrhunderts befand.

Für die Mark besitzen wir besonders für die vorliegende Periode vorzügliche Quellen zur Beurteilung des Einflusses des römischen Rechts auf das gutsherrlich-bäuerliche Verhältnis.

Die Kodifikationsbestrebungen, wie sie in dieser Zeit allenthalben in Deutschland sich geltend machten[1], sind zwar in der Mark nicht zum Abschlufs gelangt, aber sie haben uns zwei Entwürfe zu einer Landesordnung hinterlassen, die einen klaren Einblick in die Rechtsentwicklung jener Zeit bieten. Diese Entwürfe sind von um so gröfserem Wert, weil ihre Verfasser — Lambert Diestelmeyer und Johann Köppen — Männer von anerkannter Bedeutung sind und ihre Werke, wenn sie auch nicht Gesetze wurden, doch fast gesetzliches Ansehn erlangten. Es geschah dies namentlich dadurch, dafs Joachim Scheplitz die Hauptbestimmungen derselben in seinen berühmten consuetudines Marchiae interpretierte[2].

---

[1] S. Stölzel, l. c. Bd. I p. 231.

[2] Christian Diestelmeyer behauptete allerdings nach dem Erscheinen des Scheplitzschen Werkes, diese consuetudines rührten nicht von seinem

Scheplitz aber gilt noch heute als einer der vorzüglichsten märkischen Juristen, ja er ist unstreitig einer der bedeutendsten Partikularjuristen jener Zeit überhaupt. Sein Werk ist die Grundlage der märkischen Jurisprudenz geworden[1].

Aufser durch Scheplitz erhalten wir noch durch die decisiones quaestionum juris, die Köppen[2] 1600 mit besonderer Berücksichtigung der Mark herausgab, Aufschlufs über die theoretische Rechtsanschauung jener Zeit.

Aber auch, wie die Praxis damals urteilte, vermögen wir besser als irgendwo in der Mark zu erkennen. Es sind uns nämlich seit dem Anfang des 17. Jahrhunderts eine Reihe von Judikaten des Kammergerichts erhalten, teils bei Scheplitz und dem kaum minder angesehenen späteren Juristen Friedrich Müller[3], teils in einer besonderen Sammlung, die, wie es scheint, im Anfang des 18. Jahrhunderts behufs Ausarbeitung eines Provinzialgesetzbuches für die Mark aus den Akten des Kammergerichts gemacht wurde[4].

Alle diese Quellen aber gehen verhältnismäfsig sehr ausführlich auf die bäuerlichen Rechtsverhältnisse ein. Mit Recht hat hieraus Korn (p. 20) den Schlufs gezogen, dafs die bäuerlichen Verhältnisse damals die brennende Frage für Juristen und Politiker bildeten, aber die Darstellung, die er von der Behandlung des bäuerlichen Rechts durch die Jurisprudenz giebt, ist geeignet, durchweg falsche Anschauungen zu erwecken. Daher kommt es, dafs man sich vielfach zum Beweis der schädlichen Folgen der Reception des römischen Rechts für den Bauernstand auf die Ausführungen Korns beruft[5], während doch gerade in der Mark das römische Recht verhältnismäfsig sehr wenig Einwirkung gehabt hat.

Vater her; für unsern Zweck ist der Streit belanglos. — Vgl. Stölzel l. cit p. 271, wie überhaupt seine Darstellung von Diestelmeyer und Köppen.

[1] Vgl. über ihn Kamptz in seinen Jahrbüchern Bd. 13 p. 131.

[2] Ibidem p. 131.

[3] In seinem Werke Practica civilis rerum Marchicarum 1678, Berlin.

[4] Die Sammlung befindet sich unter dem Titel collectanea juris Marchici in der Kgl. Bibl. zu Berlin. Die einzige Notiz über dieselbe habe ich bei Riedel in seinem Magazin f. Provinzial- u. statutarisches Recht der Mark Brandenburg I p. 52 gefunden, der sie auch in seinem Werke „Die Mark Brandenburg 1250“ benutzt hat. Die Judikate erstrecken sich durch das ganze 17. Jahrhundert, beziehen sich aber vorwiegend auf die Mittelmark, da ja ein altmärkisches und uckermärkisches Obergericht existierten. Die Sammlung ist leider nur ein Torso, sie zerfällt in mehrere Teile, der 3. Band der collectanea juris Marchici handelt ausschliefslich von bäuerlichen Verhältnissen, er ist im folgenden hauptsächlich benutzt, die Erkenntnisse sind mit K.G.E. citiert, sie sind vielfach aus derselben Quelle geschöpft, aus der auch Müller und Scheplitz (im 2. Buch resp. Anhang zum 1.) geschöpft haben.

[5] So schon Böhlau, Zeitschrift f. Rechtsgeschichte Bd. 10 p. 408 Anm. — Neuestens v. Brünneck, Zeitschr. d. Sav.-Stiftung f. Rechtsgeschichte Bd. IX Germ. Abt. p. 129 f.

Korns Auffassung beruht auf dem Zweck, den er verfolgt. Er will nachweisen, wie statt der ursprünglichen freien Bauerngemeinden die grofsen Rittergüter mit ihren lassitischen Unterthanen entstanden seien (p. 10), denn nach seiner Meinung war „der lassitische Besitz seit dem 30jährigen Kriege in Brandenburg die Regel, wenn nicht der Zufall in einzelnen Gegenden den Bauern ein besseres Recht an ihren Stellen gewahrt hatte“ (p. 43). Er findet nun die wesentlichsten Bestimmungen, die den Bauern persönlich und dinglich von dem Gutsherrn abhängig gemacht, bereits in jenen beiden Landesordnungen kodifiziert und geht daher mit dem Gedanken an dieselben, dafs in jener Zeit, namentlich natürlich unter den Juristen, eine Strömung vorhanden gewesen sei, um „womöglich alles bäuerliche Besitztum für lassitisches ansprechen zu können“ (p. 24). Wie nun das Eigentumsrecht an den Bauernstellen durch den Grundsatz des Obereigentums der Herrschaft erschüttert worden wäre, so sei die Freiheit der Bauern nicht weniger eingeschränkt gewesen durch die Idee, in den Rittergutsbesitzern ihre Dienstherren und Lokalobrigkeiten zu sehen (p. 41). Es habe also nur wenig gefehlt, um den ganzen bäuerlichen Besitz für lassitisch, die Bauern selbst für Leibeigene oder Unfreie zu erklären.

Erst wenn man sich diesen Standpunkt vergegenwärtigt, ist es zu verstehen, wie Korn zu Anschauungen gelangt, die weder in den Landesordnungen, noch in den Schriften der Juristen irgend welchen Anhalt finden, die aber schon dadurch Bedeutung erlangt haben, dafs Knapp in der Einleitung zu seinem grofsen Werk über die Bauernbefreiung sie als mafsgebend für seine Schilderung der bäuerlichen Rechtsverhältnisse in den Provinzen östlich der Elbe hingestellt hat.

Vor allem nun hat Korn eine höchst eigentümliche, aber nach dem Gesagten begreifliche Meinung von der Anschauung jener Zeit über die Besitzrechte der Bauern.

Klar und deutlich sprechen die Landesordnungen aus, dafs die Bauern ihre Höfe und Hufen eigentümlich besitzen. Korn selbst giebt dies zu, er führt auch selbst die Stellen an, welche beweisen, dafs Scheplitz dieselbe Meinung hatte[1].

---

[1] p. 22. Köppen spricht auch dieselbe Ansicht in seinen Decisiones quaestionum juris (1. Aufl. Magdeburg 1600) aus. Er beginnt nämlich die quaestio 44 mit den Worten: rusticos constat in his terris plus aeque compelli, ut praedia sua dominis vendant. Nach einer längeren Auseinandersetzung darüber, dafs dies nach gemeinem Recht unstatthaft sei, fährt er fort (num. 6): Subditi igitur, qui rerum dominia habent, ad venditionem rerum suarum pro privata utilitate dominorum iure non compelluntur . . . si vero subditi praediorum domini non sint, prout in Pommerania, Nova Marchia et aliis quibusdam regionibus reperiuntur, longe alia res est. Nam illi certis conditionibus vulgo auff die Hauswehrung praedia sub certis servitiis et praestationibus precario tenent, quae ipsi ad resignationem dominorum restituere tenentur. —

Noch deutlicher spricht sich der Jurist in dem 2. Buch seines Werkes aus[1], das zwar erst 1744 herausgegeben, aber schon um 1634 verfafst worden ist. Es heifst da: dominium horum praediorum est penes rusticos et nobiles habent tantum dominium percipiendi.

Dennoch glaubt Korn eine Strömung jener Zeit zu finden, um womöglich alles Besitztum als lassitisches ansprechen zu können. Er stützt sich dabei auf den Satz, dessen wir bereits oben[2] gedachten, dafs nämlich die Bauern an den ihnen verpachteten wüsten Hufen oder Feldern der Ritterschaft Eigentum — was selbstverständlich im Sinne jener Zeit nur Erbzinsrecht bedeutet — nicht erwerben können.

Die wirtschaftliche Bedeutung jener Mafsregel ist klar: Es gab in der Mark viele wüste Hufen und Feldmarken; wir sehen aus den Erbregistern der verschiedenen Ämter, dafs es schon seit langem üblich war, sie an die Bauern zu verpachten. Es ist nun begreiflich, dafs die Bauern, wenn man die Äcker wieder einzog, sich auf die Verjährung stützten, aber ebenso, dafs dies dem Interesse der Grundbesitzer widerstrebte, zumal in einer Zeit, wo die gröfseren Gutswirtschaften aufkamen und mancher auf seinen wüsten Feldmarken ein Vorwerk anlegen wollte. Immerhin aber handelt es sich hier in der Regel nicht um eigentliches bäuerliches Land in der Dorfflur, sondern höchstens um solches, das bereits längere Zeit aus derselben ausgeschieden war — als wüstes Hufenland[3] — oder niemals zu ihr gehört hatte — als wüste Feldmark[4] —, man kann also hierin keinen Versuch erblicken, „den bäuerlichen Besitz zu einem lassitischen zu stempeln". Korn scheint dies selbst zu fühlen, spricht aber den Verdacht aus, dafs man den Titel deshalb absichtlich aus

---

[1] Tit. IV p. 6.

[2] p. 16 u. 20.

[3] Da nämlich alle Hufen damals im Gemenge lagen, so ist nicht wohl anzunehmen, dafs man das wüste Land mitten in dem Ackerfelde wüste liegen liefs, sondern höchstens, dafs man in dem betreffenden Gewann am Rande das entsprechende Stück liegen liefs, wenn man nicht eben es mit beackerte.

[4] Dies geht deutlich aus der von Korn p. 23 citierten Stelle der Landesordnung Diestelmeyers Titel 33 hervor: Wan auch zwischen den besitzer und dehnen, so die ausgethane und vorhewerte Hueffen, Ecker oder Wiesen, wieder zu sich nehmen will, streit vorfellt, also dafs der Beklagte sagt, solches gehöre zu seinem hoffe erblich, der Juncker aber zeugetts vor Lafsgut an, so sol, wenn solche Hueffen, Ecker oder Wiesen auf des Junckern wusten felde gelegen, vor den Junckern erkanndt werden, weil nicht vermutlich, dafs die Pawern auf der Edelleute wusten feldern was eigentümlichs haben, legen Aber die streitige stuck auf dem Dorffelde darinnen der Bauer wohnet, So sol der arme Mann solange dabei geschutzet werden, bis der Cläger beweiset, dafs ehr oder seine Vorfharen dem Besitzer oder derselben vorfahren solche Ecker anfangs mietsweise oder als ein Lafsguet eingethan etc.

dem zweiten Entwurf einer Landesordnung durch Köppen ausgemerzt habe, weil er für die Hauptmasse des bäuerlichen Besitzes das Eigentumsverhältnis ausdrücklich anerkenne. Dafs davon nicht die Rede sein kann, beweist Scheplitz, der die Bestimmung kennt und ganz richtig citiert.

Es konnte aber auch vorkommen, dafs Ritterhufen an Bauern ausgethan wurden, auch auf diesem Wege aber hätten doch nur sehr wenige Bauern lassitische Besitzer werden können, wie Knapp sehr richtig bemerkt (I p. 46), aufserdem aber sieht man aus der Landesordnung ganz deutlich, dafs man, wie ja auch schon an und für sich wahrscheinlich, nicht ganze Bauernstellen auf dem Ritteracker begründet hatte, sondern meistens nur einem bereits bestehenden Bauerngut eine oder mehrere Ritterhufen zulegte[1].

Besonders aber habe man, meint Korn[2], die Bauern durch ein Wortspiel um ihren Besitz gebracht. Man habe nämlich mit dem Namen pactus, Pacht, früher jede Abgabe bezeichnet, die kontraktlich von einem Grundstück zu zahlen war, ebenso aber auch die Leistung, die ein Zeitpächter zu prästieren hatte, und im 16. Jahrhundert sei dies die gewöhnliche Bezeichnung gewesen. Man habe sich also nur an den neueren Sprachgebrauch zu halten gehabt, um dahin zu gelangen, dafs viele ursprüngliche Erbzinsrechtstellen zu Zeitpachtstellen umgewandelt wurden. Selten ist wohl eine grundlosere Vermutung über juristische Konstruktionen ausgesprochen worden; für die ganze Argumentation fehlt jedweder Beweis, und es ist nur zu verwundern, dafs Knapp[3] derselben gefolgt ist und ihre Wirkung weit über die engen Grenzen der Mark ausdehnt. Er glaubt allerdings, das Wortspiel sei nur für Unerblichkeit und Kündbarkeit im 16. Jahrhundert in Betracht gekommen, davon kann — wenigstens in der Mark — schon deshalb keine Rede sein, weil der märkische Lassit, wie unten gezeigt werden wird, stets erblich ist.

Die wirkliche Auffassung der Juristen ist eine ganz andere. Dies tritt vor allem darin hervor, dafs sie das Recht[4]

Noch deutlicher spricht sich Scheplitz darüber aus. Er giebt nämlich die Bestimmungen B. I p. IV Tit. 19 unter der Überschrift: „Von den wüsten Feldmarken oder Dorfstäten, auch Hufen und Hufschlägen.“

Insofern hat Korn also mit seiner Auslegung der Mafsregel ganz recht und es ist unrichtig, was Knapp I p. 47 Anm. in dieser Hinsicht gegen ihn sagt.

[1] Der oben citierte Titel 33 der Landesordnung beginnt: Die von der Ritterschaft legen je zu Zeiten eine oder mehrere ihrer freien Ritterhufen an ihre Bauernhöfe etc.

[2] p. 22/23.

[3] I p. 47 Anm. 1.

[4] S. oben p. 15.

einen Bauern zu legen als einen Eingriff in das Eigentumsrecht betrachten. Köppen[1] nennt dasselbe per se iniquum et a jure et aequitatis ratione alienum, und Scheplitz[2] beginnt seine Erörterung darüber mit den Worten: alias quidem de jure civili subditi qui rerum dominium habent quoad venditionem rerum suarum pro privata utilitate Dominorum minime compelluntur. Denn im römischen Recht gilt der Satz: privilegia sunt stricti juris, und dieser Satz zieht wichtige Konsequenzen.

Daher mufs der Käufer dem Bauern den wahren Wert seines Gutes erstatten, nicht den, für den dieser es erkauft, ja er mufs sogar den Preis zahlen, den ein Dritter dem Bauern für seinen Hof bietet. Und er mufs den Preis sofort bar erlegen, quia gravatus in uno intelligatur relevatus in alio[3].

Die Juristen waren ja sehr wohl klar darüber, was dieses Recht in der Hand des Adels bedeutete. Köppen selbst sagt[4]: constat in his terris (rusticos) plus aeque compelli, ut praedia sua dominis vendant. In der Altmark und Priegnitz geben sogar die Stände eine äufserst drastische Schilderung[5], wie

---

[1] Decisiones juris, quaestio 44 N. 1.

[2] B. I p. IV Tit. VII § 2.

[3] Ibidem §§ 3 u. 6.

[4] Quaest. juris 44 § 1.

[5] Originalrecefs der Altmärkischen und Priegnitzschen Ritterschaft Seehausen 3/VI. 1606, im Geheimen Staats-Archiv: Nachdem wir allerhand Mifsbräuche befunden etc. Insonderheit ist in etlichen Jahren das Einziehen der Paurgüter gahr gemein geworden und dabei grofser Mifsbrauch und unordnung gespuret, indem dieselben nicht allein zu der von Adel Rittersitzen und Wohnungen, sondern auch zu der Witwen Leibgedingen, Meyereien, Scheffereien, Vorwerken und andrer Noturft gebraucht, etlichen auch die äcker und wiesen genommen und die Hufener zu Kossäten gemacht, von welchen eingetzogenen Gütern man hernacher keine Landsteuer geben wollen, alles unter dem schein und nehmen, als wenns Rittergüter wehren, die Churf. gn. von solchen und dergleichen Bürden entfreiet, wodurch der Landschaft an ordentlichen Pauresteuern jährliches ein grofses nachbleibt, zuförderst weil solches von jahren zu jahren immer mehr zunimmt, dergestalt und also, wofern diesem Vornehmen nicht beizeiten vorgebawet und rath geschaffet, das die abgänge sich immerdar heuffen und steigern, auch etliche dörffer von Steuern wenig und zuletzt gar nichts zutrügen, welches den — Schulden Hinderung bringt — und die armen Leute desto lenger mit Zutragung der Steuer in diesen schweren Zeiten geplaget werden. Es sei zwar auf das Auskaufen einiger Bauern zur Errichtung eines Rittersitzes gestattet worden, wobei es bleiben solle, allein es „ist doch weder (des Kurfürsten) noch der allgemeinen Landschaft meinung je gewesen, solche öffentliche mifsbräuche einzuräumen oder dieselben nachzusehen“. Man habe dagegen schon vor 18 Jahren einen Beschlufs gefafst, „das es aber nichtsdestoweniger bei der eingerissenen Unordnung verblieben, ist aus keiner andern Ursache geschehen, denn das sie sich einesteils selbst nicht weisen lafsen, noch von der eingenommenen Unart abstehen wollen“. Es folgt hierauf der im Anhang mitgeteilte Beschlufs.

dieses Recht gemifsbraucht wurde, in der Uckermark enthüllt ein Patent aus dem Jahre 1624 nicht minder schlimmere Zustände[1]. Für die Mittelmark läfst sich feststellen, dafs in dem Zeitraum von ca. 50 Jahren vor dem 30jährigen Kriege 426 Bauern mit $1563^1/_3$ Hufen und 85 Kossäten ausgekauft wurden. Dies bedeutet aber, da vorher 7773 Bauern und 5101 Kossäten vorhanden waren, eine Verminderung jener um fast 5, dieser um fast 2 %. Das gutsherrliche Areal in den Dörfern wuchs hierdurch um die Hälfte seines ursprünglichen Bestandes, von $3228^1/_2$ auf $4791^5/_6$ Hufen[1].

Es wird hieraus erklärlich, wie lebhaft die Tendenz zur Bildung der gröfseren Gutsherrschaften damals herrschte, warum aber andrerseits die Juristen das Recht, das derselben Vorschub leistete, möglichst einzuschränken versuchten. Daher durfte der Edelmann nicht einmal mit dem Willen des Bauern dessen Gut an sich bringen oder ihm mehr bezahlen, unter der Bedingung, dafs jener die höheren Lasten auf sich nehme[2]. Vielmehr wird der Edelmann gezwungen, von den ausgekauften Höfen das Bauernrecht zu halten, d. h. an den Lasten des Hofes hinsichtlich der Gemeindepflichten, des Pfarrers, der Dienste u. s. w. mit teilzunehmen[3].

Auch hielt man daran fest, dafs nur zur Errichtung eines Wohnsitzes, nicht etwa zur Anlegung von Meiereien oder Schäfereien oder „zur Stärkung des Ackerwerks" der Auskauf erfolgen sollte. Schon die Landesordnungen Diestelmeyers und Köppens sprechen dieses Princip aus[4]. Scheplitz sucht dasselbe juristisch zu begründen, wobei er immer und immer wieder betont[5]: ea, quae contra rationem vel tenorem juris communis sancita sint, ad consequentiam non esse producenda.

In Wirklichkeit freilich scheinen jene Beschränkungen das Auskaufen nicht allzusehr verhindert zu haben, faktisch gelang es dem Adel doch wohl meist, die Hufen, die er unter seinem Pfluge hatte, steuerfrei zu bekommen[6], wenn auch die gesetzliche Möglichkeit gegeben war und zu Zeiten auch benutzt wurde[7], dem Mifsbrauche entgegenzutreten.

Sehr interessant ist bei Scheplitz die Behandlung der Frage, ob auch die Bauern gegen Erlegung des Kaufpreises eine oder mehrere Hufen abzutreten schuldig seien. Hier siegt allerdings zunächst der Theoretiker über den Praktiker

---

1 S. den Anhang.
2 Scheplitz l. I §§ 4 und 6.
3 Diestelmeyers Landesordnung (Mylius VI 1. 3 p. 43) Tit. 37.
4 S. Mylius l. cit. p. 44 u. 88.
5 B. I p. IV Tit. 7 quaestio 2.
6 Vgl. den Anhang und den Recefs oben p. 27 Anm.
7 Vgl. unten p. 47 Anm. 2.

mit der abstrakten Rechtsregel, cui licet, quod plus est, licet etiam quod minus, aber der Jurist giebt selbst zu, dafs die Frage streitig sei[1]. Und im zweiten Teil seines Werkes, der allerdings damals nicht herausgegeben wurde, tritt er schliefslich unter Berufung auf mehrere Kammergerichtserkenntnisse, die die Frage bereits entschieden hätten, der entgegengesetzten Meinung bei[2].

Denn auch die Praxis steht durchaus auf demselben Standpunkte wie Scheplitz. Sie kann zwar den klaren, noch 1572 und 1610 bestätigten Landtagsreversen nicht widersprechen[3], aber sie sucht die Härten derselben doch wenigstens zu mildern. Sie hält daran fest, dafs der Edelmann von den ausgekauften Hufen das Bauernrecht halten solle, insbesondere dafs er nicht mehr Schafe oder Vieh halten darf, als wie jener überwintern konnte „nach gemeinem Landesgebrauch“[4].

Lehnschulzengüter dürfen überhaupt nicht ausgekauft werden: „weiln der Revers von Pauern redete, zum andern weil der dominus und vasallus weit fester gegen einander verbunden als die Obrigkeit mit einem gemeinen Pauern, zum dritten es könnte einer sobald ein frey Schulzengut nicht wieder bekommen als ein Pauergut“[5].

Auch darf der Bauer nicht wegen Errichtung eines Leibgedinges ausgekauft werden[6].

Es ist also nicht richtig, dafs die Juristen die Legungsbefugnis des Adels als „obrigkeitliches Expropriationsrecht“

---

[1] B. I p. IV Tit. 7 qu. 3.

[2] B. II Tit. VI p. 8.

[3] Sehr charakteristisch ist folgendes K.G.E. vom 3./VI. 1614 aus d. coll. juris March., zum Teil auch abgedruckt bei Müller, Practica p. 258/259: „Weil Beklagter angezogen, nachdem er seine Lehngüter losgeschlagen, nur etliche wenige Lehnstück, doch ohne Wohnhaus, an sich behalten, dafs er daher Klägers Hof zum Wohnhaus einnehmen und zu dem Ende erkaufen müsse, auch auf vorhergehende, der Herren Räte vermahnung, nicht hat abstehen wollen, sondern sich auf klare Landtagsreverse gegründet, vermöge deren die von Adel, wenn sie ein Pauergut selbst zu bewohnen gemeint, die Pauern auch auszukauffenn berechtiget, als kann Kläger den Hof zu räumen, nicht vorüber, sondern ist nach jetzt berührtem Landtagsrevers schuldig, denselben abzutreten.“

Ich gebe diese und andere Erkenntnisse auch deswegen so ausführlich, weil aus ihnen die Art und Weise der damaligen Rechtsprechung vielfach erkennbar wird.

[4] Vgl. die zahlreichen Erkenntnisse bei Müller, Pract. p. 264 u. 265 und p. 308 und 309, sowie Scheplitz B. II Tit. 8.

[5] K.G.E. vom 30./IV. 1623 bei Scheplitz B. II Tit. 253; vgl. ibidem K.G.E. vom 7./III. 1616.

[6] K.G.E. vom 5./VI. 1611 u. 14./I. 1614 bei Müller, Pract. p. 258.

aufgefafst hätten, wenn auch diese Meinung durch Korn sehr verbreitet worden ist [1].

Auch das Recht des Adels, einen Bauern wegen Ungehorsam zu relegieren [2], ist von Korn nicht ganz richtig aufgefafst worden. Es wurde von Anfang nicht anders verstanden, als es die Antragsteller wollten [3]. Dies zeigt die Landesordnung deutlich [4]. Dafs man später die Worte „mit Recht“ auf das gemeine Recht bezog, konnte, wie Korn selbst bemerkt, den Bauern wenig schaden, da die Fälle solcher Verbrechen, die mit Landesverweisung bestraft werden konnten, beim Bauer verhältnismäfsig sehr selten waren. Scheplitz [5] giebt den Sinn des Reverses ganz richtig an, wenn er übersetzt: nobilis ob causam sufficientem rusticum potest exterminare. —

Je schärfer nun hier, wie gezeigt, die Juristen den Bauern in der Mark Eigentum an ihren Höfen zuschreiben, um so mehr mufs es auffallen, dafs sie in einzelnen Landesteilen davon Ausnahmen statuieren. Die erste Nachricht hierüber giebt Köppen (1600) [6], der Pommern, die Neumark und „einige andere Gegenden“ als solche nennt, wo sich Unterthanen finden, die ihre Güter nur „precario tenent“ und sie daher jederzeit nach Kündigung zurückgeben müssen. Scheplitz [7] citiert schon in der ersten Auflage seines Werkes (1608) diese Stelle und nennt zuerst diese Art der Unterthanen Leibeigene (proprii homines); in der zweiten Auflage seines Werkes (1616) wiederholt er ebenfalls diese Stelle, aber im Anfang des ganzen Abschnittes, da, wo von den Besitzverhältnissen der Bauern in der Mark überhaupt die Rede ist, führt er zum Belege der persönlichen Freiheit der Märker eine Stelle aus Sabinus [8] an: rustici omnes apud nos in Marchia in libertate educati sunt: tota enim Marchia neminem habet servili conditione natum, und fügt hinzu: quod tamen de

---

1 Ihm folgt Knapp I p. 39, neuestens v. Petersdorff, Beiträge zur Geschichte der Mark, Forschungen zur Brandenburgischen und Preufsischen Geschichte II 1 p. 16. Vgl. oben p. 23 Anm. 5.

2 S. oben p. 17.

3 S. den Antrag oben p. 17.

4 Tit. 41 (Mylius l. c. p. 45). Mancher unnahrhafftige Paur sitzt auf seinem gute, bestellet das nicht, wie sichs gebüret, giebt seinen Junkern weder Zinse oder Pacht, kann auch nicht dienen und machet von einem Jahr zum andern mehr schuldten und wan Ihme die Herrschaft solchs nicht länger zuesehen, sondern einen andern gewehrsmann haben will, so helt er das gut so teuer, dafs er keinen kauffmann kriegen kann etc.

5 B. I p. 4 Tit. 7 § 1.

6 S. oben p. 24 Anm. — Für das Folgende vgl. jetzt auch v. Brünneck in der Zeitschrift der Sav.-Stift. G.A. Bd. X p. 40 ff.

7 S. oben p. 29 Anm. 2.

8 De appellatione moribus ac situ Marchiae Brandenburg. 1552.

Marchia Uscarina, tum etiam de Nova Marchia ita absolute meo judicio vix dici potest. Er dehnt also offenbar die servilis conditio auch auf die Uckermark aus.

Hinsichtlich des Charakters dieser Leibeigenschaft betont er zuerst nur wie Köppen, dafs die Bauern ihre Höfe nicht eigentümlich besitzen, sondern sie jederzeit zurückgeben müssen, später fügt er die Warnung hinzu, dafs der Herr nicht ohne erhebliche Ursache seinen Bauer herauswerfen solle. Andrerseits entnimmt er aus einem anderen Schriftsteller die Lehre, dafs man alles, was von den Sklaven gesagt sei, auf die Leibeigenen anwenden könne, jedoch macht er vorsichtig den Zusatz: si foro nostro conveniat. Rechtlos ist nach seiner Meinung der Sklave keinesfalls, er kann testieren, sogar eine Bürgschaft übernehmen.

Weder Köppen noch Scheplitz sprechen ausdrücklich von der Schollenpflichtigkeit (glebae ascriptio), es liegt das aber wohl nur daran, dafs sie beide bei der Lehre von der gewaltsamen Vertreibung der Unterthanen die Rechtsverhältnisse der Leibeigenen behandeln. Dafs auch in der Mark die gänzliche Aufhebung der Freizügigkeit als Merkmal der Leibeigenschaft galt, zeigt ein Judikat des Kammergerichts vom Jahre 1615[1].

Über die Verbreitung dieses Verhältnisses in jener Zeit läfst sich Sicheres nicht feststellen. Köppen spricht nur von der Leibeigenschaft in der Neumark, ohne zu behaupten, dafs dieselbe dort allgemein sei[2]. Scheplitz urteilt ebenso hinsichtlich der Uckermark, in der Neumark scheint er das Verhältnis für allgemein zu halten[3].

Die letztere Ansicht ist aber zweifellos unrichtig. Noch in dem neumärkischen Landtagsrecefs von 1611[4] wird das Auskaufen der Bauern nur nach den Principien gestattet, die Markgraf Johann 1561[5] aufgestellt: d. h. nur mit Willen der Bauern oder bei Deteriorierung des Gutes, oder Anlegung eines Rittersitzes. Auch die Specialrecesse für Kottbus[6], Crossen und Züllichau[6] bestätigen dies. Nur in den sog. drei hintern

---

[1] Bei Müller, Practica civilis rer. Marchic. p. 236:
Weilen die Bauern zu Zintzendorff und des Orts herum vor leibeigen gehalten werden und der Gebrauch, wenn den Bauern beliebet nach Lieferung eines Gewehrsmannes von ihren eingegebenen Höfen abzuziehen nicht üblich, dafs derselbe Kläger — auf dem Hof zu Zintzendorff zu verbleiben schuldig sei etc. — Dafs Zintzendorf in der Uckermark gelegen hat, geht aus den Collect. juris March. hervor, die dasselbe Urteil anführen zur Begründung des Satzes, dafs es Leibeigenschaft in der Uckermark gebe.

[2] S. oben p. 24 Anm.

[3] S. oben.

[4] Mylius VI 1 p. 219. (1611.)

[5] Mylius II 1 p. 48. (1561.)

[6] Mylius VI 1 p. 243 u. 237. (1611.)

Kreisen, die an Pommern grenzten: Arnswald, Dramburg und Schievelbein dürften schon damals die Bauern Leibeigene gewesen sein.

Es zeigt sich also, dafs die Angabe des Scheplitz viel zu allgemein gehalten ist. Es tritt uns hier zuerst die bekannte Neigung der Juristen, wie des römischen Rechts überhaupt entgegen, die zweifellos sehr gefährlich gewirkt hat: dies ist die Vorliebe für Präsumptionen und Generalisationen, die uns auch später noch begegnen wird.

Es fragt sich nun, ob diese Leibeigenschaft erst in jener Zeit eingeführt worden ist, wie Böhlau dies für Mecklenburg annimmt[1], oder ob wir die wesentlichen Merkmale derselben, den Mangel an Freizügigkeit und die Nichteigentümlichkeit der Höfe bereits früher nachzuweisen vermögen.

Für die Neumark ist diese Frage nicht zu entscheiden. Unter Markgraf Hans scheinen jedenfalls die Bestimmungen über das Auskaufen Erblichkeit der Unterthanenhöfe vorauszusetzen[2], auch durften die Unterthanen damals gegen Stellung eines Gewehrsmannes abziehen[3]. Die erstere Bestimmung wird noch 1611 wiederholt, ob die letztere in Kraft geblieben sei, wissen wir nicht. Aber es kann sehr wohl trotz dieser generellen Bestimmungen in einzelnen Kreisen ein der Leibeigenschaft ähnlicher Zustand existiert haben. So erscheinen 1611 die Bauern in den drei nördlichen Kreisen stärker in der Freizügigkeit behindert, als in den übrigen Teilen der Neumark[4]; sie werden 1632[5] und 1643[6]

---

[1] Zeitschr. f. Rechtsgeschichte Bd. 10 p. 557 ff.

[2] S. oben p. 31. Später giebt es freilich auch Leibeigene, die ihre Güter erblich besitzen.

[3] Für das Land Sternberg u. für d. Herzogtümer Krossen u. Züllichau bezeugen dies die Landesordnungen von 1562 resp. 1561, Mylius V 1 p. 55 u. 42–43. Für die ganze Neumark wird allgemein in einem noch unter Markgraf Hans erlassenen „Auszug der Fürstlichen Policei" (Berl. Bibl. Man. Boruss. fol. 83) § 23 bestimmt: Es soll auch keinem Pauren verlobet seyn, wegzuziehn, es geschehe denn mit Vorwissen der Herrschaft und das er genugsam verwehret sey.

[4] Es ist dies wohl aus § 16 des Landtagsabschiedes von 1611 (Mylius VI 1 p 19) zu schliefsen, wo die Ritterschaft klagt, dafs ihre Leute und Unterthanen, auch deren Kinder, bevor sie sich der schuldigen und vor alters in demselben Orte Landes hergebrachten Subjektion gegen die Junker losgemacht, in die Ämter und Städte zögen. — Hier ist von freiem Abzug bei Stellung eines Gewehrsmanns nicht die Rede, vielmehr deutet die Art und Weise, wie hier von der „in demselben Orte Landes hergebrachten Subjektion" gesprochen, auf eine unbedingte Gutspflichtigkeit hin. Vgl. Anm. 5 u. 6.

[5] Vgl. d. „Extrakt aus der Churf. Original-Resolution d. d. Cüstrin 16. Nov. 1632". Der Kurfürst erklärt auf die von der Neumärkischen Ritterschaft am 7. Aug. übergebene Schrift, dafs er „die 3 Creyse als den Arnswaldischen, Dramburgischen und Schievelbeinschen bei der angezogenermafsen hergebrachten Leibeigenschaft über die Ihrigen Unterthanen nicht allein gnädig handhaben wolle" etc. (im Geh. St.-Arch.).

[6] Eingabe der Ritterschaft an den Kurfürsten am 11. April 1643.

als Leibeigene bezeichnet, der Schlufs, dafs die von Köppen für die Neumark erwähnte Nichteigentümlichkeit der Höfe gerade hier — ungewifs, seit wann — häufig gewesen sei, liegt nahe, um so mehr als man nach den Urkunden von 1632 und 1643 Leibeigene in grofser Menge nur in jener Gegend vermuten kann[1].

Für die Uckermark dagegen existiert bereits ein Urteil des Landvogts von 1383, aus der die Nichteigentümlichkeit der Höfe bestimmt hervorzugehen scheint[2]. Andrerseits aber ist in diesem Urteil die Freizügigkeit der Bauern auf das stärkste betont, wenn auch die Urkunde selbst zeigt, dafs sie bereits angegriffen wurde.

Es findet sich jedoch in der Polizeiordnung von 1550 § 8[3] die Bestimmung: „So die Paurn ein oder mehr Ihrer Herrschaft Erbguth bewehren, So mögen sie und jre Kinder unverhindert jrer Herrschaft sich in andere Städte oder Dörfer, wenden — und hetten die in der Uckermark indeme beständige, sonderliche Breuche, mögenn sie sich derselbigen halten." Diese „sonderlichen Bräuche" kann man wohl nicht gut anders deuten — denn milder für die Bauern werden sie doch schwerlich gewesen sein — als dafs der Bauer in der Uckermark auch nicht einmal gegen Stellung eines Gewehrsmannes abziehen durfte, d. h. an die Scholle gebunden war[4].

Ist dieses richtig, so wäre also die Leibeigenschaft etwa im 15. Jahrhundert in der Mark eingeführt worden.

Jedenfalls aber ist sie auch hier nicht, wie Böhlau für Mecklenburg annehmen zu müssen glaubt[5], ein theoretisches

---

„Obgleich Prälaten, Herrn und Ritterschaft des Uckermärkischen, Stolpeschen, Arnswaldischen, Dramburgischen und Schievelbeinischen Kreises vor alters die Leibeigenschaft über ihre Unterthanen und deren Kinder gehabt, unterstehen sich Etliche dem entgegen, ehe sie sich der Subjektion bei ihren Junkern losgemacht, indie Ämter und Städte zu ziehen" etc. Korn, l. cit. p. 43, vgl. Droysen, Preufs. Politik III² 2 p. 119.

[1] Denn es handelt sich in beiden um Beschwerden der Neumärkischen Ritterschaft; wäre die Leibeigenschaft auch in anderen Kreisen damals schon üblich gewesen, so würden diese gewifs nicht verfehlt haben, ihr Interesse geltend zu machen. — S. vorher Anm. 5 u. 6.

[2] Es ist dies die bekannte merkwürdige Urkunde bei Wohlbrück, Lebus I 325: Als wenn eyn bur wil tyhn von synes herren gude und hoven —, kan hie des nicht verkopen, so schal hie dat synen herrn upseggen und weret dat syn her dat gut nicht wil upnehmen, so schal hie dat up einen thun stecken und schall dann fry weg tyhen. Die Urkunde wird allerdings auch anders aufgefafst. — Auch das Judikat von 1615 (s. p. 31 Anm. 1) spricht von den „eingegebenen", also herrschaftlichen Gütern der Bauern.

[3] Mylius V 1 p. 24.

[4] Vgl. die bekannte Angabe Kantzows in seiner Pommerania II p. 418—420 über die Zustände in dem benachbarten Pommern.

[5] l. cit. — Fuchs (s. p. 9 Anm. 4) macht allerdings p. 107 Anm., Bedenken hiergegen geltend, die ich ganz und voll teile.

Produkt der Juristen, sondern scheint in der That in den wirklichen Verhältnissen begründet gewesen zu sein. Ob diese Verhältnisse, wie v. Brünneck[1] neuerdings für Pommern konstatiert, dadurch entstanden, dafs slavische Besitzverhältnisse auf Deutsche übertragen wurden, mufs ich dahin gestellt sein lassen; das dürfte allerdings schwerlich Zufall sein, dafs gerade in den beiden am weitesten in slavisches Gebiet hineinragenden Provinzen der Mark die Leibeigenschaft vorkommt, ja dafs sie gerade in den neumärkischen Kreisen Schievelbein, Dramburg und Arnswalde, die ihrer Natur nach zu Pommern gehören, zuerst nachweisbar hervortritt[2]. Sollte dies nicht damit zusammenhängen, dafs gerade in jenen Ländern bei ihrer, wie es scheint, friedlichen Kolonisation viele Wenden zurückgeblieben sind und sich am meisten mit den Deutschen vermischt haben?[3]. —

Während nun jedenfalls die Bauern in der Ucker- und Neumark gegen Ende des 16. Jahrhunderts ihrem Gutsherrn als persönlich unterthan gelten, hebt Scheplitz in der bereits citierten Stelle ausdrücklich hervor: rustici omnes apud nos in libertate educati sunt. Daher ist es auch nicht richtig, wie Knapp[4] thut, die Bestimmung, dafs der Bauer nur gegen einen Abzugsbrief seiner Herrschaft in die Stadt aufgenommen werden dürfe, gewissermafsen als den Schlufsstein der Gutsunterthänigkeit zu fassen. Denn auch Scheplitz[5] kennt diese Bestimmung, aber er erkennt auch sehr richtig, dafs sie blofs die Konsequenz jenes Landtagsbeschlusses ist, nach welchem die Bauern nur gegen Stellung eines Gewehrsmannes abziehen durften[6].

Hinsichtlich der Verpflichtung zur Stellung eines Gewehrsmannes stellt Korn eine höchst eigentümliche Meinung über die Anschauung der damaligen Juristen auf. Er glaubt nämlich, dieselben hätten jene Beschränkung der Freizügigkeit aus den Diensten hergeleitet, indem man diese nicht als reine Reallasten, für welche nur das Grundstück gehaftet

---

[1] in seiner p. 23 citierten Abhandlung.

[2] Cfr. p. 32 Anm. 4.

[3] Dazu stimmt, dafs im Justizamt Cottbus, wo auch die Leibeigenschaft herrschte, noch bis gegen Ende des vorigen Jahrhunderts die wendische Sprache im Gebrauch war, vgl. das Reskript an die Neumärkische Regierung wegen der Testamente der Wenden vom 25. Sept. 1795 (Sammlung der Provinzial- etc. Gesetze der Preufsischen Monarchie, Bd. III p. 244 ff.), sowie Buchholz, Geschichte der Churmark Brandenburg, Bd. I p. 43. Auch in den Herrschaften Bees- und Storkow, wo später sich ebenfalls viele Leibeigene finden, müssen die Wenden besonders stark sitzen geblieben sein, da die Gegend später das Wendische genannt wurde. (Buchholz, l. cit. I p. 21 und unten p. 54.)

[4] I p. 42—43. Es scheint, dafs er sich hat irre leiten lassen durch die etwas unklare Interpretation der betreffenden Stelle bei Korn p. 39.

[5] B. I p. IV tit. 14.

[6] Die Bestimmung findet sich daher schon in den Landtagsabschieden seit 1536.

habe, aufgefaſst, sondern daneben noch eine persönliche Verpflichtung des Inhabers für die Dienste hingestellt habe (p. 38). Hiervon findet sich bei Scheplitz nichts[1], aber auch die märkische Praxis urteilt nur wie dieser.

Sie muſs zwar das Recht des Edelmanns auf Stellung eines Gewehrsmannes „nach dem Landesgebrauch“[2] anerkennen, aber sie verhindert die willkürliche Ausdehnung desselben, insbesondere den nahe liegenden Versuch des Adels, die Söhne auf dem Hofe des Vaters festzuhalten. Nur die Eltern sind zur Stellung eines Gewehrsmannes verpflichtet[3], quia, wie Scheplitz[4] bemerkt, consuetudo, statutum vel constitutio loquens de certis personis ad alias personas non extenditur. Dagegen wird der Erbe zur Beschaffung eines Gewehrsmannes angehalten[5].

Die Obrigkeit ist schuldig, einen Unterthanen, wenn er alters- und unvermögenshalber dem Hof nicht mehr vorstehen kann, abziehen zu lassen, „selbst ungeachtet der Zusage, die er gethan haben mag“[6] und wenn der Gewehrsmann sich hinterher als untüchtig erweist, so ist dies der Obrigkeit, nicht des Bauern Schade[7].

Der persönlichen Freiheit der Bauern widersprach auch nach den Anschauungen jener Zeit durchaus nicht der Gesindezwangsdienst, wie er in der Mark eingeführt war. Korn glaubt zwar auch hier einen Anfang sehen zu müssen, der „auf persönliche Unfreiheit hindeutet und zu derselben führen konnte“[8]. Allein auch Scheplitz erwähnt dieses Recht, was Korn[9] übersehen hat, das einzige aber, was er zur Erläuterung hinzufügt, ist charakteristischerweise der Satz, daſs sonst, d. h. im gemeinen Recht, ein freier Mann dem dienen müsse, an den er seine Dienste zuerst verdingt.

---

[1] Ebensowenig in den Entwürfen zur Landesordnung; auch die Gesindeordnung von 1620 (Mylius V 3 p. 15) verbietet nur, daſs der Bauer ein Gut verwüste und sich dann aus dem Staube mache; in diesem Falle soll er gefänglich eingezogen und solange in Haft behalten werden, bis er einen anderen Gewehrsmann geschafft hat.

[2] K. G. E. vom 22. März 1602 bei Scheplitz, l. II tit. 28 p. 19.

[3] K. G. E. vom 27. März und 8. Dez. 1626 bei Scheplitz ibidem.

[4] Ibidem additio.

[5] K. G. E. bei Müller, Pract. p. 239 vom 1. Juli 1615, ob dies allerdings ganz allgemein galt, ist aus der Fassung des kurzen Erkenntnisses nicht zu sehen.

[6] Coll. juris March. p. 2013.

[7] K. G. E. bei Müller, Pract. p. 239 vom 19. Juni 1621: Schlieſslich kann Peter Noah dazu nicht mit Fug angehalten werden, daſs er ihm wegen seines Gewehrsmannes, welchen Noah einmal geschaffet und er denselben auch angenommen, die Dienste nicht-kann leisten noch Dienstgeld geben, sondern er hat sich an den Wehrsmann deshalb zu halten.

[8] p. 32 oben, vgl. auch den Satz in der Mitte: „Das Wesen der Sache war persönliche Unfreiheit und ist niemals anders aufgefaſst worden“.

[9] p. 33 dagegen Scheplitz B. I p. IV Titel 10 § 2.

Den gleichen Standpunkt nehmen auch die altmärkischen und priegnitzschen Stände in ihren Monitis zur Landesordnung ein, „quod durissima videatur esse servitus et contra dispositionem juris communis introducta“, sie behaupten übrigens, dafs der Gesindezwangsdienst in der Altmark niemals eingeführt worden sei[1].

Für die Mittel-, Ucker- und Neumark dagegen wird er durch die Gesindeordnung von 1620 bestätigt, aber auf drei Jahre beschränkt[2].

Die Bestimmung über den Gesindezwangsdienst findet sich schon seit 1518 fast in jedem Landtagsabschied, aber einerseits ohne nähere Zeitbestimmung, anderseits ohne scharfe Strafandrohung. In der Polizeiordnung von 1550 wird nämlich nur Verlust des Lohns auf das Weglaufen gesetzt, 1575 dies wenigstens für einen Teil[3] der Mark wiederholt, aufserdem dem Herrn, der entlaufenes Gesinde mietet, eine Strafe von 5 Thalern angedroht, eine Bestimmung, die in einem unter Joachim Friedrich verfafsten Entwurf zur Landesordnung verallgemeinert wird[4].

Jetzt dagegen ist es nötig — offenbar zum Schutze der Bauern — die Dienstzeit genauer zu fixieren, zugleich aber auch durch harte Strafen die Befreiung vom Zwangsdienst zu verhindern. Die Eltern, die ihren Hof verlassen, um ihre Kinder dem Dienst zu entziehen, werden mit Gefängnis bestraft; die Kinder, die entlaufen, sollen beim erstenmale durch den Landreiter zurückgebracht, im Wiederholungsfall in Haft genommen werden. Auf Doppelvermietung steht Festungshaft für die Dauer von 1/4 bis zu 1 Jahr, je nach der Schwere des Falles.

---

[1] Korn, p. 32. Das von ihm citierte Aktenstück befindet sich im Geh. St.-Arch., es ergiebt sich aus demselben, dafs es von den Altmärkischen und Priegnitzschen Ständen herrührt, um so wertvoller die Bemerkung, dafs der Gesindezwangsdienst in der Altmark nicht bestand.

[2] Mylius V 5 p. 12 u. 13. Über die Dauer des Dienstes findet sich hier die erste genauere Fixierung. Dieselbe war aber wohl vorher schon gewohnheitsrechtlich so fixiert. Wenigstens heifst es schon in einem Edikte von 1575 für Lebus, Ober- u. Niederbarnim (Mylius V 3 p. 10): Es mögen aber die Eltern ihre Kinder, wenn sie deren zu ihren eigenen Diensten bedürfen und ihre Jahre an des Junkern Dienst umb sein, — abfordern etc. Die Polizeiordnung von 1550 sagt dagegen nur: Wo sich dann ein Knecht oder Magdt in Zeit des vorbemeldten Dienstes (des Zwangsdienstes) würden verehelichen oder jre Eltern würden derselbigen selb bedürffen, sollen sie von jrem Herrn jme dar über weiter zu dienen nicht gezwungen werden.

[3] S. die Anm. 2.

[4] Berl. Bibl. Man. Bor. 41. Irrtümlicherweise glaubt Isaacsohn, Geschichte des preufsischen Beamtentums Bd. II p. 8, der Entwurf rühre von Diestelmeyer her, es folgt aber aus mehreren Stellen desselben, dafs er erst unter Joachim Friedrich verfafst ist; dafs man auch damals noch mit Entwürfen zu einer Landeskonstitution beschäftigt war, geht aus dem, was Mylius, VI 3 Vorbericht p. 6 f., sagt, deutlich hervor.

Behufs Verhütung des Entlaufens wird ein Entlassschein, die Kundschaft, eingeführt; wer wissentlich dienstpflichtiges Gesinde mietet, mufs 10 Thaler Strafe geben[1].

Im Zusammenhang hiermit stehen einige Bestimmungen über die landwirtschaftlichen Tagelöhner. Auch diese Klasse der ländlichen Bevölkerung wird bereits in der Polizeiordnung von 1550 erwähnt und ihr Lohn festgesetzt, aber ohne weitere Strafbestimmung[2]. Jetzt dagegen wird nicht nur den Gerichtsherren nachdrücklich eingeschärft, nicht zu dulden, dafs „gesunde, starke Leute, die wohl arbeyten können, zum theil bey den Eltern, zum theil bey den Krügern oder andern in seinem Dorffe wohnende, beynahe das gantze Jahr auff der bernhaut liegen und mit müfsiggang die zeit zubringen, hernacher aber in der Hew- und Erndtezeit den armen Landmann — übersetzen“, sondern sie werden auch ermächtigt, den Lohn, den jene zuviel gefordert, zu konfiszieren und ihnen die Kundschaft zu verweigern. Denn auch für diese Arbeiter wird der Arbeitsschein, wie für das Gesinde, eingeführt unter Androhung gleicher Strafmafsregeln gegen Zuwiderhandlungen[3].

Über den Zweck dieses Teiles der Gesindeordnung kann kein Zweifel sein, er bezeichnet den ersten umfassenden Versuch des in jener Zeit rasch gewachsenen Grofsgrundbesitzes, sich das notwendige aufserordentliche Arbeitsmaterial möglichst billig zu sichern. Einzelne der Bestimmungen kamen ja zweifellos allen Landbauern zu gute, den Hauptnutzen hatte aber sicherlich der Rittergutsbesitzer.

So zeigt sich der Mangel an Arbeitskräften in der Landwirtschaft und das Bestreben, demselben durch die Beschränkung der Freizügigkeit abzuhelfen, als eine typische Begleiterscheinung des Grofsgrundbesitzes: es ist kein Zufall, dafs die ersten Spuren hiervon sich zu der Zeit finden, in der die gröfsere Ausdehnung des Grofsgrundbesitzes beginnt und dafs noch in unsern Tagen am meisten über den Mangel an landwirtschaftlichen Arbeitern im Nordosten Deutschlands geklagt wird.

Das Hauptarbeitsmaterial der Gutswirtschaft jener Zeit war freilich nicht das Gesinde und die landwirtschaftlichen Lohnarbeiter, sondern die angesessenen Bauern und Kossäten; dafs aber auch diese im freien Abzug behindert waren, ist bereits früher hervorgehoben worden; warum dies geschah, ist leicht zu verstehen.

Weitaus die meisten Bestimmungen in den Collectanea juris Marchici beschäftigen sich ja mit den Dienstverhältnissen der Bauern. Es erklärt sich dies eben aus den damaligen wirtschaft-

[1] Ges.-O. von 1620. Mylius V 3 p. 11 ff.
[2] Mylius V 1 p. 20 ff.
[3] Ges.-O. von 1620. l. c.

lichen Verhältnissen. Je mehr die Rittergüter an Umfang wuchsen, desto mehr Dienste brauchte der Edelmann zur Bestellung seiner Äcker.

Zwar galt der Satz „nach gemeinem Landesgebrauch“, dafs die Ritter von den ausgekauften Hufen Bauernrecht halten mufsten[1], und dafs der Bauer die wüsten Hufen nicht zu beackern brauchte[2], es ist aber leicht zu begreifen, dafs die Versuche zur Ausdehnung der Dienste immer aufs neue fortgesetzt wurden.

Um so wichtiger ist es nun, zu sehen, wie sich die Jurisprudenz zu diesem Bestreben stellte.

Wir haben allerdings bereits zwei Landtagsabschiede schon oben kennen gelernt, welche die Stellung des Rechtes naturgemäfs beeinflussen mufsten. Der eine[3] spricht den Obrigkeiten ohne weiteres das Recht zu, Unterthanen, von denen sie eine Zeitlang Dienstgeld genommen haben, dasselbe wieder aufzukündigen und Naturaldienste zu verlangen. Infolgedessen halten die Juristen auch hieran fest[4], wenn auch Scheplitz ausdrücklich die Abweichung vom gemeinen Recht hervorhebt[5], da ja dies die Bauern kraft der Verjährung geschützt hätte. Aber doch wird auch hier der Bauer vor allzu grofser Willkür geschützt, insofern die Obrigkeit nicht neben den Diensten zugleich Dienstgeld nehmen[6] und als solches nur eine bestimmte landesübliche Summe, 12 Thaler für Spann-, 6 Thaler für Handdienste fordern darf[7].

Der andre Landtagsabschied[8] war ein Verbot an das Kammergericht, den Bauern gesetzte Dienste zu machen und der Obrigkeit Speisung der Bauern aufzuerlegen; es solle jeder mit seinen Unterthanen halten, wie zuvor. Offenbar war auch diese Be-

---

[1] Für die Praxis s. die Erkenntnisse bei Müller, Pract. p. 116 vom 16. Sept. 1605, 4. Aug. 1611, 27. März 1601, 3. Mai 1611, vgl. auch die Erkenntnisse in Resol. 100 N. 84.

[2] Vgl. die K. G. E. bei Müller, Res. 99 N. 47 vom 9. Nov. 1603. Collectanea jur. March.: „Unterthanen dürfen blofs die Ritterhufen, nicht aber die wüsten Paurhufen bestellen.“ Mehrere Erkenntnisse, das früheste vom 9. Okt. 1630.

[3] p. 20.

[4] Köppen, Quaest. juris, quaest. 13 N. 12. Scheplitz, B. 1 p. IV Tit. 19. K. G. E. bei Scheplitz, Anhang zur 3. Aufl. p. 660 u. 661 und bei Müller, Pract. p. 146.

[5] l. cit.: alias vero, si abesset consuetudo vel provisio specialis hac in re et rustici loco servitiorum praestitissent certam pecuniam ultra tempus ad praescriptionem sufficiens, quod tunc aliis servitiis onerari non possint, respondisse Lipsienses apparet.

[6] K. G. E. bei Müller, Pract. p. 146 vom 10. Mai 1611.

[7] Ibidem vom 13. Mai 1612. „So können auch actori die von den Leuten geforderten 17 Thaler Dienstgeld nicht passieret werden, sondern er soll den Leuten, was er in den ersten beiden Jahren über 12 Thaler empfangen hat, wieder herausgeben.“

[8] S. oben p. 21.

stimmung dem Adel günstig und sie scheint in der That ihre Wirkung nicht verfehlt zu haben.

Wie in ganz Deutschland[1], so dürfte auch in der Mark die Zeit vor dem 30jährigen Kriege diejenige gewesen sein, in der sich die Fronden immer mehr verallgemeinerten[2], um schliefslich vielfach zu ungemessenen zu werden. Das römische Recht mag wohl diese Tendenz befördert haben, eben durch die bereits hervorgehobene Neigung zu Generalisationen. So wird jetzt präsumiert, dafs die Dienste der Unterthanen im Zweifel ungemessene sind[3] und dafs bei gemessenen Diensten doch Korn- und Baufuhren ohne Abzug geleistet werden müssen[4].

Es wäre aber irrig zu glauben, dafs solche Präsumptionen hervorgegangen seien aus der Abneigung der Juristen gegen die Bauern und ihrer Parteilichkeit für den Adel. Das römische Recht ist auch hier, wie so oft, nur der Geburtshelfer des bereits werdenden Rechts gewesen. Die Hauptsache war einfach der Gewaltdruck, den die Gutsherren auf ihre Unterthanen ausübten. Charakteristisch hierfür ist ein Prozefs[5] vom Jahre 1567, den die Gemeinde von

---

[1] Vgl. Roscher, Geschichte der Nationalökonomik, p. 122.

[2] Vgl. oben p. 15. Eins der frühsten Zeugnisse für die zweite Hälfte des 16. Jahrhunderts ist in der Ordnung der Räte von ca. 1562. Mylius II p. 55. Hier wird dem Kanzler und den Räten befohlen: „Die jrrungen, so zwischen denen vom Adel und jren Unterthanen der Dienste halber vielfältig vorfallen an unsere Haupt- und Amptleute jeder Orthe alfs die der Gebrauch in jren Ämptern und wie es die ander benachbarten mit irenn Leuthenn halten wissen remittieren und denselben die Gebhür also darinnen zu beschaffen, dafs die Leute zu untreglichenn und ungewonlichenn Diensten nicht gedrungen, bevolen werden."

[3] K. G. E. bei Müller, Pract. p. 149 vom 22. Juni 1607.

[4] K. G. E. l. cit. p. 251 vom 27. Mai 1612.

[5] Kgl. G. St.-Arch., Rep. 22—72. Bauern-Sachen — 1688. Zum Belege für das weiter im Text Gesagte hebe ich aus demselben folgende Punkte hervor:

1) Vor 11—10 Jahren hat der Junker sie um Fuhren nach Fürstenwalde gebeten, dafür hat er jedem Bauer einen Scheffel Hafer gegeben und nach 5 Jahren, als er ihnen die Gerstenfuhren hat steigern wollen und sie sich weigerten, hat er sie ihnen gelohnt, aber er begnügt sich nicht damit, sondern hat „aus der Bitte ein Recht machen wollen und — gebieten lassen, dafs wir oft in der besten Pflugzeit alle sein erworben und erbaute Gerste nach Frankfurt etc. haben führen müssen.

2) nachdem wir unserm Junker 5 Jahre und die 4 Jahre her nacheinander auf seine Bitte und Verlangen, aus Gutwilligkeit jeder Hüfner 6 Schlitten und jeder Kossät 3 Schlitten Brennholz aus dem Busche gefahren, dafür hat er jährlichen ein Fafs Bier gegeben, so hat er uns doch das (letzte) Jahr zu solchen Holzfuhren stracks zwingen wollen.

3) als unser Junker — vor 13 Jahren erstlich nach Mantschenow kommen ist, da hat er vermöge unsers Briefes 2 Jahr das Dienstgeld genommen — vor 15 Jahren aber, da er noch 2 Hufen zu seinen vorigen Hufen gekauft, da haben wir ihm laut der Briefe im Agste (August) jeder 6 Tage gedienet und vor 14 Jahren, da haben wir ihm — auch 6 Tage gedienet und den 7. Tag haben wir ihm helfen Heu sammeln, vor 12 Jahren haben wir auf sein Bitten umb Gutwilligkeit 8 Tage gedienet —

Mantschenow (Lebus) „geges ihres Junkers des Grofsen“ Witwe anstrengte. Die Gemeinde hatte mit dem verstorbenen Junker 1526 einen Vergleich abgeschlossen über die Regulierung der Dienste. Trotzdem dienen die Bauern etliche Jahre „aus gutwilligkeit“ noch 2 Tage mehr. Der Junker aber läfst es nicht dabei bewenden, sondern: „als wir ihm erstlich über unser schuldig dienst (dies) auf seine Bitten, dafür er uns oftmahls gelohnet, auch uns jährlichen etliche Fafs Bier gegeben, aus Gutwilligkeit zu Bethe gethan, da hat er letzlich daraus ein recht gemacht und uns neue Dienste auflegen wollen.“ Die Gemeinde legt der Klage ein „Verzeichnis der neuen, beschwerlichen, unerträglichen Dienste“ bei. Dasselbe weist eine ziemlich grofse Reihe neuer Dienste auf, der Gang der Dinge ist immer derselbe: Erst bittet der Junker, giebt den Leuten für die Arbeit zu essen und zu trinken, nach einigen Jahren giebt er ihnen weniger oder gar nichts, sieht aber die Dienste als sein Recht an.

Und die Bauern? Sie lassen sich die Sache jahrelang ganz ruhig gefallen; dafs es in diesem Falle zum Prozefs gekommen, rührt nur daher, weil der Junker, vor dem sie offenbar grofse Angst gehabt haben, gestorben war und seine Witwe sie noch schärfer heranziehen wollte.

Dies eine Beispiel zeigt, wie ich meine, besser als alle Erörterungen, wie leicht eine Ausdehnung der Dienste auch ohne das geringste Zuthun der Jurisprudenz stattfinden konnte. Selbst der Umstand, dafs das römische Recht eine Verjährung der erzwungenen Dienste nach 30 Jahren annahm, konnte da kaum eine besondere Verschlimmerung bewirken[1].

Man sieht in der That, wie ganz von selbst mit der Entstehung gröfserer Gutswirtschaften neue Dienste zum „allgemeinen Landesgebrauch“ werden konnten, andrerseits aber, wie gefährlich es war, dafs die Juristen sich diesem anschlossen. Und doch konnten sie nicht wohl anders, wenn keine Verträge da waren. In jenem Landtagsrevers von 1550 werden sie eigentlich darauf hingewiesen. Kurze Zeit später wurde

---

vor 10 Jahren (nachdem der Junker von den ausgekauften Hufen seinen Meier wieder genommen) da hat er uns arme Leute zu solchen vielen unbillichen Diensten zu agsten (im August) getzwungen — daruber er nicht einen Mund voll Broths noch trinken gegeben — und da wir uns dessen beschwert, hatt er uns bedroht, das er uns alle — aus dem Dorfe jagen wolle — und hat uns etliche Jahre her gezwungen, dafs wir ihn den ganzen Agst hindurch So lange haben dienen müssen, bis er sein Korn und Heu alles aufgebracht“ etc. etc. — Sehr bezeichnend ist auch eine Notiz im Erbregister des Amtes Spandow von 1590 über die Dienste der Unterthanen eines Dorfes, das früher zum Klostervorwerk gehörte: „haben vor alters dem Kloster 3 Tage gedient, jetzt aber dienen sie zum Augste allerle Dienste mit Mähen hacken und Binden Korn und Heugrafs, so oft es ihnen wird angesagt.“

[1] Vgl. Köppen, quaest. juris, qu. 13 N. 2 u. Scheplitz, Anhang z. 3. Aufl. p. 661.

dann dem Kammergericht befohlen, Dienststreitigkeiten an die Haupt- und Amtleute zu remittieren, da diese „den Gebrauch kennten und wissen, wie es die benachbarten mit ihren Leuten halten“ [1]. Diese Bestimmung war natürlich nicht durchzuführen, sobald sich die Streitigkeiten häuften. Daher stellt Diestelmeyer in seinem Entwurf zur Landesordnung als Princip auf [2], „dafs wenn Dienste halber geklagt wird und nicht Verträge oder andere Gewifsheit vorhanden, wie die leutte zuvor gedienest, sollen dieselben also wie der nächst benachbarten Dörffer einnwohner Ihren Herrschaftenn dienen, Ihnen auch an Essen und Trinken gegeben werden, was sie vor alters gehabt oder wo dasselbe ungewifs, was die nächsten Feldnachbarn Ihren leutten gegeben“.

Wir finden demgemäfs gerade in den Abschieden über Korn- und Baufuhren und auch sonst öfter die Berufung auf den „kundbahren Landesgebrauch“ [3].

Abgesehen von dieser bei den Verhältnissen der damaligen Zeit den Bauern gewifs ungünstigen Tendenz zur Nivellierung nimmt das römische Recht auch hinsichtlich der Dienste denselben Standpunkt ein, wie gegenüber den übrigen Privilegien des Adels. Auch die Dienste nämlich sieht es als privilegia odiosa an. Daher fügt Scheplitz [4], nachdem er sich durchaus damit einverstanden erklärt, dafs es jeder mit seinen Unterthanen halten solle, wie zuvor: cum totum hoc jus dominicum — consuetudine est introductum, unmittelbar darauf hinzu: quod servitia non sunt extendenda et amplianda, sed intra fines suos servanda. Und in der That betonen auch die Kammergerichtserkenntnisse diesen Grundsatz mehrfach [5].

[1] S. oben p. 39 Anm. 2.

[2] Mylius VI 3 p. 45.

[3] Vgl. K. G. E. von Freitag nach Ägidi 1600 in d. Coll. juris March. (b. Müller, Pract. p. 149 nur unvollständig): Obwohl im Abscheide — nur der 2 oder 1 Tages gedacht, in welchem die Bauern dienen sollen — ist auf von Heubitz Anhalten die Erklärung dahin erfolgt, dafs mit denselbigen die Korn- und Baufuhren nicht gemeint, sondern dieselben bei jeder vorfallenden Notdurft dem Landesbrauch nach sollen — geleistet werden.

21. Okt. 1611 (Müller, p. 149): obgleich der Baufuhren halber in bemeltem Vertrag — keine Verordnung gemacht, können dennoch Kläger dem Landesgebrauch nach sich nicht entwehren etc.

25. Apr. 1615 (ibidem): Es giebt und bringt der Landesgebrauch mit sich, dafs Bekl. nicht allein das Brennholz zu fuhren, sondern auch über dem die Kornfuhren zu verrichten schuldig.

17. Nov. 1619. Coll. jur. March.: Weil gedachter Abschied von den Baufuhren keine Meldung thut, der kundtbahre Landesgebrauch aber hierin der Sachen klares Mafs giebt etc.

[4] B. I p. IV Tit. 11 § 2.

[5] K. G. E. vom 1. Juni 1622, Coll. jur. March.: und mufs sich Beklagter inmittelst der Dienste civiliter gebrauchen, damit die Bauern zu Ungebühr nicht beschwehret werden oder ihnen die Dienste altem Herkommen nach zuwider überhäuft werden.

Ja, sie ziehen sogar wichtige Konsequenzen hieraus. Sehr richtig hebt Korn [1] hervor, dafs den Bauern bei ungemessenen Diensten alle ordnungsmäfsige Wirtschaft unmöglich wurde, wenn sie zu jeder Zeit von ihren eigenen Feldern abgerufen werden konnten. Aber dies konnte oder wenigstens sollte in der Mark nicht, wie er anzunehmen scheint, der Fall sein, denn die Dienste mufsten tags vorher angesagt werden [2], vor allem aber mufste den Leuten selbst während der Ernte Zeit zur Bestellung des eigenen Ackers und zwar $1^1/_2$ Tage gelassen werden [3]. Auch durften Dienste nicht verliehen werden [4], noch brauchten sie die Bauern nach andern als den altherkömmlichen Orten zu leisten [5].

Der Unterschied zwischen Bauern und Kossäten rücksichtlich der Dienste bleibt streng gewahrt, die Bauern leisten Spann-, die Kossäten Hand- und Fufsdienste [6]. Hier kamen offenbar die Präsumptionen den Bauern zu gute: aus den Erbregistern der Ämter geht hervor, dafs die Bauern mitunter auch Handdienste, wie Mähen etc. zu thun hatten.

Naturgemäfs finden sich noch weit mehr Bestimmungen zum Schutze der Bauern, die gesetzte Dienste haben. Zwar müssen sie, wie bereits erwähnt, Korn- und Baufuhren noch aufserdem leisten, aber anstelle derselben sind sie der Obrigkeit keine andern Dienste schuldig [7]. Die Kornfuhren durften zudem nicht ein gewisses Mafs überschreiten, weder hinsichtlich der Schwere der Ladung [8], noch hinsichtlich der Länge des Wegs [9].

---

25. Apr. 1625 (ibidem): Es müsse sich Beklagter der Dienste civiliter gebrauchen, den Leuten die Fuhren insonderheit in der Ernte und Saatzeit nicht überhäufen etc., vgl. auch Scheplitz l. II Tit. 22.

[1] p. 33.

[2] K. G. E. b. Müller, Pract. p. 149 vom 21. Juni 1616.

[3] Ibidem p. 252 vom 1. Juni 1615. Coll. jur. March. K. G. E. vom 17. Juni 1617: Die Unterthanen sollen „erheischender Notdurft nach täglich, wenn ihnen angesagt wird, dienen, doch mit dem Bescheid, dafs sie an ihrer Ernte hiedurch nicht gehindert werden, sondern selbige daneben zur rechten Zeit bestellen können“.

25. Apr. 1623. Es müsse Beklagter -- den Leuten die Fuhren in der Ernte und Saat Zeit zu Ungebühr nicht überhäufen, ob sie wohl auch mit der Hand indeterminata servitia prästieren, müssen es doch also machen, dafs sie das Ihre auch dabei in acht nehmen und verrichten können.

[4] K. G. E. vom 12. Aug. 1610.

[5] K. G. E. vom 7. Juli 1653 und 25 Febr. 1605, b. Müller p. 264.

[6] K. G. E. bei Müller vom 13. Mai 1612; 7. Aug. 1613; 6. März 1605: Ob auch wohl G. Brösicke berichten lassen, dafs Peter Köppe nicht allein obgesatzte Bauerndienste zu thun, sondern auch als ein Kossät mit dem Halse zu dienen schuldig: weil aber P. K. dessen nicht geständig, auch sonst nicht landesbreuchlich, lieget G. B. ob, solches besser als itzo geschen zu erweisen.

[7] Coll. jur. March. K. G. E. vom 30. Nov. 1608 u. 4. Okt. 1616 hinsichtlich der Korn-, vom 4. Okt. 1616 hinsichtlich der Baufuhren.

[8] Nach dem K. G. E. bei Müller p. 250—51 vom 16. Jan. 1613 und 17. Okt. 1616 12 Scheffel.

[9] Ibidem vom 9. Okt. 1609, 27. Mai 1611 6—8 Meilen.

Auch die Baufuhren wurden bestimmt reduziert (auf 4 Meilen)[1], sie brauchten zudem nur für die Rittersitze geleistet zu werden[2].

Für die gewöhnlichen Dienste ist am wichtigsten der Satz, dafs sie nicht aufgesammelt werden durften, sondern es den Bauern zu gute kam, wenn man die Dienste nicht brauchte[3]. Was der Adel in dieser Beziehung versuchte, zeigt recht deutlich ein K.G.E. vom 6./XII. 1619 in den Coll. jur. March.: Weil auch Kläger die Unterthanen öfters um einen 1/2 Tag bis Nachmittag in den Hofdienst bis dahin behalten und sie darnach ziehen lassen, und den andern Tag wiederum dienen und also die ganze Woche zubringen lassen, soll solches nicht mehr hinfürder geschehen, sondern sollen die Unterthanen — den ganzen Tag im Amt verbleiben und der 1/2 Tagdienst ganz abgeschaffet sein.

Auch binden sich die Juristen keineswegs streng an das formale Recht, sowohl zu Gunsten der Herrschaften als auch der Bauern. Der Kossät braucht in der Regel Sonntags nicht zu dienen, aber in dringenden Notfällen mufs er es thun[4]. Andrerseits aber haben die Kossäten, wenn sie Brot backen, einen halben Tag frei[4]. Der Bauer, wenn er sein abgebranntes Haus wieder aufbauen will, braucht 2—3 Jahre keine Dienste zu leisten. Hat er eine Leiche in seinem Haus zu begraben, so ist er selbst beim Begräbnis den ganzen Tag frei, die, die das Grab herrichten, einen halben Tag, die übrigen, die der Leiche folgen, während des Leichenbegängnisses. Ein Herr von Rochow wird verurteilt seine Leute dienstfrei zu lassen, da die Pest in ihrem Dorfe gewesen[5].

Gerade die Billigkeit und Teilnahme, die aus diesen Entscheidungen spricht, beweist, dafs auch das Dienstverhältnis der Bauern nicht sowohl durch die Reception als durch den Zug der Zeit verschlechtert worden ist.

Und das scheint mir überhaupt — wenn wir zusammenfassend einen Überblick über die Ansichten der damaligen Rechtstheorie und Rechtspraxis in der Kurmark vor dem 30jährigen Kriege werfen — das Ergebnis zu sein, was sich aus einer solchen Betrachtung ziehen läfst, dafs das römische Recht den Bauern an und für sich keineswegs ungünstig

---

[1] Coll. jur. March. vom 13. Febr. 1617: „Baufuhren dürfen nicht zu weit extendiret und die Unterthanen damit belästiget werden."

[2] K. G. E. bei Müller, p. 250 vom 16. Jan. 1615 u. 25. Apr. 1615.

[3] K. G. E. bei Müller, p. 248 vom 7. März 1613, 18. April 1615, 9. Juli 1615. Coll. jur. March. K. G. E. vom 28. Apr. 1619, 28. Jan. 1619, 28. Jan. 1602, 3. Jan. 1626.

[4] K. G. E. bei Müller, p. 250—51 vom 22. Jan. 1611, 20. Okt. 1613, 1. Okt. 1613, 13. Nov. 1623, 10. Okt. 1626.

[5] Vgl. d. Erkenntnisse bei Müller, Pract. p. 253—254 u. Scheplitz II Tit. 24 u. 25.

war[1], es schliefst sich im wesentlichen an die bestehenden Gesetze und das Gewohnheitsrecht an, interpretiert aber die Privilegien des Adels im allgemeinen restriktiv zu Gunsten des Bauern, neben dem justum spielt das aequum eine grofse Rolle.

Dafs natürlich die von den deutschen verschiedenen allgemeinen Anschauungen und specielle juristische Sätze, wie sie mit dem römischen Recht in die Mark eindrangen, z. B. hinsichtlich der Verjährung, des Beweises, im Erbrecht etc. vielfach die Urteile beeinflufsten, ist selbstverständlich, allein dieselben haben zu der allgemeinen Gestaltung der gutsherrlich-bäuerlichen Rechtsverhältnisse verhältnismäfsig nur wenig beigetragen.

Abstrakte Konstruktionen und Deduktionen finden sich relativ selten, geschweige denn, dafs sie zur Verwirrung der Rechtsverhältnisse geführt hätten; die wesentlichsten Resultate sind den bestehenden Rechtsverhältnissen gemäfs, wenn auch im einzelnen sich manche schiefe Ansichten finden. So mag ja z. B. die Theorie vom geteilten Eigentum nicht den ursprünglich germanischen Anschauungen vom Erbzinsrecht entsprechen, aber kann man die Quintessenz dieses Verhältnisses günstiger für die Bauern hinstellen, als Scheplitz, wenn er sagt[2]: dominium horum praediorum est penes rusticos et nobiles habent tantum dominium percipiendi?

Gefährlicher als die Dogmatik des Rechts war seine Neigung zur Nivellierung, wie sich dies namentlich hinsichtlich der Dienste zeigt; ob aber auch ein andres Recht, das diesen Zug nicht so sehr in sich trägt, in jener Zeit die Bauern geschützt hätte, steht sehr dahin.

Wie dem auch sei, das steht sicher fest, dafs die Jurisprudenz jener Zeit nicht, wie Korn glaubt[3], um diesen Ausdruck zu gebrauchen, den Boden für die Anschauungen bereitet hat, auf denen nach den Stürmen des 30jährigen Krieges das Lassitentum hätte entstehen müssen. —

Die Bestimmungen, die Korn aus den Landtagsreversen und den Landesordnungen zusammengestellt, — es gehört hierhin nur noch das alte deutsche Pfändungsrecht, das der Herr am Gute seines Zinsmannes hat[4], — sind zwar die wesentlichsten, aber nicht die einzigen Beschränkungen des Bauernstandes in der damaligen Zeit.

So mufs der Bauer An- und Abzugsgeld[5] zahlen, beim

---

[1] Vgl. Gust. Freytag, Bilder aus der d. Vergangenheit Bd. II 2 Abschn. 6 p. 169.

[2] Scheplitz, B. II Tit. 4.

[3] S. oben p. 24.

[4] S. oben p. 3, noch heute particularrechtlich erhalten, s. Beseler, Deutsches Privatrecht I p. 210.

[5] Landesordnung von 1594 Tit. 1, aus der Joachim-Friedrichschen Landeskonstitution ersieht man, dafs das Abzugsgeld noch nicht allgemein war, sie verbietet, dasselbe zu erheben.

Antritt einen Eid leisten; von einer Erbschaft, die in ein anderes Gericht geht, spricht schon die Joachimica der Herrschaft den Abschofs zu. Es finden sich Bestimmungen über die Kirmessen, Kindtauffeste, Hochzeiten, Kleiderordnungen auf Veranlassung des Adels seit 1527: in dem Entwurf zur Landesordnung unter Joachim Friedrich [1] ist bis ins einzelste geregelt, wieviel Gänge der Hufner, wieviel der Kossät bei einer Hochzeit oder Kindtaufe geben darf, wieviel Tonnen getrunken werden sollen u. s. w.; auch über die Stoffe, den Schmuck, den der Bauer tragen darf, giebt er Vorschriften, ebenso werden die Löhne für das Gesinde, für die Knechte, Mägde u. s. w. genau normiert für die einzelnen Teile des Landes. Über die Aufrechterhaltung dieser Bestimmungen mufs natürlich die Herrschaft wachen, die Schulzen müssen ihr alles anzeigen [2]. Die Herrschaft soll auch bei den Erbteilungen der Bauern zugegen sein [3], wie auch Verpfändungen und Verschuldungen der Grundstücke nur mit ihrem Wissen und Willen gestattet sind.

Alle diese Bestimmungen sind keineswegs neu, die Vogteiordnung von Metzdorf von 1472 [4] enthält eigentlich schon in nuce, was später nur ausführlicher und breiter, wie z. B. bereits in der altmärkischen Bauernordnung von 1531 [5] festgesetzt ist; die Landtagsabschiede während des ganzen 16. Jahrhunderts sind unermüdlich in der Wiederholung und Einschärfung der Hauptgesetze.

Welches sind die Anschauungen, die diesem Rechtssystem zu Grunde liegen, welches ist insbesondere der Geist, der aus jenen Entwürfen zur Landesordnung spricht?

Sollen wir mit Korn [6] und Isaacsohn [7] glauben, dafs die Strömung jener Zeit eine bauernfeindliche ist, dafs sie darauf ausging, „aus dem Bauern einen besitzlosen, frondenden Arbeiter zu machen“?

In der That, es läfst sich manches für eine solche Meinung anführen: dafs die Bauernlegungen damals stark im Schwange waren und an manchen Orten zu starken Bedrückungen führten, steht fest [8], ebenso sahen wir [9], dafs die Fronden in jener Zeit bedenklich zunehmen. Und schliefslich alle jene Judikate, die wir angeführt, sind sie nicht ebensoviel

---

[1] s. p. 36 Anm. 4.

[2] Vgl. die interessante Stelle, in der Scheplitz über die Schulzengerichte seiner Zeit spricht, B. I p. III Tit. 8 § 2.

[3] Diestelmeyers Landesordnung Tit. 40.

[4] S. oben p. 12.

[5] Landtagsprotokoll in Kamptz Jahrbb. Bd. 45, vgl. p. 19 Anm. 6.

[6] S. oben p. 24.

[7] l. cit. Bd. II p. 9.

[8] Vgl. oben p. 27.

[9] p. 39. Charakteristisch ist auch der Streit zwischen dem Kurfürsten Johann Georg und dem neumärkischen Adel wegen der Bauerndienste, s. Korn, p. 53 ff.

Zeugnisse für die Ansprüche des Adels, denen der Bauer schwerlich immer durch einen kostspieligen Prozeſs beim Kammergericht entgegen treten konnte?

Und doch! Die Verfasser der Landesordnungen waren bauernfreundliche Männer; auch Scheplitz und die andern Juristen jener Zeit waren, wie gezeigt, weit eher geneigt, die Bauern zu schützen, als sie herabzudrücken. Sollten sie nur um dem Adel den Bauern möglichst wehrlos in die Hände zu liefern, ihn deswegen so unter die Herrschaft seiner Obrigkeit gestellt haben?

Ich meine, die Gestaltung des gutsherrlich-bäuerlichen Verhältnisses, wie es sich im 16. Jahrhundert herausgebildet, ist nur zu verstehen, wenn man den ganzen volkswirtschaftlichen Charakter jener Zeit ins Auge faſst.

Das 16. Jahrhundert ist das Zeitalter, in dem der Merkantilismus sich entwickelt, der Merkantilismus aber ist in seinem innersten Kern Staatsbildung [1] und dies zeigt sich auch an dem Staat im Staate, den das Rittergut bildet. Nur daſs natürlich in dem gutsherrlich-bäuerlichen Verhältnisse die Ideen des Merkantilismus sich vorwiegend nach einer Richtung hin geltend machen, der der Bevormundung und der Beaufsichtigung.

Der Gutsherr ist der Vormund seines Bauern. Denn der Bauer ist dumm. Daher muſs die Herrschaft über ihn wachen, daſs er sich nicht bei seinen Gelagen übernimmt, daſs er sich nicht vom Wucherer umgarnen, daſs er bei Erbteilungen sich nicht übervorteilen läſst.

Die Herrschaft sorgt aber auch noch in anderer Weise für ihren Unterthanen. Sie muſs darauf halten, daſs er zur Kirche geht [2], bei Brandschaden muſs sie ihm das nötige Bauholz liefern und ihn während der Zeit des Wiederaufbauens pacht- und dienstfrei lassen.

Dies alles liegt ja auch in ihrem eigensten Interesse. Denn sie hat dem Bauern das Gut gegeben und empfängt dafür Dienste und Pächte, ja es erscheint auch als billig, daſs sich die Kinder der Unterthanen ihr „umb billigen Lohn“ als Gesinde anbieten.

Das Bauerngut ist also ebenso wertvoll für den Herrn, wie für den Bauern, und eben darum bedarf der Bauer der Überwachung. Ja noch mehr! Alle Rechte gegen den Bauern helfen nichts, wenn es in dessen Belieben steht, jeden Augenblick abzuziehen. Daher wird ihm der freie Abzug nur gestattet gegen Stellung eines Gewehrsmannes, „damit der Obrigkeit Pächte und Dienste nicht geschwächt werden“ [3].

[1] Vgl. Schmoller, Studien über die wirtschaftliche Politik Friedrichs d. Gr. in s. Jahrb. N. F. Bd. 8 p. 43.

[2] Scheplitz B. II Tit. 3 nach einem K. G. E. vom 17. März 1626.

[3] S. den Joachim Friedrichschen Entwurf zur Landesordnung bei Isaacsohn, l. c. II p. 9.

Diese Bestimmung, so hart sie uns erscheinen mag, ist doch in gewissem Sinne nur das Korrelat des Erbzinsrechtes: denn der Edelmann darf ja dem Bauer das Gut auch nicht beliebig wegnehmen, sondern mufs es ihm lassen, solange er es nicht verschlechtert. Soll nun der Bauer den Edelmann durch plötzliches Wegziehen ohne weiteres um seine Einnahme bringen dürfen?

Hätte man damals blofs das gutsherrliche Interesse im Auge gehabt, so würde man, wenn nicht das Verjagen, so doch das Auskaufen der Bauern ohne weiteres gestattet haben. Wir sahen bereits [1], dafs dies nicht der Fall ist, sondern nur ausnahmsweise geschieht, wenn die Obrigkeit einen Wohnsitz braucht [2], oder der Bauer grobe Widersetzlichkeit sich zu schulden kommen läfst.

Das römische Recht hat eben gewissermafsen zwei Principien in sich, die zu einander in einem gewissen Gegensatz stehen. Das eine ist das Princip der Autorität. Von diesem Standpunkt aus hat es entschieden das Übergewicht des Adels über den Bauern gefördert, und dazu beigetragen, die sociale Kluft zwischen Edelmann und Bauer zu vergröfsern, indem es bei jenem den Begriff der Herrschaft, bei diesem den der Unterthänigkeit betont. Aber es liegt dies überhaupt im Sinne jener Zeit, es ist ein hervorstechender Zug des Merkantilismus.

Eben dieser Zug ist aber auch andrerseits dem Bauernstand günstig. Denn hinter dem gutsherrlichen Interesse steht das staatswirtschaftliche, über dem Adel steht der Fürst, selbst in einem Lande, wo die Stände eine so grofse Macht besafsen, wie in der Mark damals. „Schutz des Bauernstandes und des Bauernlandes“ [3] ist daher in gewissem Sinn schon in jener Zeit vorhanden. Das tritt u. a. in der Landesordnung Diestelmeyers hervor: der Adel darf zwar eine Bauernstelle zur Errichtung eines Leibgedinges auskaufen, mufs sie aber nach dem Tode der Witwe wieder besetzen, „damit der Pauerstand auch erhalten und uns und unserer getreuen Landtschaft an der Mannschaft und gemeinen Landeshülfe

---

[1] p. 27 ff.

[2] Wie sehr diese Bestimmung ein Hemmschuh für die Bestrebungen des Adels sein konnte, und, wenigstens unter Diestelmeyer auch war, zeigt folgender Artikel unter den „Altmärkischen Beschwerungen“ (1572 Geh. St.-Arch. R. 53—10): Auch gnädigster Churfürst und Herr Ihre Churf. Gnaden haben (der Adel) zu berichten dass am vorigen Landtag (wohl dem von 1572) durch S. Chf. gn. bewilliget ist worden, dass einem von Adel, der viel Söhne hat edder sonst zu behuf seiner Wohnung benötiget, einen pauwern auszukaufen macht habe, gelanget derwegen zu E. Ch. Gn. unser unterthänig Bitte, I. Ch. Gn. wollen weil so hart daruber gehalten wirdt in der Cantzley und sonst, es gnädig vergünstigen, weil es doch von Ewr. Ch. gn. vormahls gnädig bewilliget ist worden.

[3] Knapp I p. 51.

nichts abgeht“ [1]. Es steht damit wohl auch in Verbindung, daſs Scheplitz und die Praxis des Kammergerichts, wie gezeigt [2], so streng an den Beschränkungen dieses Rechts festhalten.

Es kommt aber dazu noch das andere Princip des römischen Rechts. Das römische Recht hat bekanntlich den Eigentumsbegriff am schärfsten ausgeprägt, es ist geneigt, den Eigentümer in allen seinen Befugnissen zu schützen. Und dies kommt auch dem Bauer zu gute, wenngleich dieser nur der dominus utilis seines Besitztums war [3].

Betrachtet man von diesem Standpunkte aus die Landesordnungen, so erscheint es nicht richtig, zu meinen, daſs sie „den Bauern dem Ritter ohne Kontrolle zur Ausbeutung überlassen“. Die Ausdrücke „mutwilliges Appellieren“, „Vorbeigehen der Obrigkeit“ etc. mögen wohl für uns groſse Unbestimmtheit in sich schlieſsen; daſs es für die damalige Zeit schon so gewesen, erhellt aus den Judikaten und den Schriften der Juristen durchaus nicht. Gewiſs hatte der Adel eine Menge Rechte, die den Bauern von ihm abhängig machten, aber soweit gehen sie nicht, daſs sie „zur völligen Verhinderung jeder Äuſserung seines Eigentumsrechtes geführt“ [4]. Es sah eben jene Zeit nicht in dem Edelmann einen Feind des Bauern, sondern die von Gott gesetzte Obrigkeit. Wenn überhaupt bei einem Staate, so ist ganz besonders bei dem Patrimonialstaate die Verwaltung, nicht die Verfassung für das Wohl seiner Unterthanen maſsgebend.

Rechtlich ist ja die Lage des Bauern zweifellos eine prekäre, ob aber von der rechtlichen auf die wirtschaftliche Lage ein Schluſs gestattet sei, ist schwer zu sagen, eben aus diesem Grunde.

Daſs manche Anzeichen einer Verschlechterung vorhanden sind, ist bereits oben angedeutet, andererseits aber spricht manches für eine relativ günstige Lage der Bauern. Liest man das Werk des Colerus, der ja vorzugsweise auf märkische Verhältnisse rekurriert und selbst jahrelang dieselben als Pfarrer kennen gelernt [5], so sieht man zwar, daſs die Technik des Landbaus damals noch nicht hoch in der Mark entwickelt war, daſs aber der Bauernstand als besonders gedrückt oder verachtet hingestellt würde, ist durchaus nicht darin zu finden. Colerus fürchtet für den Bauern — und das scheint bezeichnend auch im Hinblick auf die Bestimmungen der Landes-

---

[1] l. cit. Tit. 36.

[2] S. oben p. 27 ff.

[3] Andererseits aber war das römische Recht eben deswegen den Leibeigenen so ungünstig, weil es diesen nicht das dominium zuschrieb.

[4] Isaacsohn, l. cit. p. 8 ff.

[5] Vgl. über ihn d. Allg. Deutsche Biogr. sub voce und Langethal, in seiner Geschichte der teutschen Landwirtschaft.

ordnungen — nicht den Gutsherrn, sondern den Wucherer, von dem der Bauer den Samen borgen mufs.

Hinsichtlich der Söhne rät er dem Bauern:

„Thu deine Söhne erst probieren,
Ob einer Lust hat zum Studieren.
Dazu sollst du ihm helfen gern,
Dazu kein Geld noch Gut ersparn;
Denn oft ein armes Bauern Kind
Zu grofsen hohen Ehren kömbt“ [1].

Dafs er den Bauern vor allem vor der Trunksucht warnt [2], macht die bezüglichen Vorschriften des Entwurfs zur Landesordnung [3] verständlich, aber es deutet durchaus nicht auf schlechte Verhältnisse des Bauernstandes. In der That sind ja auch die Abgaben, wie die Erbregister der Ämter zeigen und schon die Natur des Erbzinsrechtes vermuten läfst, niedrig, andrerseits aber finden sich Klagen über die hohen Preise der landwirtschaftlichen Produkte [4].

Möhsen schildert daher [5] die Lage der Bauern vor dem 30jährigen Kriege als sehr gut; unbedingt ist dieses Urteil wohl nicht gerechtfertigt, darin dürfte er jedenfalls recht haben, dafs die ungeheuren Summen, die einzelnen Dörfern im 30jährigen Kriege abgeprefst wurden, auf einen gewissen Wohlstand der Bauern hindeuten [6], ob derselbe allgemein oder nur in einzelnen Teilen der Mark vorhanden gewesen, wage ich nicht zu entscheiden.

---

[1] Calend. perp. T. II p. 7 f. Ausg. v. 1607.

[2] Ibidem p. 9.

[3] S. oben p. 45.

[4] S. die oben p. 17 Anm. 4 genannten Schriftsteller, auch die Nachricht aus dem Turmknopf der Berliner Nikolaikirche von 1584 b. König, Geschichte der Stadt Berlin, Bd. I p. 147.

[5] Handschriftlicher Aufsatz in der Bibl. zu Berlin. Man. Boruss. fol. 392.

[6] Eine drastische Illustration hierzu liefert das Protokoll über den Oberbarnimschen Kreis von 1634. Märk. Forsch. Bd. 17. Vgl. hierzu die Schilderung von H. v. Petersdorff, Beiträge zur Geschichte der Mark etc. Forschungen zur Brandenb.-Preufs. Geschichte, Bd. II p. 1 ff.

Viertes Kapitel.

Wie vor dem 30jährigen Kriege durch Scheplitz, so hat nach demselben die märkische Jurisprudenz durch Friedrich Müller[1] eine ausgezeichnete Vertretung gefunden. Sein Werk, die Practica civilis rerum Marchicarum, 1678, ist neben Scheplitz immer die Hauptquelle des märkischen Privatrechts geblieben.

Auch er beschäftigt sich ziemlich ausführlich mit dem Bauernrecht, dem 7 von seinen 125 resolutiones gewidmet sind[2].

Aufserdem liefern die zahlreichen Gesinde-, Hirten- etc. Ordnungen, die seit 1635 teils für alle, teils für einzelne Provinzen der Mark erlassen wurden[3], wertvolles Material für die Erkenntnis der Entwicklung, die die bäuerlichen Rechtsverhältnisse nach dem 30jährigen Kriege nahmen. —

[1] Vgl. über ihn Kamptz Jahrbb. 13 p. 134; Stölzel, l. cit. p. 418.

[2] Hauptsächlich res. 97—100, 110 und 116, res. 100 allerdings nur zum Teil.

[3] Die erste ist erlassen für die Altmark 1635, Mylius V 3 Kap. 1 N. 19. Sie stimmt im wesentlichen überein mit den Gesindeordnungen von 1644, 1645 und 1651 (ibidem N. 10—12), die für die ganze Kurmark gelten sollten. Die Gesindeordnung v. 1681 mit einem Appendix v. 1683 gilt dagegen nur für die Mittelmark, Priegnitz und Uckermark, sowie für die Herrschaften Bees- und Storkow, die bis dahin unter der Herrschaft der Neumärkischen Gesindeordnung von 1646 standen (ibid. N. 13). Die letztere ist aufserdem erlassen für die Kreise der Neumark und das Land Sternberg, sie wurde 1685 erneuert. Die Herzogtümer Kottbus, sowie Crossen und Züllichau haben ihre besonderen Gesindeordnungen erhalten, die letzteren schon 1646 durch die Markgräfin Elisabeth Charlotte (vgl. die Vorrede der 1686 erlassenen Ges.-O.), dann 1686, Kottbus im Jahre 1685. Diese beiden Ges.-OO. v. 1685 u. 1686 sind abgedruckt in Hoffmanns Repertorium f. preufsische Landesgesetze Bd. I und in der Sammlung d. Provinzial- u. statutarischen Gesetze der Preufs. Mon. B. III, von der Ges.-O. von 1646 habe ich leider kein Exemplar finden können.

Wie Scheplitz, so unterscheidet auch Müller in seiner Darstellung scharf drei Klassen der ländlichen Bevölkerung — abgesehen von dem Gesinde und den Dienstboten.

Die erste Klasse umfafst die plene liberi, die ihre Äcker erb- und eigentümlich besitzen und davon nicht die gewöhnlichen Abgaben, Dienste etc. zu leisten haben, in der Regel gehen sie zu Lehen.

Die weitaus zahlreichsten unter ihnen waren die Lehnschulzen. Wir brauchen auf dieselben um so weniger einzugehen, als ihre Güter doch eigentlich kaum Bauerngüter sind und die Rechtsverhältnisse derselben bereits vielfach eingehend geschildert worden sind. Wir heben nur hervor, dafs ihre Zahl im Laufe der Jahrhunderte immer mehr zusammengeschmolzen ist, eine Entwicklung, deren Beginn schon das Landbuch der Mark von 1375 zeigt[1].

Neben den Lehnschulzen finden sich auch noch — aber immer nur vereinzelt — andre Bauernlehen. Insbesondere gab es in einer Reihe von Dörfern neben dem Schulzen noch einen „Lehnmann", dessen Lehnsnexus dem des Schulzen ganz analog war[2].

Eine besonders bevorzugte Stellung nahmen in der Altmark die Freisassen in der Wische ein. Sie besafsen Immediatlehen, teils mit, teils ohne Zaungerichtsbarkeit, sie haben auch sonst viele Prärogativen adliger Güter, z. B. die Jagdgerechtigkeit, das Recht einen Homagialeid abzulegen, nie jedoch das Recht der Landstandschaft[3].

---

[1] Für die ältere Zeit vgl. Riedel, Mark Brandenburg II p. 202 ff., für die neuere besonders Götze, Provinzialrecht der Altmark (Magdeb., 1836), Motive Bd. I p. 394, u. Scholtz, Provinzialrecht der Kurmark Brandenburg, Bd. I[2] (Berlin, 1854) 2. Abt. p. 362 ff. — Müller widmet speciell den Lehnschulzen noch resol. 71. — Vgl. f. d. Folg auch unten Kap. 5.

[2] Cfr. Riedel, l. c. p. 217 ff. Der Ursprung dieser Bauernlehen ist nicht ganz klar. Riedel meint, sie seien verliehen worden, weil die Betreffenden bei der Gründung des Dorfes mit beteiligt gewesen seien. Es finden sich aber solche Lehnbauern auch z. B. in der Oberlausitz, und zwar besonders in den altslavischen Ortschaften. Diese hält Knothe für hervorgegangen aus den slavischen vičaz (Die verschiedenen Klassen slavischer Höriger in den wettinischen Landen während der Zeit vom 11.—14. Jahrhundert. — Separatabdruck aus dem N. Archiv f. sächsische Geschichte, Bd. IV 1883, p. 13 ff.). Unmöglich wäre diese Annahme auch für die Mark nicht, es stimmt damit sehr gut, dafs gerade in Beesund Storkow diese Bauernlehen sehr verbreitet waren. (Wohlbrück, Lebus I p. 279.)

[3] Vgl. Götze, l. cit. I p. 389—391, v. Bassewitz, Die Kurmark Brandenburg (Leipzig, 1847) p. 22 f., Stengel, Neue Beiträge z. Kenntn. der preufs. Justizverf., Bd. III p. 23 ff. Interessant ist die Bemerkung von Haxthausens, dafs diese Freisassengüter in der Wische lauter Einzelhöfe sind, während sonst in der Altmark nur geschlossene Dörfer existierten. (Vgl. auch die Bemerkungen von Ursinus bei Götze I p. 390.) Es deutet dies darauf hin, dafs die Privilegien dieser Güter bereits in sehr frühe Zeit hinaufreichen, wie ja die Besiedelung der Wische wahrscheinlich noch unter Albrecht dem Bären erfolgte.

Aufserdem finden sich noch hier und da sogenannte Freibauern, die ebenfalls in erster Instanz beim Obergerichte Recht nehmen, aber sonst in demselben Verhältnisse zum Obergericht stehen, wie andre Unterthanen zu ihrer Gerichtsherrschaft, nur dafs sie natürlich keine Dienste leisten[1].

Auch in den andern Provinzen — so in der Uckermark[2], Priegnitz und Mittelmark — kommen solche „schriftsässige“ Freibauerhöfe vor[3], ihre Besitzer entrichten aber in der Regel kein Annahmegeld, wie in der Altmark, und besitzen vielfach die Zaungerichtsbarkeit.

Derartige Höfe sind auf verschiedene Weise entstanden, namentlich durch Veräufserung von Rittergütern oder ritterfreien Pertinenzen mit der Gerichtsbarkeit.

Schliefslich gehören hierhin auch noch die Freigüter im uneigentlichen Sinne[4], d. h. diejenigen, die unter Patrimonialjurisdiktion stehen, aber ganz oder teilweise von Abgaben resp. Diensten befreit sind. Die Veranlassung hierzu konnte verschieden sein. Es kam z. B. vor, dafs der Kurfürst einem Beamten, dem Hofküchenmeister oder Förster zur Belohnung für langjährige Treue einen Bauernhof, der ihm heimgefallen war, erb- und eigentümlich übergab und die Dienste etc. dabei erliefs[5]. Auch der einzige Freibauer, den das Landbuch erwähnt[6], mag auf diese Weise seinen Besitz erlangt haben.

Mannigfaltige Modifikationen aller dieser Besitzverhältnisse mögen natürlich stattgefunden haben, es ist aber interessant, dieselben hervorzuheben, weil man sieht, wie sie sich auch unter der Herrschaft des römischen Rechts jahrhundertelang erhalten und in ihren wesentlichen Grundzügen bei den Juristen Verständnis gefunden haben. —

Den plene liberi stellt Müller gegenüber die Leibeigenen. Sie sind zwar nicht Sklaven secundum prisci juris rationem,

---

[1] Götze, l. cit. II p. 54—55. Stengel, Neue Beitr. III p. 41 f.

[2] Mathis, Juristische Monatsschrift III p. 33 Anm. l.

[3] S. den Aufsatz in Kleins Annalen der Gesetzgebung, Bd. IV p. 277: Über die schriftsässigen mit Ober- und Untergerichten versehenen Bauerngüter in der Churmark Brandenburg. Eisenberg und Stengel, Beitr. Bd. II p. 4.

[4] Vgl. Scholz, l. c. II p. 259. Mathis, Juristische Monatsschrift III p. 53.

[5] Ein solcher Freibrief findet sich schon 1562 von Joachim ausgestellt für einen Hof in Schöneberg unter dem Amt Müllenhoff (Erbregister im Geh. St.-Arch.). — 1644 bekennt der Kurfürst: „Nachdem unser Wydemann etc. umb eine Begnadigung hat ersuchen lassen . . . . ., dafs wir ihm und seinen Erben einen Bauerhof erb- und eigentümlich geschenkt haben, auch alle Pächte, Dienste und Unpflichten erlassen.“ — 1647 hat er einen Bauernhof zu Rosenfeld dem Hofküchenmeister „nicht allein erb- und eigentümlich überlassen, sondern auch von allen Zinsen und Pächten gänzlich befreiet“ (Erbregister des Amts Mühlenbeck).

[6] Nach Wohlbrück, Lebus I p. 280 zu Schönefeld, in Teltow, vgl. Bornhak, Preufs. Verwaltungsrecht I p. 17.

aber sie haben imaginem quandam servitutis, weil sie nebst ihren Kindern ihrer Herrschaft persönlich unterworfen sind. Ihre Besitzverhältnisse charakterisiert er mit den Worten Köppens: quidquid possident, precario sub certis servitiis ac praestationibus tenent et ad resignationem pro lubitu dominorum factam discedere ac praedia cum inventario reddere coacti sunt[1]. Dem fügt er noch hinzu, dafs die Dienste beliebig gesteigert werden können[2], dafs die Leibeigenen gegen den Willen der Herrschaft nicht abziehen dürfen von ihrer Scholle, und Heiratskonsens ihrer Herrschaft — aufser für Heiraten mit Mitleibeigenen — nötig haben.

Schon die Gesindeordnungen unmittelbar nach dem 30jährigen Kriege[3] sowie der Landtagsabschied von 1653 (§ 22) erwähnen die „Dienstbarkeit und Leibeigenschaft", ohne jedoch näher auf die Beschaffenheit derselben einzugehen.

Erst 1681 werden die persönlichen Verhältnisse der Leibeigenen in der Gesindeordnung ausführlicher dargestellt[4], die

---

[1] Res. 99 N. 23.

[2] Res. 97 N. 15.

[3] Zuerst die Ges.-O. von 1644 l. c. p. 38, in tit.: Von der Unterthanen Kinder Dienste auf 3 Jahr: länger sollen sie nicht dienen, es geschehe denn — an denen orten, da die dienstbarkeit in schwange, welche hiermit nicht auffgehoben, besondern bei hergebrachtem Gebrauche gelassen wird. In den Ges.-OO. von 1645 und 1651 findet sich diese Stelle nicht, dagegen wird in beiden am Ende der Bestimmungen über den Dienstzwang (Tit. 1) in § 4 bemerkt: „In der Uckermark und Lande zu Stolpe soll es alter Gewohnheit nach verbleiben." — Für die Neumark bestimmt die Ges.-O. von 1646 Tit. 1 § 5: „Jedoch soll die Dienstbarkeit und Leibeigenschaft an denen orten, da sie im Schwange, hiermit nicht aufgehoben, besondern bei hergebrachtem Gebrauche und Verordnung der vorigen Landtags Reverse unverschrenckt gelassen werden." Dieselbe Bestimmung findet sich in der Gesindeordnung von 1685 Tit. 1 § 5.

[4] „Das Recht der Leibeigenschaft" — krafft deren die Unterthanen verbunden seyn zu dienen, wann und wie ihnen angesaget würde, täglich, auch mit so viel Gespann, als ihnen von der Obrigkeit zur Hofwehre gegeben würde und das alles bey ihrer eigenen Kost und Unterhaltung gar wenige Oerter ausgenommen, allwo sie zu Hofe gespeiset würden; die Unterthanen auch könnten ihre Höfe nicht verlassen, verkauffen oder einen Gewehrsmann in ihre Stelle verschaffen; die Kinder ingesambt wären alle miteinander ihren Eltern Condition und eigene Leute, müssen in den Gütern, worunter sie geboren, verbleiben und wären nicht nur schuldig gewisse Jahre ihrer Obrigkeit zu dienen, sondern, so lange als sie dieneten und nicht was eigenes unter ihrer Obrigkeit anfingen. Sie könnten auch von einem Dorffe ins andere, von einem Hofe auf den andern versetzt werden, ja es könnte wieder der Obrigkeit Willen weder durch sie selbsten, weder durch Vorschub der Eltern keinerlei Veränderung mit ihnen fürgenommen werden: die Entlauffenen sowol Eltern als Kinder würden allemahl rechtlich vindiciret, wo wieder kein cursus annorum stattfinden könnte. In den neumärkischen Gesindeordnungen von 1646 und 1685 findet sich hinsichtlich der Leibeigenen keine weitere specielle Bestimmung, nur in der Deklaration von 1687 wird hervorgehoben, dafs die Leibeigenen nicht das Recht hätten, sich einen anderes vitae genus honestum zu erwählen. Mylius V 3 Kap. 1 N. 26 § 1.

Darstellung stimmt mit der Müllers völlig überein. Nur insofern ist vielleicht ein Unterschied zu finden, als nach Müller die Leibeigenen beliebig von den herrschaftlichen Gütern entsetzt werden dürfen, während nach der Gesindeordnung nur Translocierung „von einem dorffe ins andre, von einem Hofe auf den andern" gestattet war. Darin stimmen sie aber beide überein, dafs die Leibeigenen ein festes Besitzrecht an ihren Höfen nicht hatten.

Es könnte demnach scheinen, als wenn die eigentliche Leibeigenschaft, die ja nirgends ein Zustand der Rechtlosigkeit war, nicht einmal in dem strengeren Sinn[1], dafs der Herr den Bauern auch ohne das Gut veräufsern kann und ihm auch alles, was jener erwirbt, zufällt, in der Mark existiert habe. Es ist dies aber nicht unbedingt sicher. Nach dem Wortlaut der Gesindeordnung von 1681 war der Verkauf des Leibeigenen auch ohne das Gut möglich, nur mufste er wieder auf ein andres Gut gesetzt werden[2]. Auch den beweglichen Nachlafs eines Unterthanen ganz oder zum Teil scheint späteren Nachrichten[3] zufolge die Herrschaft wenigstens hier und da in Anspruch genommen zu haben.

Müller kennt, wie Scheplitz und die Gesindeordnungen, die Leibeigenschaft nur in der Ucker- und Neumark, sie scheint aber auch in den Herrschaften Bees- und Storkow eingeführt gewesen zu sein[4]. Wie weit sie in der Neumark verbreitet war, steht nicht ganz fest, jedenfalls herrschte sie in

[1] Knapp I p. 25. Es ist also unrichtig, wenn Knapp l. cit. (vgl. I p 87) sagt, dafs Müller die Leibeigenschaft im strengsten Sinne in seinem Werke aufführe; Knapp ist zu dieser Ansicht wohl veranlafst worden durch die Kombination der Berichte, die er II p. 15 und 21 anführt; den letzteren Bericht citiert aber in N. 1 Müller nur, um die beliebige Absetzbarkeit des Bauern zu beweisen.

[2] Sie (die Unterthanen) „können von einem Dorf ins andere, von einem Hof auf den andern versetzt werden", vgl. oben p. 53 Anm. 4.

[3] Die Angabe der Pommerschen Kammer von 1724 bei Knapp II p. 21, dafs der Herr nach dem Tode des Leibeigenen in der Mittelmark die Verlassenschaft ganz oder teilweise an sich nehme, kann nicht auf Müller beruhen, sie ist auch in dem betreffenden Aktenstück, wie ich selbst gesehen, ohne Citat, das sonst regelmäfsig den einzelnen Punkten beigefügt ist. Man mufs aber hiermit wohl die Angabe der Kurmärkischen Kammer (bei Knapp II p. 15) von 1718 kombinieren, dafs die Leibeigenen mit ihrer Person und ihrem Vermögen dem Herrn zugehören und nicht sich, sondern dem Herrn erwerben. — Später findet sich jedoch von diesem Recht keine Spur mehr.

[4] Gegen die Behauptung von Brünnecks (p. 43 s. oben p. 30 Anm. 6) geht dies hervor aus der Kabinettsordre von 1705 bei Stadelmann (Preufsens Könige etc. Leipzig, 1878) I p. 16. Dieselbe erging (nach den Akten) infolge eines Antrags der Cöllner Amtskammer, die Leibeigenschaft, die auf den wüsten Hufen im Wendischen hafte, aufzuheben, „gestalt sehr viele Leute sich daran stofsen und man in den Ämtern junge Leute durch Gefängnis zur Annehmung und Aufbauung der wüsten Güter bisher hat zwingen müssen". Unter dem „Wendischen" sind die Herrschaften Bees- und Storkow zu verstehen. Buchholz I p. 21, vgl. oben p. 34.

den drei nördlichen Kreisen[1], nach der Gesindeordnung von 1685 auch in Kottbus[2], in den übrigen Kreisen, wie auch in den Herzogtümern Crossen und Züllichau[3] wohl nur lokal.

Der Charakter der Leibeigenschaft war überall im wesentlichen der gleiche[4]. —

Zwischen den beiden Klassen der plene liberi und der proprii homines stehen nach Müller die gemeinen Bauern sive Coloni: Sie sind non vere liberi, non vere servi, ratione status pro liberis, ratione servitiorum pro servis habendi magis in libertatem quam in servitutem inclinantes. Sie können vor Gericht klagen und beklagt werden, haben das Recht der väterlichen Gewalt, Eigentum an ihrem Vermögen, können Verträge abschliefsen, Erben werden und Erben einsetzen[5]. Nur sind sie in ihrer Freiheit beschränkt. Denn sie dürfen nicht mutwillig gegen ihre Obrigkeit Klagen anstellen und ihre Höfe nur gegen Stellung eines Gewehrmannes verlassen[6].

Unterthanen werden die Bauern nicht schon durch den

---

[1] Vgl. oben p. 32 Anm. 5 u. 6 die Urkunden von 1632 und 1643. Auch der Bericht der Neumärkischen Kammer (im Geh. St.-Arch.) auf das Reskript v. 8. Juli 1708 (s. Knapp II p. 1) sagt, die eigentliche Leibeigenschaft herrsche in der Neumark nicht durchgehends, sondern nur im Dramburgischen, Schievelbeinschen und zum Teil im Arnswaldischen Kreise, an den Orten, wo es erwiesen werden könne. In den andern Creysen seien die Unterthanen nicht eigentlich pro mancipiis, sondern pro glebae ascriptis zu halten, auch viele Pauern- und Kossätenhöfe ihr eigen. Auch an den Orten, da das Recht der Leibeigenschaft eingeführt sei, könnten die Unterthanen von der Gerichtsobrigkeit nicht ohne Schuld und Ursache sine causae cognitione vertrieben oder verjagt werden.

[2] Tit. I § 5. Und obwohl vorgesetzte Unterthanen vor keine Leibeigenen, Knechte und Sklaven zu achten, so seyn sie doch denen alten colonis censiticis, originariis und propriis hominibus meistens zu vergleichen, also, dafs sie im hiesigen Kreise mit ihrem Anspann und Handarbeit (aufser den Churfürstlichen Ämtern, die ihre gewisse ordentliche Dienste haben) täglich bey der Sonnen Aufgang an die Arbeit und bey der Sonnen Untergang wieder von der Arbeit gehen müfsten und da solches nicht erfolget, hat die Obrigkeit die Verbrecher darob willkürlich zu bestrafen, die Unterthanen können auch ihre Höfe ohne ihrer Obrigkeit Wissen und Willen nicht verlassen, verkaufen oder einen Gewehrsmann in ihre Stelle verschaffen, und seyen nicht nur schuldig gewisse Jahre ihrer Obrigkeit zu dienen, sondern so lange als sie dienen und nicht was eignes unter ihrer Obrigkeit anfangen. Sie können auch von einem Dorfe ins andre, von einem Hof auf den andern versetzt werden, die Entlauffenen sowohl Eltern als Kinder, können allemal rechtlich vindiciret werden, wowieder kein cursus annorum stattfindet.

[3] Ges.-O. von 1686 Titel 1 § 3: Jedoch soll die Dienstbarkeit und Leibeigenschafft an denen Orten, da sie im Schwange, hiermit nicht aufgehoben, besonders bey hergebrachtem Brauch und Verordnung der Landtags-Reverse unverschrenkt gelassen werden.

[4] Dies vermutet schon von Brünneck, Zeitschr. d. Sav.-Stift. X p. 45 und 46; es wird dadurch sicher, dafs Scheplitz und Müller die Leibeigenschaft in beiden Provinzen als gleichgeartet ansehen und auch später ein wesentlicher Unterschied nicht erkennbar ist. Vgl. unten Kap. 5.

[5] Res. 97 N. 22—24.

[6] Res. 97 N. 28 u. 47 ff.

blofsen Besitz eines Gutes, sondern dadurch, dafs sie ihren Wohnsitz unter ihrer Obrigkeit aufschlagen und ihr den Annahmeeid leisten[1]. Dieser Eid hat eine bestimmte, nicht willkürlich durch die Herrschaft zu verändernde Formel[2], seit 1645 genügt dafür der Handschlag[3].

Die Abhängigkeit des Bauern ist in doppelter Hinsicht auf seine Kinder ausgedehnt. Zunächst nämlich müssen sie sich — „in statu caelibatus" — der Obrigkeit zum Zwangsdienst auf 3 Jahre anbieten[4].

Müller sieht diese Verpflichtung an als eine Art Entgeld des Schutzes, den sie von ihrer Obrigkeit während ihrer Erziehung genossen. Giebt daher der Bauer seinen Hof auf und stellt einen neuen Gewehrsmann, so sind auch seine Kinder dem alten Herrn nicht mehr verpflichtet.

In den Gesindeordnungen von 1651 und 1681[5] dagegen wird die Verbindlichkeit der Kinder mehr als eine an ihrer Persönlichkeit, respectu originis, wie es heifst, haftende bezeichnet. Daher können die Kinder nicht dadurch vom Zwangsdienst befreit werden, dafs sie nach dem Tode ihrer Eltern auf die väterliche Erbschaft verzichten.

Über das Dienstverhältnis selbst enthalten die Gesindeordnungen ausführlichere Bestimmungen[6]; hervorzuheben ist, dafs seit 1651 die Kinder auch, wenn sie — wohl wegen Krankheit etc. — nicht in Dienst traten, sondern nur um Tagelohn arbeiteten, ihrem Erbherrn zuerst sich anzubieten schuldig waren[7].

Aufser zum Zwangsdienst sind die Kinder eines Bauern und Kossäten nach Müller[8] noch zur Annahme des Hofes verpflichtet, wenn der Vater verstorben ist, quia liberi terrae sunt quasi addicti. Diese Verpflichtung sei durch das Edikt vom 19. März 1670 für die Mittelmark dahin ausgedehnt worden, dafs ein zweiter Sohn ein wüstes Gut unter seiner Obrigkeit, falls ein solches noch vorhanden, annehmen mufs.

Das Edikt von 1670[9] selbst zeigt aber, dafs neben der

---

[1] Res. 98 N. 2 ff.

[2] Res. 98 N. 26.

[3] Ges.-O. Tit. 4 § 2. Vgl. Müller, l. cit. N. 51.

[4] Res. 97 N. 36 ff.

[5] Tit. 1 § 5. Von dieser Verordnung der Dienstleistung können auch diejenigen Kinder nicht befreyet seyn, welche nach ihrer Eltern Todt fürgeben wollen, dafs sie nicht gemeinet wären sich derselben Güter oder Verlassenschaft anzumafsen, sondern sind alle Wege ihrer Herrschaft, darunter sie gebohren, gleich andern respectu originis zuforderst zu dienen schuldig. Diese Bestimmung findet sich noch nicht in den Ges.-OO. von 1635, 1644 und 1645, in den neumärkischen überhaupt nicht.

[6] S. besonders d. Tit. 1 Von der Unterthanen Kinder diensten, Tit. 2 von der Gesindedienstzeit, Tit. 6 (1681 Tit. 5) Lohnordnung.

[7] Ges.-O. Tit. 1 § 1.

[8] Res. 97 N. 45 und N. 57 ff.

[9] Mylius V 3 Kap. 2 N. 5.

Auffassung Müllers, dafs die Kinder verpflichtet seien, das väterliche Gut anzunehmen, auch noch eine andere bestand, nach der es ihnen freistand, gänzlich auf die väterliche Erbschaft und damit auch auf das väterliche Gut zu verzichten. Offenbar macht sich hier der Einflufs des römischen Rechts, das ja durch die Joachimicae speciell für das Erbrecht als subsidiäre Quelle gesetzlich bestimmt war, geltend. Denn nach deutschem Recht erbt der Tote den Lebendigen, eine Delation oder Acquisition der Erbschaft findet nicht statt.

Jene Anschauung nun findet sich zuerst in der Gesindeordnung von 1651 [1], also nach dem 30jährigen Kriege. Man sieht aber gleichzeitig, dafs das Gesetz den für den Bauern günstigen, für den Gutsherrn sehr nachteiligen Folgen der Rechtsanschauung möglichst entgegenzuwirken sucht. Denn es verkürzt nicht nur die gemeinrechtlichen Deliberationsfristen auf 1/4 Jahr, sondern es stellt auch die Präsumption auf, dafs, wenn die Erben innerhalb dieser Zeit auch „das geringste aus dem Hofe veräufsern“, dies als Acquisitionserklärung angesehen werden solle, und bestimmt, dafs bei Ausschlagung der Erbschaft alles Vieh und fahrende Habe des Toten beim Gute bleiben müsse. Aufserdem aber hebt es hinsichtlich des Gesindezwangsdienstes, wie bereits bemerkt, die Wirkung der Erbschaftsentschlagung geradezu auf. Es kann daher nicht wunder nehmen, dafs 20 Jahre später die Meinung, als ob „den Unterthanen Kindern ihrer verstorbenen Eltern

---

[1] Noch nicht in den Ges.-OO. von 1644 und 1645. Die Bestimmungen selbst lauten Tit. 4 § 4: Und weil sich zum öffteren begiebet, dafs bey den Pawergütern die Wittib oder Erben eine Zeitlang auff dem Hofe verbleiben, hernach aber, wenn sie von der Obrigkeit zu Leistung ihrer Gebühr wollen angehalten werden, fürgeben dürffen, dafs sie des Mannes oder Eltern Heredes nicht geworden, so sollen inskünfftige die hinterbliebenen innerhalb eines viertheil Jahres sich gegen die Obrigkeit erklären, ob sie sich des defuncti Heredität anmafsen und bey dem Hofe verbleiben wollen, oder nicht, da sie aber solches unterlassen und sich länger auff dem Hoffe aufhalten würden, so sollen sie damit sofort pro heredibus geachtet und zu Beziehung des Gutes würcklich angehalten werden. § 5: Auff dem Fall aber, dafs sie sich des Erbes gänzlich verziehen, müssen sie auch alles Vieh und fahrende Habe, und was in des defuncti Erbschafft gewesen, hinter sich bey dem Hoffe verlassen, damit also der Gutsherr desto eher wieder zu einem Besitzer gelangen möge. Würden die Erben auch in währendem viertheil Jahre das geringste aus dem Hoffe veräussern, so sollen sie eo ipso dafür erkannt und gehalten werden, dafs sie sich der Erbschaft angemafset, wenn auch zwey oder mehr Brüder nach des Vaters Tode erfunden würden und nicht allesampt die väterliche hereditāt repudiiren wolten, so müsten sie einen unter sich, der tüchtig und der Obrigkeit annehmlich sei, gewehlen, der sich zum Unterthanen annehmen lasse und der Obrigkeit das Ihrige leiste. § 6: Sollte es aber in Unsern Ämtern oder in eines teils Kreisen von Alters herkommen seyn, dafs die Wittibe oder Erben alsofort nach ihres Mannes Todt nach Aufsgang 4 Wochen unter sich einen Erben oder gar einen frembden Gewehrsmann zu schaffen schuldig seyn, wird es billig bey der alten Gewohnheit verbleiben.

Verlassenschaft oder Höfe anzutreten oder sich derselben gänzlich zu verziehen frey stünde" [1], als völlig verkehrt bezeichnet wird.

Noch schärfer aber wird in der Gesindeordnung von 1681 die ganze Bauernfamilie in der Mittelmark und Priegnitz von dem Gutsherrn abhängig gemacht: jedes Kind eines Bauern oder Kossäten ist verpflichtet einen Hof anzunehmen [2]. Aufserdem wird der Obrigkeit eingeschärft, keine ledigen Leute in ihrem Bezirk zu dulden, sondern sie zu zwingen, wenn sie das Alter von 20 Jahren erreicht haben, „sich zu verheiraten und zu setzen", d. h. ansässig zu machen [3].

Das Bestreben, durch diese — für die allmähliche Ausbildung der bäuerlichen Unterthänigkeit sehr wichtigen — Bestimmungen Kräfte zur Neubebauung des durch den Krieg verwüsteten Landes zu gewinnen, tritt unverkennbar zu Tage [4], es äufsert sich auch darin, dafs durch das Edikt von 1670 sogar die Hausleute, die sich an einem Orte 3 Jahre lang aufgehalten hatten und sonst sich nur in der Ernte- und Saatzeit zu vermieten pflegten, gezwungen werden sollten „etwas eigenes anzufangen", d. h. ein wüstes Gut anzunehmen. —

Müller nimmt in seiner Darstellung keine besondere Rücksicht auf die Neumark, man müfste also glauben, dafs für die nicht leibeigenen Bewohner derselben im wesentlichen die gleichen Bestimmungen, wie für die übrigen Märker gegolten haben.

In der That sehen wir, dafs die Gesindeordnung für die 7 neumärkischen Kreise und das Land Sternberg vom Jahre 1646 im wesentlichen mit der kurmärkischen übereinstimmt, nur insofern weicht sie ab, als die Bauernkinder in der Neumark schon damals zur Annahme eines wüsten Hofes verpflichtet waren [5] und die Hausleute das Vieh, das sie sich hielten, der Obrigkeit verzehnden mufsten [6]. Dagegen findet sich in dem neumärkischen Landtagsrecefs von 1653 eine erhebliche Verschärfung des Gesindezwangsdienstes, die auch in den Herrschaften Bees- und Storkow Eingang gefunden hat [7], weil die-

[1] Edikt von 1670. Mylius V 3 p. 339.

[2] Tit. 4 § 4. Wenn auch ein Pauer oder Cossäte viel Söhne oder Töchter verlässet, obgleich einer von denenselben seines Vaters Gut angenommen, sollen dennoch die andern, wenn sie was eigenes anfangen wollen, unter ihrer Obrigkeit in andern derselben zugehörigen Dörfern Höfe zu beziehen, gehalten seyn, wozu denn die Obrigkeit ihnen aufser den verwilligten Frey Jahren ihnen alle Hülfe wiederfahren lassen.

[3] Tit. 3 § 8.

[4] Vgl. unten.

[5] Tit. 3 § 8.

[6] Tit. 3 § 5.

[7] Vgl. die Ges.-O. von 1681 Tit. 1 § 1. Und wird es in den Herrschaften Beefs- und Storkow bey dem Neumärkischen Landtags Recess de anno 1653 gelafsen, dafs der Unterthanen Kinder solange sie in diensten sich aufzuhalten willens und ihr eigen Hauswesen nicht anfangen,

selben damals noch mit der Neumark unter einer gemeinsamen Gesindeordnung standen. Es wurde nämlich 1653[1] der dreijährige Zwangsdienst ausdrücklich aufgehoben und die Dienstzeit auf solange ausgedehnt, „als die Kinder sich in anderen Diensten aufhalten und ihr eigen Hauswesen noch nicht angefangen, es seyen ihre Eltern noch am Leben oder verstorben“.

Auch die Gesindeordnung von 1685 stimmt im wesentlichen mit der von 1681 überein: es findet sich auch hier die Verpflichtung aller Kinder eines verstorbenen Bauernsohnes zur Annahme eines wüsten Hofes[2]. Auffällig sind die strengen Strafen gegen das Entlaufen der Unterthanen. Die Obrigkeiten sollen Macht haben[3], „sie durch einen offenen Brief, der am Kruge oder Schulzengericht angeschlagen werden kann, zurückzufordern, mit ernstem Befehle, dafs sie binnen 4 Wochen sich wieder einfinden oder auf den widrigen Fall gewärtigen sollen, dafs sie aller Ehren entsetzet, ihre Namen an den Galgen geschlagen, alle Anfälle und Erbschaften ihnen entzogen, und da man sie ausforschen und ertappen würde, sie mit ewiger Gefängnis- und Besserungsarbeit, auch nach Befinden an Leib und Leben gestraft werden sollen“.

Offenbar ist auf diese Bestimmung ebenso wie die über den strengeren Gesindezwangsdienst der Umstand von Einflufs gewesen, dafs vielfach in jener Provinz Leibeigene waren.

Die Gesindeordnungen für die Herrschaft Kottbus vom Martinitag 1685 und der Herzogtümer Crossen und Züllichau vom 18. Januar 1686 sind im wesentlichen der für die Neumark analog; in der letzteren finden sich auch die strengen Strafbestimmungen gegen entlaufene Unterthanen[4], dagegen wird ausdrücklich hervorgehoben, dafs der Bauer, der sein Gut an einen tüchtigen Gewehrsmann veräufsert, frei wegziehen kann, er mufs aber die Einwilligung seiner Herrschaft haben, und aufser dem Abzugsgeld noch Loskaufsgeld für seine Kinder zahlen[5].

Ein Loskaufsgeld in der Höhe von 4—6 Thalern wurde bei Verheiratungen auch für die übrigen Kreise der Neumark durch ein Patent vom 11. Februar 1698[6] eingeführt. —

So oft und entschieden Müller betont, dafs die Bauern ratione status liberi seien, so hebt er doch nachdrücklich hervor: ratione servitiorum servi. Es erklärt sich dieser eigen-

---

es seyn ihre Eltern noch am Leben oder verstorben, ihrer Obrigkeit — vor allen andern die dienste — schuldig seyn sollen.

[1] Landtagsabschied f. die Neumark, bei Mylius VI 1 N. 119 § 29.
[2] Tit. 4 § 6, vgl. Tit. 3 § 9.
[3] Tit. 4 § 2.
[4] Tit. 4 § 2.
[5] Tit. 4 § 1.
[6] Mylius V 3 Kap. 2 N. 9.

tümliche Zwiespalt dadurch, dafs er, wie überhaupt die damalige Jurisprudenz, die Dienste als eine Verpflichtung der Bauern für ihre Grundstücke ansah. Denn wie im allgemeinen secundum legem Christianam der Obrigkeit Steuern gezahlt werden wegen ihrer Sorge für das Wohl der Unterthanen, so empfängt auch der Adel von den Bauern ob praedia sua Pächte, Zinsen und Dienste[1]. Diese Auffassung der Dienste als Reallast wird so streng festgehalten, dafs eine Steigerung der Dienste rechtlich nur durch Vermehrung des Ackerlandes möglich erscheint[2] und eine Verlegung der Dienste aufserhalb des Rittergutes für unzulässig erklärt wird[3].

Die Bestimmungen, die das Kammergericht in seinen Judikaten über das Dienstverhältnis getroffen, wiederholt Müller fast sämtlich, es würde leicht sein, aus der collectanea juris Marchici nachzuweisen, dafs sie auch in der Praxis ebenso in Geltung waren, wie vor dem Kriege.

Nur ist entschieden ungünstig für die Bauern, dafs Müller[4] im Anschlufs an die Judikatur des Kammergerichts[5], aber im Gegensatz zu Scheplitz die Dienste im Zweifel als ungemessen präsumiert, wenn er auch als Milderung hinzufügt, dafs den Unterthanen in der Ernte 1—2 Tage wöchentlich für Bestellung der eigenen Ernte freizulassen seien.

Bei den gemessenen Diensten sind nach Müller Baufuhren besonders zu leisten, Reise-, Korn- und Mühlenfuhren dagegen auf Abrechnung von den gewöhnlichen Hofdiensten[6].

Von positiven gesetzlichen Bestimmungen über die Dienste findet sich aufser der Wiederholung der bereits vor dem Kriege gültigen hauptsächlich nur die, dafs die Hausleute seit 1644 verpflichtet werden, wöchentlich je 2 Tage, oder, wie sonst üblich, ihrer Gerichtsobrigkeit zu dienen. Sonst wird nur in der Neumärkischen Gesindeordnung bei Festungsstrafe den Bauern eingeschärft, Baufuhren zu den Rittersitzen, Schäfereyen, Meyereien und Vorwercken zu leisten, aufser ihren bestimmten Diensten, und täglich ein genau fixiertes Quantum zu pflügen. Dafs ein Teil der Bauern nur dreitägige Spanndienste habe, wird zwar im Landtagsabschied von 1653[7] noch anerkannt, „es will sich aber nicht ebenso praecise auf die Kossäten inferieren lassen".

Besonders hart hinsichtlich der Dienste ist die Gesindeordnung für Crossen und Züllichau[8]: auch die gemessenen

---

1 Res. 99 N. 2.
2 Ibidem N. 41.
3 Ibidem N. 97 ff., quia sunt onera realia, praediis inhaerentia.
4 Ibid. N. 70 und 75—76.
5 S. oben p. 39 u. 41.
6 Ibidem N. 50, 40, 63.
7 § 19.
8 Tit. X Von der Unterthanen diensten. In der Gesindeordnung für Kottbus finden sich keine näheren Bestimmungen über die Dienste,

Dienste werden hier faktisch zu ungemessenen, indem trotz gemessener Dienste die Unterthanen auch noch bei drohender Gefahr im Gutshofe Tag und Nacht wachen, bei schweren Krankheiten auf dem Hofe Handreichung thun oder bei den Hofleichen wachen, die Mühlenflüsse, die Stege und Wege bessern und andres mehr verrichten müssen. —

Ein besonderes Kapitel seines Werkes widmet Müller dem Satze, dafs der Edelmann von den ausgekauften Hufen das Nachbarrecht halten müsse[1]. Interessant ist die Konstruktion dieses Satzes. Er wird nämlich darauf zurückgeführt, dafs zwischen den Nachbarn eine quaedam communis existiere, an der jeder teilnehmen müsse, der in dieselbe hineinkomme (communis incidens). Dafür geniefse er auch die Vorteile eines Gemeindegenossen, namentlich habe der Edelmann von seinen ausgekauften oder wüsten Höfen das Recht auf die Benutzung der gemeinen Weide, aber nur, was besonders betont wird, in dem Mafse, wie die betreffenden Höfe es selbst ehedem gehabt.

Dafs Müller so ausführlich hierauf eingeht, hat seinen Grund wohl in wirtschaftlichen Verhältnissen. Denn wie schon vor dem Kriege, so nahm auch nach demselben der Adel allgemein die wüsten Hufen seiner Dörfer in Besitz, indem er sie teils selbst beackerte[2], teils an die Bauern „umb den Einfall" austhat[3].

Der Landtagsabschied von 1653 gestattet dies und bestimmt nur[4], dafs „diese, so sich der wüsten Höfe ge-

---

ohne Zweifel, weil dieselben, wie ausdrücklich angegeben wird (Tit. I § 5), aufser in den Ämtern für die Leibeigenen ungemessene waren.

[1] Res. 116.

[2] So heifst es in einer Deduktion der Ritterschaft und Prälaten des Niederbarnimschen Kreises von 1671 (im Geh. St.-Arch.), dies geschehe bei den Pfarrern und Küstern wegen ihres „tecem" bei der Obrigkeit, teils „wegen der Dienste, teils wegen der Pächte und Zinse fast in allen Dörfern der Kurmark". Von solchen Äckern wurde nur die halbe Kontribution gezahlt, was sich wohl mifsbräuchlich herausgebildet (s. unten).

[3] Wir ersehen dies namentlich deutlich aus dem Katasterrevisionsprotokoll von Ruppin vom Jahre 1687 (Geh. St.-Arch.). „Umb den Einfall", heifst wohl so viel, dafs der Betreffende für einen Scheffel Aussaat einen Scheffel Pacht zahlt.

[4] Mylius VI 1 N. 118 § 37. — Eben wegen dieser Bestimmung ist es leider unmöglich zu berechnen, um wieviel der Rittergutsbesitz durch die Einziehung der wüsten Hufen wuchs. Denn die späteren Hufenangaben beziehen sich in der Regel nur auf die (nach der Schofsmatrikel von 1624) katastrierten Hufen.

Die Hufentabelle bei Eickstedt (Beiträge zu einem neuen Landbuch der Marken Brandenburg, Magdeburg 1840) von 1671 sucht auch nur die eximierten Hufen festzustellen, nicht die damals vom Adel beackerten, aber zugleich versteuerten Hufen. Die Notizen in der Hufentabelle über die Zahl der ausgekauften Bauern beziehen sich auf die Legungen seit ca. 1570 (s. oben p. 8), wie ein Vergleich mit dem Schofsregister von 1624 ergiebt. Diese Auskaufungen sind aber Ausnahmen (vgl. Müller, Res. 100 § 81), relativ unbedeutend, z. B. im Niederbarnim

brauchen, können und sollen sich von dem onere contributionis oder andern realibus nicht eximieren, sondern es mufs bei der generalis juris regula, quod quaelibet res cum suo onere transeat, verbleiben".

Faktisch wufste natürlich trotzdem der Adel sich vielfach von der Steuer, wie von den übrigen Lasten für die Hufen frei zu machen. Ja es wurde sogar so vorteilhaft, die wüsten Hufen zu benutzen, dafs Klagen bei dem Grofsen Kurfürsten einliefen, man widersetze sich der Wiederbesetzung der wüsten Höfe, um dieselben in eigenem Interesse nützen zu können[1].

Auch rechtlich war eine Steigerung der Dienst- und Gemeindelasten für den Bauern dadurch eingetreten, dafs die vor 1624 vom Adel in Besitz genommenen Hufen hinsichtlich aller Exemptionen — auch der im Dorfverband, wie Müller selbst angiebt[2] —, den freien Ritterhufen gleichgestellt wurden. —

Schon diese Übersicht zeigt, dafs die Beschränkungen der Bauern, wie sie in der ersten Hälfte des 16. Jahrhunderts auf den Landtagen gesetzlich fixiert worden sind, auch von Müller festgehalten werden. Die Grundrichtung derselben ist die gleiche geblieben wie bei Scheplitz: der Bauer ist, abgesehen von den Leibeigenen, frei, aber er ist in seiner Freiheit beschränkt, zum Teil allerdings noch mehr als vor dem Kriege[3].

Ebenso teilt Müller die Anschauungen Scheplitz' hinsichtlich der bäuerlichen Besitzverhältnisse. Der Bauer hat Eigentum an seinem Hof[4], auch dieses aber ist beschränkt durch die beiden Privilegien des Adels, einen Bauern wegen Widersetzlichkeit zu relegieren und ihn auszukaufen für den Fall, dafs er eines Rittersitzes bedarf[5].

Beachtenswert ist, dafs auch Müller das Legungsrecht nicht, wie Korn meint, als „obrigkeitliches Expropriations-

nur 36. Der Hauptzuwachs des ritterschaftlichen Besitzes beruht eben auf der Einziehung der wüsten Hufen und ihrer Besetzung mit Vorwerken (vgl. die diesbezüglichen Edikte unter Friedrich III. und Friedrich Wilhelm I.). Daher beruht die Annahme von H. v. Petersdorff, Beitr. zur Geschichte der Mark, p. 15, der Rittergutsbesitz sei seit 37 Jahren um 30% gestiegen, auf ganz irrigen Grundlagen. — Vgl. den Anhang.

[1] Edikt vom 12. April 1657, Mylius IV 3 Kap. 1 N. 17. Alldieweiln wir aber auch in Erfahrung gebracht, dafs von vielen Pauern Hufen keine Contribution gegeben wird, — wollen wir die von der Ritterschaft hiermit ernstlich ermahnet haben, dafs sie solches nicht weiter verstatten, sondern dahin sehen sollen, damit alles gleich eingeteilet — und die wüsten Hufen wieder besetzet werden mögen. Gestalt wir auch gemeint sein, ehestens eine Untersuchung deswegen anzustellen und darbey fürnehmlich etliche von Adel inquirieren lassen werden, wider welche Klagen eingekommen, dafs sie teils die Pauren selbst vertrieben, teils auch keine andern, wenn sie sich auch schon selbst angegeben hätten, wiederum annehmen wolten, damit sie nur die wüstliegenden Wiesen und Triften allein geniefsen möchten.

[2] Res. 100 N. 52, vgl. den Anhang.

[3] S. oben p. 58.

[4] Vgl. unten p. 78.

[5] Res. 100 N. 11 ff.

recht" auffaſst[1]. Vielmehr sagt er ausdrücklich, daſs es gegeben sei non tam pro publica, quam pro privata utilitate nobilium; er nennt es ebenfalls ein privilegium odiosum stricti juris[2] und entscheidet sich aus diesem Grunde gegen Scheplitz in der Frage, ob der Bauer einzelne Hufenstücke abzutreten schuldig sei[3].

Es könnte demnach scheinen, als ob die Bauern, soweit sie in ihren Stellen blieben oder neu angesetzt wurden, in ihren Besitzrechten keine Veränderung erlitten hätten. Dennoch läſst sich nachweisen, daſs gerade in diesem Punkte der 30jährige Krieg einen auſserordentlich tiefen Einfluſs übte, indem er einen beträchtlichen Teil der ländlichen Bevölkerung der Mark aus Eigentümern zu lassitischen Besitzern machte.

Dieser Vorgang bedarf noch einer ausführlicheren Darlegung.

Um die Entstehung des märkischen Lassitentums zu erklären, ist es nötig, zunächst die Rechtsverhältnisse des Lassiten klarzulegen. Der märkische Lassit ist im wesentlichen der Kulturbauer des preuſsischen Landrechts. Dies geht hervor aus der Definition der Lassiten, wie sie u. a. das Kammergericht in einem Erkenntnis vom 24./III. 1796 gegeben hat[4]. Hiernach zeigt sich die eigentümliche Beschaffenheit der Laſsgüter darin, „daſs der Hof samt Hofwehr dem Besitzer unentgeltlich eingeräumt und bei seinem Tode einem seiner Kinder unentgeltlich überlassen werden muſs, daſs aber der Besitzer den Hof nicht willkürlich, ohne einen tauglichen Gewehrsmann zu stellen, verlassen und über den Hof und die Hofwehr von Todes wegen nicht disponieren darf".

Die übliche Erklärung von der Entstehung der Laſsgüter ist die, daſs sie noch aus der Zeit der ersten Besiedlung herstammen, indem man die Slaven bei der Eroberung auf ihren Gütern als Lassiten sitzen lieſs[5].

Diese Erklärung erscheint jedoch nicht als stichhaltig. Wir haben gesehen, daſs während des ganzen 16. Jahrhunderts in der Gesetzgebung und von den Juristen den Bauern mit bestimmten lokalen Ausnahmen Eigentum, genauer gesagt Untereigentum, an ihren Gütern zugeschrieben wird[6].

---

[1] Vgl. oben p. 29/30.

[2] Res. 100 N. 13 und 21.

[3] Ibidem N. 23—26, vgl. oben p. 29.

[4] Abgedruckt bei Stengel, Beitr. zur Preuſsischen Justizverfassung, Bd. II p. 145 ff, und Mathis, Juristische Monatsschrift IX p. 562 ff. Vgl. Allgem. Landrecht Teil I Tit. II Abschn. 4.

[5] So Riedel, Die Mark Brandenburg i. J. 1250 II p. 281. Ihm folgen u. a. Rönne, Landeskulturgesetzgebung I p. XVI, Scholz l. cit. Motive II[2] p. 257.

[6] Auch in den Erbregistern aus dem Ende des 16. Jahrhunderts habe ich, soweit ich sie durchgesehen habe, keine Hindeutung auf Laſsgüter gefunden. Nur ganz vereinzelt wird als Abgabe ein Hauszins abgegeben, der aber doch auch nicht sicher auf Laſsgüter schlieſsen läſst. In dem Erb-

Besonders aber spricht gegen diese Annahme das Zeugnis des Scheplitz [1]. Man könnte allerdings einwenden, daſs dasselbe eigentlich doch nur für die Priegnitz und die Grafschaft Ruppin, worauf es sich exemplifizierend speciell bezieht, volle Beweiskraft habe. Allein wie eine Tabelle aus dem Ende des vorigen Jahrhunderts nachweist [2], sind gerade in der Grafschaft Ruppin sämtliche Privatbauern Laſsbauern gewesen. Für die Priegnitz wird die gleiche Thatsache für eine Reihe von Patrimonialgerichten im Jahre 1768 amtlich bezeugt, insbesondere auch für die Dörfer des Domkapitels zu Havelberg [3].

Will man demgemäſs Scheplitz nicht das Verständnis der bäuerlichen Besitzverhältnisse gänzlich absprechen, so wird man zugeben müssen, daſs die Bauern ihre Höfe vor dem 30jährigen Kriege in der Regel nicht als Laſsgüter besessen haben, daſs also wie in Pommern [4] ein gleichförmiges Besitzrecht platzgegriffen haben muſs. Einzelne Ausnahmen können natürlich vorgekommen sein [5], aber es ist doch sehr bemerkenswert, daſs die Gesindeordnung von 1620 voraussetzt, daſs die Höfe von den Bauern g e k a u f t werden [6].

register von Müllenhoff und Mühlenbeck wird sogar regelmäſsig die Kaufsumme des betreffenden Hofes angegeben; nur hier und da ist die betreffende Rubrik, wo die Zahl stehen sollte, nicht ausgefüllt, ohne daſs ein besonderer Grund ersichtlich wäre.

Nur im Amt Chorin wird (Ende des 16. Jahrh.) im Dorfe Schnarchendorf erwähnt: „3 Thaler, so Hans Niemann zu Schnarchendorf wegen eines Hofs welcher ein Laſsgut ist“ giebt.

Dieser Hans Niemann nun ist ein Hufner und hat als solcher sein Gut; da aber, wo es im Erbregister näher beschrieben wird, heiſst es dann auſserdem: „hat auch einen Hof, so der Herrschaft gehörig ist, ein Laſsgut giebt davon 3 Thaler“ (vgl. unten).

Ob dieses Gut aber vererblich war oder nicht, kann man hieraus nicht ersehen. — Das Beispiel ist aber charakteristischer Weise aus der Uckermark.

[1] B. I^2 p. IV tit. 7 § 2. Alias quidem de jure civili subditi, qui rerum dominia habent, ut apud nos in dioecesi Havelbergensi et tota Prignitia nec non comitatû Ruppinensi rusticorum condicio est, quoad venditionem — minime compelluntur etc. — Vgl. auch oben p. 27.

[2] Kgl. Bibl. zu Berlin, Manuscr. Bor. fol. 410.

[3] v. K a m p t z' Jahrbb. Bd. 34 p. 73, auch für viele Patrimonialgerichte der Grafschaft Ruppin. Vgl. unten den Bericht des Priegnitzschen Kreisdirektoriums.

[4] F u c h s, Untergang des Bauernstandes in Neuvorpommern und Rügen p. 25.

[5] Ich schlieſse mich der Bemerkung an, die F u c h s l. cit. p. 92 Anm. 1 macht: „Es muſs wiederholt hervorgehoben werden, daſs es auch vorher schon (in Schwedisch-Pommern) vereinzelt (hier unerblichen) Laſsbesitz gegeben hat, namentlich wohl bei den Bauern auf Ritteräckern u. a., aber als a l l g e m e i n e Besitzform ist das Lassitentum erst damals (nach dem 30jährigen Kriege) entstanden.

[6] Für die Mittel-, Ucker- und Neumark, auch Ruppin erlassen M y l i u s V 3 p. 15: Auch ist dieses nicht auſser acht zu lassen, das mancher Pauer und auch Kossät, wann sie sich und zwar mehrenteils mutwillig in Schul-

Insbesondere haben wir bereits gesehen[1], daſs dasjenige Land, welches dem Bauern auf Ritteräckern zur Bebauung angewiesen wurde, nach den Landtagsabschieden nicht in ihr Eigentum überging, sondern jederzeit revokabel blieb. Daſs aber aus diesem Verhältnis keine Laſsgüter entstanden sein können, geht schon daraus hervor, daſs das specifische Merkmal desselben, die Unerblichkeit, der Natur des eigentlichen märkischen Laſsgutes direkt widerspricht.

Wohl aber ist es nicht nur möglich, sondern sogar sehr wahrscheinlich, daſs der Name Laſsgüter, der ja auch in der Mark für jene Besitzungen gebraucht wurde[2], später von diesen auf die nicht revokablen Güter übertragen wurde; beiden Arten des Besitzes ist ja gemeinsam, daſs der Besitzer nicht Eigentum, sondern nur das Nutzungsrecht an dem Gute hat, in dem einen Fall ein erbliches, in dem andern ein unerbliches[3].

Wir finden den Namen Laſsgüter in dem speciell märkischen Sinne allgemein erst seit der zweiten Hälfte des 18. Jahrhunderts, in der Gesetzgebung ist zuerst in einem Edikt von 1749[4] von Laſsunterthanen die Rede im Gegensatz zu erb- und eigentümlichen Gütern, vorher, z. B. in der Gesindeordnung von 1722, wird nur allgemein von den Hufen der Bauern gesprochen.

Nichtsdestoweniger läſst sich das Wesen des Verhältnisses schon in der ersten Hälfte des 18. Jahrhunderts mit Sicherheit erkennen. Im Dezember 1718 erstattete nämlich die kurmärkische Kammer über die Lage der Bauern folgenden Bericht[5]:

In der Kurmark besitzen die Unterthanen an manchen Orten ihre Höfe erblich, an andern Orten aber gehören die Bauerngüter nebst der Hofwehr dem König und werden dem Bauern bei dessen Antritt zugewiesen. Im erstern Fall haben die Bauern freie Verfügung, ihre Güter zu verlassen und zu vererben, jedoch mit Amtskonsens und nach einer gewissen Taxe, welche nicht überschritten werden kann; im andern Fall dagegen werden bei Erbschichtungen die Güter und Hofwehren vorher abgezogen, und es kommt nur zur Teilung,

---

den verteufft — hernach heimlich davon streichen und die Häuser und Höfe stehen lassen, dadurch derjenige, so ihnen mit dem seinigen gedient umb das Seinige — gebracht werden. Denn zu solchen spoliierten Gütern sich hernacher selten ein Kaufmann wieder findet.

[1] Vgl. oben p. 16 u. 26.

[2] S. das Citat oben p. 26 Anm. 4, vgl. auch oben p. 63 Anm. 6 die Notizen über das Laſsgut in Schnarchendorf.

[3] Mylius, C. C. Contin. IV p. 149.

[4] Das Edikt vom 25. April 1729 bei Mylius IV II cap. 3 N. 21 wegen freier Holzlieferung an die Amtsunterthanen bedient sich noch der Umschreibung: „Unterthanen, deren Höfe nicht erblich, sondern Seiner Königlichen Majestät zuständig sind“ für Laſsunterthanen.

[5] Knapp II p. 7—8.

was dann noch übrig bleibt. Bei nötigen Bauten erhalten die Bauern mit erblichen Gütern ein Drittel weniger Freiheit, als die Bauern mit unerblichen Höfen. Was die persönlichen Verhältnisse betrifft, so sind die Unterthanen zwar freie Leute, sind aber schuldig und gehalten, ihre Kinder, die sie nicht zu ihrer Wirtschaft gebrauchen, 3 Jahre bei den königlichen Ämtern und Vorwerckern dienen zu lassen etc.

In dem gleichen Jahre forderte der König die kurmärkische Kammer auf, taxieren zu lassen, was den Unterthanen in den Ämtern der Kurmark an Vieh, Aussaat und Ackergeräten zustehe. Aus dem Schriftwechsel, der hieraus entstand, ist folgende Schilderung von Wichtigkeit[1]:

Die Ämter der Kurmark sind mit dreierlei Art Leuten besetzt. Die erste Art besteht aus Freien, die ihre Güter erblich gekauft haben, folglich mit Zustimmung des Amts darüber gewissermafsen verfügen können. Die zweite Art besteht auch aus Freileuten, jedoch mit dem Unterschied, dafs diese nicht als Eigentümer der Höfe, sondern als Pächter zu betrachten sind, indem ihnen zur Abführung der verordneten Leistungen Einsaat und Hofwehr, wie bei Pächtern gebräuchlich, gegeben werden. Die dritte Art besteht aus Leibeigenen, deren Person und Vermögen dem Herrn zugehöret und die nicht sich, sondern dem Herrn erwerben.

Derselbe Gegensatz zwischen Unterthanen, die ihre Güter erb- und (wie es sonst gewöhnlich heifst) eigentümlich besitzen, und solchen, die das nicht haben, tritt bereits in einem Bericht der Cöllner Hofkammer vom 20./XII. 1707[2] sowie in dem darauf ergangenen Reskript Friedrichs vom 31. Dez. 1707 hervor[3].

Kombiniert man nun jene beiden Berichte einerseits mit dem, was Scheplitz und Müller berichten, andrerseits mit dem, was wir am Ende des vorigen Jahrhunderts über die Rechtsverhältnisse der Bauern erfahren[4], so erkennt man leicht, dafs die sogenannten erblichen Güter mit den früheren Erbzinsgütern, die sogenannten nicht erblichen mit den spätern Lafsgütern identisch sind. Für die letzteren findet sich auch der späterhin ganz allgemeine Name schon in dieser Zeit in nichtmärkischen juristischen Schriften[5].

---

[1] Knapp II p. 15.

[2] Im Geh. St.-Arch. Vgl. auch den Bericht vom 8. März 1709, laut dessen „die meisten Unterthanen der mittelmärkischen Ämter entweder Leibeigene oder doch nur von der Kammer auf die Höfe gesetzt und dazu mit voller Hofwehr versehen sind“ (bei Stadelmann I p. 17).

[3] Bei Wöhner, Steuerverfassung der Kurmark Brandenburg III N. 82. Die Erbbauern erhalten 1/3 weniger Freiheit bei Bränden etc.

[4] S. unten.

[5] Man ersieht aber gleichzeitig aus denselben, dafs man sonst in Deutschland unter Lafsgütern nur beliebig revokable Güter verstand, für die ja, wie oben bemerkt, der Name zuerst auch in der Mark üblich

Der charakteristische Unterschied zwischen beiden Güterarten ist aber der, dafs bei der einen der Hof zur Teilung kommt, bei der andern nicht, hier also die Herrschaft, dort der Bauer das Eigentum hat[1]. Hinsichtlich der Hofwehr ist der Bericht der Kammer nicht ganz genau. Es findet sich nämlich in denselben Akten, in denen der Bericht der Kammer enthalten ist, eine Tabelle, aus der hervorgeht, dafs auch bei „Höfen so erblich“ bisweilen die Hofwehr den Bauern geliefert wurde. Auch in späterer Zeit scheint dies noch bisweilen üblich gewesen zu sein[2].

Alle Bauern aber, sowohl Erb- wie Lafsbauern, sind persönlich freie Leute.

Wenn aber, wie gezeigt, schon von Anfang des 18. Jahrhunderts an Lafsbauern in der Mark vorhanden waren, ja sogar dieselben, wie die eben erwähnte Kammertabelle ausweist, an Zahl die Erbbauern weit übertrafen[3], so kann das Lassitentum nicht erst im 18. Jahrhundert entstanden sein. Auch wird in der That wenigstens für die Kapitelsdörfer des Stifts Havelberg die lassitische Qualität der Bauern glaubwürdig bezeugt[4]. Andrerseits jedoch haben wir gesehen, dafs noch Scheplitz in der Mark nur Erbzinsbauern, die spätern Erbbauern kennt. Nun ist ohne weiteres klar, dafs ein solches eigentümliches Rechtsverhältnis, wie das der Lassiten, zumal bei der natürlichen Konstanz, die die bäuerliche Verfassung überall zeigt, nicht ohne eine erhebliche wirtschaftliche Ursache entstanden sein kann. Als solche aber kann

war. Denn zuerst erwähnt Joh. Pet. de Ludewig, De jure clientelari Germanorum, Halle 1717, sect. III c. 5 § 5 von Lafsgütern Anm. o als Ausnahme, dafs in der Mark die Lassen nicht absetzbar seien. Von ihm übernimmt Ritschier, Dissertatio de praediis quae vulgo Lafsgüter appellantur § 12 (1735) die Nachricht. Buri, Erläuterung des in Deutschland üblichen Lehnrechts (1738) behauptet zuerst, dafs die Lassiten allgemein erblich seien. Auch Nolten in seiner Dissert. de singulis quibusdam praediis, Helmstädt 1727, scheint dieser Ansicht zu sein. Vgl. das Urteil des Kammergerichts bei Stengel II p. 146 ff.

[1] Daher auch der Name erb- und eigentümlich.

[2] Wenigstens ist dies aus der Angabe bei Stengel II p. 4 zu schliefsen.

[3] Die Tabelle giebt nämlich in jedem einzelnen Amt an, wieviel die Hofwehren der Bauern wert sind, sowohl in den „Höfen so erblich“ als in den Höfen „so nicht erblich“. Die Summe bei den ersteren ist 40000, bei den letzteren 296000 Thaler. Das Verhältnis der Lafs- zu den Erbbauern wäre demnach wie 7 : 1. Die Zahl ist natürlich sehr ungenau, da sie nur für die Ämter gilt und die Hofwehr nicht überall die gleiche war. Aber einen Anhalt gewährt sie doch. Vgl. auch die Angabe oben p. 66 Anm. 2.

[4] Bericht des Justitiars Puschmanns von 1768 in Kamptz' Jahrbb. Bd. 34 (vgl. oben p. 64 Anm. 2): In sämtlichen Kapitelsdörfern wird nach klarer Mafsgabe, derer in dem hiesigen Stiftsarchiv aus dem vorigen Jahrhundert vorhandenen Erbvergleiches und Übergabe Protocollorum — ein Bauernhof — (dem neuen Wirt) ganz frei und unentgeltlich übergeben.

in der Zeit von Scheplitz bis zum Anfang des 18. Jahrhunderts nur der 30jährige Krieg in Betracht kommen.

Zu dieser Vermutung wird man vor allem geführt, wenn man sich klar macht, in welcher Weise die Mark, insbesondere die Mittelmark und die Priegnitz, durch den Krieg verwüstet wurden.

Wir vermögen zwar die verheerenden Wirkungen des Krieges — im allgemeinen ja bekannt genug[1] — für das platte Land nicht vollständig statistisch darzulegen, können aber doch wenigstens einige charakteristische Zahlen beibringen.

Von allgemeinen Angaben ist wichtig der Bericht der Hofkammer von 1652, nach welchem bei sämtlichen Ämtern der Kur- und Neumark vor dem Krieg 3000 Ackerleute gewesen waren, damals nur noch 1550, von Kossäten nur noch 1769 (gegen 3097)[2].

Bedenkt man nun, dafs die Ämterdörfer in der Regel immer noch als die besten und am meisten besetzten erscheinen, so kann man schon auf Grund dieser Angabe für das ganze Land eine Abnahme der ackerbautreibenden Bevölkerung um mindestens die Hälfte annehmen. Das, was wir sonst noch über den Zustand des platten Landes erfahren, läfst diese Annahme weit eher zu niedrig, denn als zu hoch erscheinen.

So besitzen wir von den Berichten der Landreiter, die der Grofse Kurfürst, wie es scheint, zur Ermittlung der Waffenfähigen in der Mark, allgemein in den gleichen Jahren aufnehmen liefs, noch zwei[3], den für den Teltow und den für Niederbarnim. Im Teltow wurden hiernach von 1175 Bauern und 750 Kossäten im Kriege 841 resp. 420 wüst[4].

Ähnlich war es im Niederbarnim, wo von 927 Bauern und 706 Kossäten nur 417 Bauern und 340 Kossäten übrig blieben[5].

Im Oberbarnim waren schon 1634 von 4278½ Hufen ⅓, nämlich 1403½ wüst[6], kein Wunder, dafs in einem Teile des Kreises von 1878 Bauernhufen 822 wüste geworden und fast gänzlich mit Bäumen und Strauchwerk bewachsen waren[7].

---

[1] Für die Mark vgl. u. a. Beheim-Schwarzbach, Hohenzollernsche Colonisationen p. 31 f.

[2] König, Geschichte der Stadt Berlin II p. 260.

[3] Geh. St.-Archiv.

[4] Fidicin, Territorien der Mark I Beil. 1.

[5] Bericht des Landreiters, Kgl. Geh. St.-Arch.

[6] Nach dem Protokoll, welches in den Märkischen Forschungen Bd. 17 veröffentlicht worden ist. Die Angabe ist, trotzdem sie auch v. Petersdorff, Forschungen zur Brandenburg-Preufs. Gesch. II p. 68 übernimmt, doch insofern unrichtig, als zu der Zahl der Bauernhufen auch die Kossätenhufen mit gezählt sind, auch zum Oberbarnim damals einige Dörfer gehörten, die jetzt von demselben getrennt sind. Ein ungefähres Bild gewährt sie aber doch.

[7] So ist wohl die Angabe bei Fidicin l. cit. II p. 11 zu verstehen.

Für die Zauche ergiebt der Bericht des Landreiters von Belitz aus jener Zeit[1], dafs in seinem Beritt von 97 Dörfern 50 „nichts mehr thun können", „restieren 47, die aber doch auch das Ihrige gueter Mafsen schon erlitten".

Hinsichtlich der Grafschaft Ruppin gar „sagen", wie Buchholz angiebt[2], „alle Nachrichten, dafs beim Antritt der Regierung Friedrich Wilhelms nicht mehr als 4 Dörfer die noch bewohnt gewesen, befunden wurden".

Ähnlich mag es in der Priegnitz ausgesehen haben, wo unter allen Landpredigern zu Perleberg, Kyritz, Pritzwalk, Havelberg und Werben ein einziger zu Werben noch existierte, der in einem Gebiete von ca. 4 □ Meilen jährlich 4—5 Menschen taufte[3].

Diese Zahlen sprechen in der That dafür, dafs, wie Buchholz (l. cit.) sagt, die Mark 1645 eine Wüste war.

Um so dringender war der Neuanbau. Suchen wir uns zu vergegenwärtigen, wie derselbe vor sich ging.

Da ist zunächst das Bestreben ebenso unverkennbar, wie natürlich, den Bauer, der noch auf seinem Gute war, auch wirklich auf demselben noch festzuhalten. Daher denn immer und wieder die Verbote „wider das freventliche Entlauffen der Bauern und Kossäten"[4]; daher die vielen Patente des Grofsen Kurfürsten und seines Nachfolgers, mittelst deren einem Adligen die Erlaubnis zur Rückforderung eines entlaufenen Unterthanen erteilt[5], daher der Wert, den Müller in seiner practica civilis rerum Marchicarum auf die diesbezüglichen Rechte des Adels legt[6].

Solche Mafsregeln konnten freilich an und für sich nicht allzuviel fruchten. Denn wo der Bauer im Kriege umgekommen war, da blieb eben sein Gut liegen, wenn es nicht gelang, einen neuen Anwohner dafür zu finden.

Deren konnte man sich aber auf doppelte Weise verschaffen. Es gab ja damals viele, die, nachdem sie lange schon den Pflug mit dem Schwerte vertauscht, sich durch den Friedensschlufs wieder gezwungen sahen, das Schwert an den Nagel zu hängen und die nächste Bauernstelle anzunehmen, die sich ihnen bot. Ob sie gerade wieder im Heimatsdorf sich ansiedelten, war ihnen gleichgültig, wenn sie nur in der alten Heimat blieben[7]. Vielfach kamen allerdings auch ganz

---

[1] Geh. St.-Arch.

[2] Geschichte der Churmark III p. 652.

[3] Nach dem Kirchenbuch von Kletzke, Buchholz ibidem. Allerdings mögen die Stadtprediger ausgeholfen haben.

[4] Vgl. Stadelmann, Preufsens Könige etc. I p. 3.

[5] Geh. St.-Arch.-Rep. 22—72, Bauernsachen.

[6] S. bes. Res. 97.

[7] Man sieht dies besonders aus den beiden Landreiterberichten im Geh. St.-Arch. In denselben ist nämlich jedesmal die Herkunft der ein-

Fremde in die Mark. Den alten Gemeinden — wenn sie sich wieder zusammenfanden — war dies natürlich wenig angenehm, es bedurfte ausdrücklich der Aufnahme eines Artikels in den Landtagsabschied von 1653 (§ 41): „dafs anstatt der abgegangenen nebenst den Einheimischen auch fremde Leute aufgenommen und die Örter damit besetzet oder auch wohl neue Plätze angerichtet und angebauet werden, wird den Landständen — nicht entgegen sein können.“

Wenn nun aber, was ja gewifs oft der Fall, sich keine fremden Leute zur Annahme der Höfe fanden, so lag es nahe, die Söhne der eigenen Unterthanen heranzuziehen und sie zu zwingen, des Vaters Gut zu bebauen. Es verordnete daher schon die Gesindeordnung von 1651 [1], dafs „wenn 2 oder mehrere Brüder nach des Vaters Tode erfunden würden und nicht allesamt die väterliche heredität repudiieren wollten, so müfsten sie einen unter sich, der tüchtig und der Obrigkeit annehmlich sei, gewehlen, der sich zum Unterthanen annehmen lasse“. Auch die andern Erben aber werden gleichzeitig angehalten, sich möglichst bald zu erklären, ob sie das Gut annehmen wollten oder nicht.

Ernstlich verschärft aber wurden diese für die ganze Kurmark geltenden Bestimmungen noch für die Mittelmark durch das Edikt von 1670 [2], durch das, wie bereits erwähnt, auch der zweite Sohn eines verstorbenen Bauern oder Kossäten verpflichtet wurde, ein wüstes Gut anzunehmen, die Ausschlagung der Erbschaft wurde nicht mehr gestattet. Das Edikt selbst sagt, dafs „bei dieser Zeit annoch die wenigsten Dorfschaften mit Leuten besetzet“ [3]. 1681 wurden dann alle Söhne eines verstorbenen Bauern oder Kossäten angehalten, einen wüsten Hof unter ihrer Obrigkeit anzunehmen. Es finden sich aber auch die genauen Angaben [4], dafs im Niederbarnim in 81 Dörfern ca. 1171, von 3073½ kontribuablen Hufen 1174½, also über ⅓, noch wüste lagen, und von 871 Bauernstellen nur 537, von 679½ Kossäten nur 367½ besetzt waren, in beiden Fällen also nicht die Hälfte der vorhan-

zelnen angegeben; sehr viele sind, wie man schon aus der Tabelle bei Fidicin ersieht, aus der Fremde zugezogen, die meisten davon stammen aber aus märkischen Dörfern.

1 Tit. 4 § 5. Mylius VI 3 p. 115; vgl. oben p. 56 f.

2 Mylius V 3 p. 399.

3 Vgl. das Edikt wegen Räumung der verwilderten Äcker v. 23. Mai 1663, Mylius l. c. p. 335. Euch ist nicht unbekannt, was gestalt in diesen Unsern Churlanden insonderheit durch wegsterben der Unterthanen, die Äcker überall mit Fichten und anderm Gesträuche sehr bewachsen, und also dieselben je länger je mehr zu wüstem wilden Lande geworden und ins künftige wan sie dergestalt gelassen werden sollten von denen Bäumen und Gehölz viel mühsahmer und schwerer — uhrbar zu machen etc.

4 Anläfslich eines Streites zwischen der Ritterschaft und den Ämtern wegen der Quotisation der Kontribution. Geh. St.-Arch.

denen. Und 1687 lagen in der Grafschaft Ruppin 521 Bauernhöfe und 213 Kossätenhöfe, sowie 14 Büdnerstellen wüst[1].

Es erklärt sich aber auch hieraus, dafs schon der Grofse Kurfürst gegen Ende seiner Regierung ernstliche Versuche machte, Kolonieen in der Mark auch auf dem platten Lande anzulegen[2]. Noch mehr war bekanntlich Friedrich I. auf die „Peuplierung" des Landes bedacht, vergleicht man aber die Zahl der Bauernnahrungen in der Mittelmark[3] von 1624 mit der von 1725 und selbst von 1750, so sieht man, dafs trotz des bedeutenden Menschenzuflusses und der Neubegründung vieler Dörfer die Zahl der Bauernstellen von 1725, ja sogar die von 1750 kaum die von 1624 erreicht, dagegen hat sich die Zahl der Häuslinge mehr als verdoppelt, auch die starke Vermehrung der Hirten weist darauf hin, wozu die wüsten Stellen verwendet wurden[4].

Wenn nun der Adel einen Fremden oder einen Heimischen oder auch den Sohn eines seiner Unterthanen einem solchen Hof „einthat", wie konnte dieser Eigentümer des Gutes werden? Am nächsten lag es ja, dafs der Bauer das Gut bezahlte. Aber nur selten mag er das gekonnt haben. Woher sollte er denn das Geld nehmen? Es waren ja meist von Haus und Hof vertriebene Flüchtlinge, die solche Güter annahmen und selbst, wenn sie etwas Geld mitbrachten, so konnte es vielleicht zur ersten Einrichtung dienen, aber nicht zum Ankauf des Hofes.

[1] Bratring, Geschichte d. Grafschaft Ruppin, S. 60 Anm.

[2] Über die Kolonisationen in der Mark vgl. Schmoller, Schr. d. Vereins f. Socialpolitik Bd. 31 p. 1 ff., über die Rechtsverhältnisse der Kolonisten s. unten.

[3] Die beiliegende Tabelle giebt eine Übersicht über die Verteilung der Bevölkerung in der Mittelmark exkl. Bees- und Storkow. Zu Grunde liegen die Angaben des Schofsregisters (s. den Anhang), verglichen mit der handschriftlichen Notiz bei Scheplitz, vgl. oben p. 8 Anm. 1, andererseits Tabellen, die Bratring in seinen Manuskripten auf der Kgl. Bibl. zu Berlin giebt. Ich halte sie für genauer als die bekannte Tabelle des Generaldirektoriums (zuletzt abgedruckt bei Posener, Miscellen zur Geschichte Friedr. d. Gr.).

Das platte Land der Mittelmark Brandenburg hatte (excl. Beeskow und Storkow)

im Jahre	Bauernstellen	Kossätenstellen	Fischer	Hausleute	Müller	Schmiede und Radmacher	Schäfer	Hirten	Leineweber	Schuster	Schneider	Böttcher	Zimmerleute
1527	7771	5659	—	—	—	—	—	—	—	—	—	—	—
1570	7989	5487	—	—	—	—	—	—	—	—	—	—	—
1624	7600	8387	612	1475	171	477	400	651	6	—	3	—	—
1725	6822	3141	448	3141	249	473	423	1144	336	26	332	26	33
1750	7777	5932	541	5932	326	571	547	1712	592	81	368	81	133

[4] Vgl. unten.

Es war nun freilich möglich, dafs die Herrschaft das Geld auf dem Gute stehen liefs, dafs sie nach und nach den Bauer anhielt, die Hypothek abzuzahlen und sich in den schuldenfreien Besitz des Hofes zu setzen. So mögen in der That manche Bauern „Eigentum“ an ihrem Hofe erworben haben.

Es konnte aber auch eine ganz andere Art der Besetzung stattfinden. Wenn nämlich der Bauer weder Hof noch Hofwehr bezahlte und die Herrschaft ihn nicht dazu anhielt, seine Schuld zu tilgen, dann blieb eben einfach der Hof im Eigentum der Herrschaft. Und wenn der Bauer starb? Von einer Teilung des Gutes resp. einer Abfindung der Erben aus demselben konnte naturgemäfs keine Rede sein, der Hof gehörte ja dem Bauern gar nicht, sondern der Herrschaft. Diese aber, die ja auch in der Regel als Gerichtsobrigkeit die Teilung vollzog, liess den Hof samt der Hofwehr als ihr Eigentum natürlicherweise nicht mit zur Teilung kommen. Andrerseits hatte sie durchaus kein Interesse, denselben den Erben gänzlich zu entziehen. Einziehen durfte sie nach märkischem Recht die Bauernstellen ja doch nicht, ein neuer Annehmer aber war auch nicht immer sogleich bei der Hand — wir sahen ja, wie sehr es an solchen mangelte — daher überliefs die Herrschaft den Hof wieder den Kindern des Verstorbenen. Nur daran hatte sie ein Interesse, dafs sie einen tüchtigen Wirt erhielt, daher behielt sie sich die Auswahl unter den Erben vor, ein Princip, das um so eher durchdringen konnte, als ja auch bei erblichen Höfen die Übernahme des Hofes durch die Tüchtigkeit des neuen Wirtes bedingt war [1].

So sehen wir, wie die beiden Merkmale des späteren märkischen Lassitentums — Nichteigentümlichkeit der Höfe, aber Erblichkeit der Stelle, wenn auch gutsherrliche Auswahl eines tüchtigen Nachfolgers, ganz von selbst sich einbürgern konnten.

Die Entwicklung wird aber um so erklärlicher, wenn man bedenkt, dafs ja vielfach das Gut dem Bauern nicht in völlig wüstem Zustand, sondern zum Teil mit beackerten Hufen, zum Teil mit mehr oder weniger bereits instandgesetzten Gebäuden übergeben wurde. Denn wir dürfen unter den „wüsten Hufen“, die in jener Zeit erwähnt werden, durchaus nicht immer an völlig unbeackerte denken, vielfach wurden sie von dem Adel oder auch dem Bauer gegen eine Abgabe unter den Pflug genommen [2]. Wurde aber die Stelle wieder besetzt, so erhielt natürlich der Betreffende die zugehörigen Hufen wieder. So ist uns eine Bittschrift des Bürgermeisters Valentin Düringk an den Kurfürsten erhalten [3]. Er bittet um

---

[1] S. die Bestimmung der Gesindeordnung von 1651 oben p. 70.
[2] S. oben p. 6 Anm. 3.
[3] Von 1642. Geh. St.-Arch.

Erlafs der Kontribution für einige Äcker, die zu einem wüsten Hofe in Gütergotz gehörten, von dem er Pächte zu empfangen hatte, er müsse ihn sonst liegen lassen; er sei ja bereit, sie dem ersten Mann, den er antreffen könne, sofort abzutreten, damit dieser dem Kurfürsten die Dienste im Amt Potsdam leisten könne.

Dafs aber auch die Gebäude in der Regel von dem Herrn des Dorfes aufgebaut werden mufsten, zeigt recht deutlich das Erbregister des Hauses Ziethen, das im Jahre 1649 aufgenommen wurde[1]. Da finden sich z. B. im Dorfe Kleinzieten 3 Hufen. Bei dem einen ist nichts Besonderes bemerkt, bei den beiden andern heifst es: „X.[2] hat ... Hufen ist wüste und abgebrannt und vom Herrn Obristen wiederumb erbaut, auch durch N. N. in diesem Jahre besetzet", etc.

Die gleiche Notiz findet sich in Grünefeld von 5 Hufnern bei 2, in Börnicke von 7 Hufnern bei 3 (nur dafs hier die Häuser schon länger aufgebaut gewesen zu sein scheinen), in Platow ebenfalls von 7 Hufnern bei 2. In Tietzow sind gar von 5 Hufnershöfen 4 „wüste und abgebrannt, aber von dem Herrn Obristen in diesem Jahre wieder hergestellt und durch N. N. besetzet"[3].

Nur einmal heifst es: „X. ist wüste und abgebrannt, aber von dem Herrn Obristen durch Hans Köpken wieder in diesem Jahre aufgebauet und besetzet" etc.

Ob aber dieser Bauer den Hof ganz aus eigenen Mitteln aufbaute, oder auch von der Gutsherrschaft unterstützt wurde, ist nicht gesagt.

Es war ja nur zu natürlich, dafs der Adel sich weit eher als der Bauer von dem Kriege erholte und selbst die verfallenen Höfe so bald als möglich wiederherstellte, um desto eher einen tüchtigen Wirt dafür zu finden.

Je längere Zeit nach dem Kriege verflofs, um so mehr geschah dies. Mannigfache Beispiele dafür liefert das Katasterrevisionsprotokoll für die Grafschaft Ruppin vom Jahre 1687[4]. Da heifst es von einem wüsten Gut im Dorfe Leddin, dessen Hufen die Obrigkeit einstweilen beackert: „Auf N. N. wüsten Hofe stehet ein altes Gebäude und will der Herr von Rohr ein Neuhaufs bauen, wenn die freien Jahre folgen werden[5], so

---

[1] Geh. St.-Arch.

[2] Hier wie in den folgenden Citaten sind die Namen der Bauern in der Regel nicht mit angegeben, sondern durch X. resp. N. N. ersetzt.

[3] Es lagen noch aufserdem viele Höfe „wüst und abgebrannt". Dann heifst es allemal: „wird der Hof wieder aufgebauet, und der Dienst wieder ersetzet, dienet der Besitzer" etc. Dafs natürlich auch hier wieder die Herrschaft den Aufbau übernehmen mufste, liegt auf der Hand.

[4] Geh. St.-Arch.

[5] D. h. Steuerfreiheit für die erste Zeit nach der Neueinrichtung gewährt wird, was damals allgemein üblich war, vgl. das Patent wegen

wird sich dann ein Wirt dazu finden.“ Eine ähnliche Bemerkung finden wir über einen Hüfnershof in Carve, da „hat die Obrigkeit ein Neuhaufs bauen lassen, ist aber noch kein Wirt dazu“. Auch hier beackert die Obrigkeit die wüsten Hufen. Besonders geeignet zur Verdeutlichung der Entstehung des lassitischen Verhältnisses ist endlich die Notiz beim Dorfe Radensleben: „N. N. hat ao. 1686 einen wüsten Hof empfangen, so der Herr — von Quast aufbauen lassen — hat auch demselben die winter und sommersaat nebst der völligen Hofgewehr an Vieh gegeben.“

Sehr lehrreich ist auch eine Beschreibung des Dorfes Birkenwerder (im Glein- und Löwenbergschen Kreis), schon aus der Zeit unmittelbar nach dem Kriege. Hier sind an Unterthanen noch übrig geblieben 4 Kossäten, dem einen Joachim Brandt ist die „Cüsterey“ repariert, er wohnt darin, „weil sein Haufs eingefallen“. Der andere Thomas Kotze „hat Mewes Krausen wüstes gut angenommen, wohnt solange in des reficierte Schneider Heuselein, bis ihm das seinige gebawet wird“. Auch die zwei übrigen, Thomas Brandt und Hans Krause, besitzen fremde Güter. Aufserdem hat der Besitzer des Dorfes drei von ihnen erheblich unterstützen müssen. Und zwar hat Thomas Kotze 2 und Hans Krause 1 Ochsen erhalten, Joachim Brandt aber „16 Thaler an Gelde sich dafür Vieh zu kaufen“. Alle andern Kossätenhöfe im Dorfe liegen wüst, auch „der Krugk ist noch nicht mit einem Wirte besetzt, aber gantz newe bis auf die Thüren erbawet“.

Schliefslich teilen wir noch eine interessante Schilderung mit, die ebenfalls einem Bittgesuch an den Kurfürsten um Befreiung von der Kontribution entnommen ist[1]. Hier schreibt ein Herr von Rohden am 29. April 1672: „Jüngst verwichenen 1671. Jahres habe ich das Gut Löhme (Kreis Niederbarnim) gekauft. In diesem Dorf waren 11 Bauernhöfe und 8 Kossätenhöfe vor diesem[2], ich habe aber nicht mehr als 1 Bauer, die 8 Hufen haben, und 3 Kossäten besetzet und die übrigen Bauern- und Kossätenhöfe ganz wüste, so dafs kein stock oder stiel auf demeselben fürhanden und die Äcker mit Fichten bewachsen, gefunden. Von den beiden besetzten Bauern ist im Februar dieses Jahres einer gestorben und dessen Haus mit Hof und Scheune so beschaffen, dafs keines sicher mehr dahin kommen darf, darumb ich dieselben ganz abbrechen und neue Gebäude — (ganz ähnlich also, wie wir oben in Ruppin sahen) — setzen lassen mufs, wie ich denn dazu schon einen anfang gemachet, wie inglei-

der 6jährigen Freiheit und Beneficien, deren, so wüste Stellen bebauen wollen, vom 19. Jan. 1667. Mylius VI 1. Abt. N. 131.

[1] Im Geh. St.-Arch.

[2] D. h. natürlich vor dem Kriege.

chen mit Ausrodung der wüsten und bewachsenen Äcker auch geschehen und hoffe also mit Gottes Hülfe die wüsten Pauern und Kossäten-Höffe wieder zu besetzen."

Diese Schilderung zeigt einerseits, wie nach 25 Jahren nach dem Kriege manche Dörfer aussahen und sich in denselben die Ansetzung der Bauern als Lassiten ganz von selbst verstand, sie zeigt aber andrerseits, wie auch aus noch erblichen Höfen lassitische werden konnten. Denn daſs jener Bauer, dessen Haus 2 Monate nach seinem Tode schon in solchem Zustand war, daſs niemand mehr sicher hineingehen konnte, nicht der einzige in der Mark war, versteht sich von selbst.

Besonders häufig scheint es in der Neumark gewesen zu sein, daſs die Bauern ihre Höfe verfallen lieſsen und es vorzogen, statt ein eigenes Gut zu bewirtschaften, fremde Äcker gegen eine geringe Vergütung zu besäen. Es wurde daher in den Gesindeordnungen von 1646, 1685 und 1686[1] eine strenge Verordnung gegen diesen Übelstand aufgenommen.

Noch öfter aber kam es vor, daſs die Bauern, sei es wegen schlechter Behandlung, sei es wegen Schulden einfach fortliefen und ihre Höfe stehen lieſsen. Das zeigen die bereits erwähnten Verordnungen gegen das Wegziehen der Bauern, besonders aber die Gesindeordnungen[2].

---

[1] Tit. 9 § 4. Weil nun bisher durch angezogenes versäen der wüsten Äcker jeder Müssiggänger seinen Auffenthalt zu des Landes Schaden haben könne, so ist auch daraus dieser Übermuth entstanden, daſs die Pauern und Cossäten ihre Häuser nicht bessern wollen, sondern dieselben eingehen lassen und so sie der Obrigkeit hernach zu Diensten und Pächten behalten wollen und ihre Kinder die Höfe sollen besetzen, so haben ihnen die Häuser wieder gebauet werden müssen, wozu sie nicht einmal die Arbeit, welche sie mit eigener Hand verrichten können, anwenden wollen. Sollen derohalben in denen Creysen, da die gekaufften Höfe Herkommens alle diejenigen Unterthanen, denen ihre Häuser und Höfe von neuen gebauet oder ausgebessert worden, sie haben vorher darin gewohnet oder nicht, auch diejenigen, so in alte fertige Häuser, so nicht ihr eigen, vor diesem oder neulich eingezogen . . . . verbunden seyn, die Höfe nach und nach . . . nach billiger Tax . . . . zu bezahlen und ihre Kindes Kinder oder nächsten Erben sollen schuldig seyn, solche Höfe in stetiger Bewahrung zu erhalten, wie es ohne das auch in den gekaufften und geerbten Höfen sich allewege gebühret, wie denn alle diejenige, welche die Häuser kauffsweise an sich gebracht und aus Mutwillen dieselben zerfallen lassen und nichts daran bessern, den Schaden selber tragen sollen, welcher ihnen oder ihren Erben an ihren Mobilien und Vorraht abgezogen oder die eingefallenen Häuser ihnen gelassen und mit ihren andern besten Güter und Verlassenschaft der Obrigkeit genug davon gethan, sie auch daneben nach Gutachten gestraffet werden sollen. — Die Bestimmung findet sich nicht in der Ges.-Ordn. für Cottbus. — Sie ist von allgemeinem Interesse für die Entstehung des Lassitentums überhaupt.

[2] In den Erbregistern der Mark, soweit sie nach dem Kriege noch benutzt wurden, ist dies in der Regel nur daraus ersichtlich, daſs neben die Namen der alten Hofbesitzer die der neuen Annehmer geschrieben

Sehr charakteristisch hierbei ist, dafs die Gesindeordnungen von 1644, 1645 und 1651 noch voraussetzen, dafs sich „ein Kaufmann zu den spoliierten Gütern“ finden soll; in der Gesindeordnung von 1681 ist dies nicht mehr der Fall, es wird auch als ganz selbstverständlich angenommen, dafs die Herrschaft dem Unterthanen die Hofwehr giebt[1]. Wir werden nicht glauben können, dafs der Bauer unmittelbar nach dem Kriege kapitalkräftiger war, als einige Jahrzehnte nachher, sondern vielmehr schliefsen, dafs jene Bestimmung aus der Gesindeordnung von 1620, wo sie ja noch einen sehr guten Sinn hatte[2], anfangs mechanisch herübergenommen, später als praktisch bedeutungslos geändert wurde. —

Es konnte aber natürlich auch geschehen, dafs eine Bauersfamilie nicht nur die Stürme des Krieges überdauerte, sondern auch noch später sich im Besitz der Stelle hielt, während in demselben Dorfe auf andern Stellen, die wüst geworden waren, von der Herrschaft Lassiten angesetzt wurden. So erklärt sich sehr wohl die merkwürdige Erscheinung, dafs wir später in manchen Dörfern der Mittelmark lassitische und erbliche Stellen zugleich finden[3].

Die hier gegebene Erklärung[4] von der Entstehung des

---

wurden. Dabei kann man aber meistens nicht sehen, ob ein Fremder oder ein Kind den Hof erhielt. Deutlichere Notizen finden sich u. a. in dem Erbregister von Zechlin von 1693. Es heifst da z. B. bei der Beschreibung eines Dorfes: „Den 5. Juli ao. 1660 ist Hans Andes auf des entlauffnen Hildebrands Hoff wieder für einen paueren angenommen.“

[1] Tit. IV § 1. Denn zu solchen spoliierten Güter sich selten oder nimmer jemand findet und geschiehet solches am allermeisten, dafs die Unterthanen, wenn sie ihre Freijahre genossen, sich fortmachen, die Höfe, auch das abgetriebene Gespann, welches ihnen die Obrigkeit gegeben stehen lassen.

[2] Vgl. oben p. 64.

[3] Beispiele bei Bratring, Beschreibung der Kurmark Bd. I S. 54 Anm. 2, hieraus wohl Riedel, Mark Brandenburg II p. 279. Die Beispiele liefsen sich noch stark vermehren aus den bereits erwähnten Tabellen in Bratrings Manuskripten, besonders für den Kreis Teltow (Man. Boruss. fol. 412). Diese Thatsache ist mit der Herleitung des lassitischen Besitzes aus Überresten slavischer Besiedlung, zumal wenn man sich die Geschlossenheit der deutschen Hufenverfassung vergegenwärtigt, kaum in Einklang zu bringen, man sieht dies auch aus dem Versuche, den Riedel l. cit. macht.

[4] Über die Korn-Knappsche Anschauung s. oben p. 26. Richtig hat Odebrecht in seinem Aufsatz „Über die Entstehung der jetzigen bäuerlichen Besitzverhältnisse in der Umgebung Berlins“ (Märkische Forschungen Bd. I) die Bedeutung des 30jährigen Krieges erkannt (p. 29), aber die Erklärung, dafs die „zur Kultur ausgesetzten Güter des Allg. Landrechts“ durch Vermischung der Ideen von Sächsischem Zinsgut und römischer Unfreiheit von seiten der Juristen entstanden seien, widerlegt sich schon durch eine genaue Darlegung der lassitischen Rechtsverhältnisse.

Neuerdings hat H. v. Petersdorff, Beiträge zur Geschichte der Mark, p. 17 Anm., die Vermutung aufgestellt, die Lassiten seien zum Teil durch Herabdrückung der Ganzbauern zu Halbbauern entstanden. Dies

Lassitentums findet eine Bestätigung darin, dafs auch in Schwedisch-Pommern und Rügen auf die gleiche Weise um dieselbe Zeit aus dem erblichen Besitz der Bauern allgemein der lassitische geworden ist[1]. Aber während hier die Schwäche der Regierung und die Übermacht des Adels die von den Juristen[2] auch in Pommern festgehaltenen Grenzen der Legungsbefugnis thatsächlich illusorisch machten, blieben sie in der Mark, wie die oben angeführten[3], auch von Müller reproduzierten Beschränkungen jenes Rechts zeigen, durchaus gewahrt, weil die Krone der Willkür des Adels entgegentrat und in der Jurisprudenz eine Stütze fand. Daher kommt es, dafs dort nur die faktische[4], hier auch die rechtliche Vererblichkeit der Lafsgüter die Regel wurde[5].

Auch in Schwedisch-Pommern haben wir die merkwürdige Erscheinung, dafs sich in einzelnen Gegenden der erbliche Besitz der Bauern erhielt. Es konnte dies geschehen entweder dadurch, dafs der Bauer im Kriege seine Stelle nicht verlor, oder nach demselben, wenn er eine neue übernahm, zur Bezahlung derselben angehalten wurde.

So mag es wohl in der Altmark gewesen sein. Denn wir finden hier später nur Erbbauern.

Am nächsten würde es ja liegen zu vermuten, dafs die Altmark weniger verwüstet worden sei, als die Mittelmark und die Priegnitz. Ich finde aber keine direkten Zeugnisse hierfür in der Überlieferung. Das allerdings scheint charakteristisch, wenigstens dafür, dafs die Altmark sich eher erholt haben mufs, dafs das Edikt vom 17. März 1670[6] nur für die Mittelmark gilt[7]. Auch die Gesindeordnung von 1681, die gewissermafsen den Schlufsstein der Unterthänigkeit bildet[8], ist zunächst nur für die Mittelmark und die Priegnitz erlassen worden.

Es mag wohl auch die Lage der Altmark mit dazu beigetragen haben, dafs sich ein freieres gutsherrlich-bäuerliches Verhältnis hier erhielt[9]. Denn die Altmark war ja eigentlich

---

ist schon deswegen nicht haltbar, weil später Lassiten ebensowohl Halb- wie Ganzbauern sind. — Auch davon kann nicht die Rede sein, dafs die Kossäten „eine eigenartige Stellung, noch etwas tiefer, als der Lassit" einnahmen. Dafs Kossäten ebenso wie Bauern Lassiten sein können, sagt doch schon Knapp I p. 15.

[1] S. Fuchs, Entstehung der Gutsherrlichkeit etc. p. 90 ff.

[2] Cf. Maevius bei Fuchs l. cit. p. 94.

[3] S. p. 62.

[4] Fuchs p. 94, vgl. Knapp I p. 47.

[5] S. unten Kap. 5.

[6] Mylius V 3 p. 337 N. 5.

[7] S. oben p. 56.

[8] Insofern alle Kinder eines verstorbenen Bauern gehalten werden ein Gut anzunehmen. Tit. IV § 4. Vgl. oben p. 58.

[9] Die betreffende Bestimmung über die Pflicht der Unterthanenkinder zur Annehmung eines Hofes der Obrigkeit ist zwar auch in der

zu jener Zeit von der Mittelmark ganz durch das Gebiet des Erzbistums Magdeburg getrennt[1]. Hier aber hatte der Bauer von jeher freies Eigentum seines Hofes und nach dem Kriege wurde er zwar ebenfalls strenger an die Scholle gefesselt, aber er behielt ein gutes Besitzrecht[2].

Dagegen grenzt die Mittelmark durchweg an Gegenden, in denen die Leibeigenschaft — wie in der Ucker- und Neumark, oder doch wenigstens ein derselben sehr nahe kommender Zustand — wie in der Nieder-Lausitz[3], wenn nicht bereits herrschte, so doch nach dem Kriege üblich zu werden begann. Der Leibeigene aber hat auch nur lassitischen Besitz an seinem Gute. Ist es da zu verwundern, dafs auch in der Mittelmark dieses schlechtere Besitzrecht der Bauern üblich wurde?

Es ist aber zu betonen, dafs ebenso wie der Wiederanbau des Landes, so auch die Verbreitung des lassitischen Besitzes durchaus allmählich vor sich ging. Nur so ist es zu erklären, dafs Müller diesen lassitischen Besitz offenbar noch nicht kennt.

Es ist dies allerdings bestritten. Das Kammergericht hat in einem Erkenntnis behauptet, Müller habe die Natur und Beschaffenheit der Bauerngüter überhaupt und insonderheit der Lafsgüter entwickelt[4], und schon früher findet sich diese Meinung[5]. Dennoch hat aber das Kammergericht selbst in einem Bericht ad Rescr. Clementissimi vom 4. Dez. 1765, betr. das Eigentum der Unterthanenhöfe in der Priegnitz[6], mit Recht ausgeführt, dafs Müller, wie Scheplitz, den Unterthanen das Eigentum an ihren Höfen noch zuschreibt. Er sagt ja ausdrücklich — um nur diese eine Stelle anzuführen: rustici non pro lubitu e bonis suis ejici possunt: est enim rusticus arbiter et moderator suorum bonorum[7].

Das Schweigen Müllers hängt eben wohl auch damit zusammen, dafs die Theorie vom lassitischen Besitz in der damaligen Jurisprudenz noch keine weitere Ausbildung gefun-

---

Altmärkischen Gesindeordnung von 1735 mit aufgenommen worden, sie scheint aber doch keine Geltung erlangt zu haben. Vgl. Stengel, Beitr. Bd. 11 p. 155 N. 4. Ebensowenig war am Ende des 16. Jahrhunderts der Gesindezwangsdienst in der Altmark eingeführt. S. oben p. 36.

[1] Cf. Schmoller in seinem Jahrb. Bd. 8 p. 1013.

[2] Schmoller l. c. p. 1066.

[3] Vgl. Dönniges, Landeskulturgesetzgebung I p. 229 f. und Neumann, Verhältnisse der niederlausitzschen Landbewohner und ihrer Güter p. 40 ff. Die Verhältnisse bedürfen hier freilich noch einer nähern Klarstellung. Die Darstellung Neumanns ist ziemlich ungenügend.

[4] 1796. Urteil b. Stengel l. cit. II p. 149.

[5] Vgl. (Benkendorf), Oeconomia forensis. Berlin 1779, Bd. V § 233 u. §§ 426 ff.

[6] Bei Stengel l. cit. p. 24 ff.

[7] Res. 100 N. 3 u. 4.

den hat. Allgemein gilt als Merkmal des lassitischen Besitzes die sofortige Revokabilität des Gutes. Erst seit dem Anfang des 18. Jahrhunderts haben v. Ludewig (1717) und Ritschier die Lehre systematischer ausgebildet: erst von da ab findet sich, wie oben [1] nachgewiesen, die Erkenntnis des märkischen Lassitentums.

Es läfst sich aber auch begreifen, wie die Entstehung eines solchen Verhältnisses von den Juristen unbemerkt sich vollziehen konnte. Denn das Verhältnis ist zunächst mehr faktischer als rechtlicher Natur. Der Lafsbauer steht dem Gutsherrn in der Hauptsache, wie der Erbbauer gegenüber: der Gutsherr darf ihn nicht beliebig vertreiben und mufs einem seiner Kinder den Hof übergeben. Es hat also der Bauer ein Dominium im Sinne jener Zeit, wenn nicht an seinem Gute, so doch an seiner Stelle. Dazu kommt, dafs das Wirtschaftsinventar beim Lafsbauer wie beim Erbbauer eisern war, d. h. die Hofwehr stets beim Gute bleiben mufste, ein Satz, den schon Scheplitz kennt.

Es konnten also Streitigkeiten über den Besitz in der ersten Zeit des Wiederanbaus, der doch Müller noch angehört, kaum entstehen. Was zum Gute gehörte, war durch den Landesgebrauch bestimmt, wem es gehörte, durch die Thatsache, ob der Bauer oder der Gutsherr den Hof gebaut hatte.

So wird es zu erklären sein, dafs Müllers, ja sogar Scheplitz' [2] Darstellung für eine Schilderung des specifisch märkischen Lassitentums gelten konnte, weil sie auf die Thatsache, dafs der Bauer seinen Hof selbst erbaut hat und besetzt, kein Gewicht legt, sondern sie nur stillschweigend voraussetzt.

Auch in der Gesetzgebung findet sich noch bis zur Mitte des vorigen Jahrhunderts der Unterschied zwischen Lafs- und Erbbauer nicht klar ausgedrückt. Die Dorfordnung von 1702 hat noch ebenfalls wie die Joachimica ein erbliches Besitzrecht des Bauern zur Voraussetzung. Es kommt dies allerdings wohl daher, dafs sie für die ganze Mark gilt, in der Altmark aber gab es gar keine lassitischen Bauern (cf. oben p. 77). Auch das Remissionsedikt vom 12. Aug. 1721 für Magdeburg-Halberstadt, die Grafschaft Mansfeld und die Mark, kennt keinen Unterschied unter den Bauern, erst gegen Mitte des vorigen Jahrhunderts macht sich dann in der Mark das Bedürfnis einer Deklaration des Edikts geltend, weil der Erbbauer weniger Remission als der Lafsbauer erhalten sollte [3].

---

[1] S. oben p. 66 Anm. 5.

[2] Vgl. z. B. Mathis' Juristische Monatsschrift III p. 40 Anm.

[3] Vgl. Acta wegen der Remissionum, Geh. St.-Arch., Gen.-Direct. Tit. 236 N. 5 und unten Kap. 5; die Edikte von 1707 u. 1729 s. oben p. 65 Anm. 4 u. p. 66 Anm. 3.

Dies alles aber beweist keineswegs, daſs das Lassitentum erst im 18. Jahrhundert in der Mark entstanden sei, sondern nur, daſs ein so tiefer wirtschaftlicher Umschwung erst allmählich in das Bewuſstsein jener Zeit gelangte. Daſs man sich aber bald der Folgen desselben bewuſst wurde, zeigt schon der Bericht der Hofkammer von 1718[1], der den Unterschied beider Besitzarten mit folgenden Worten charakteristisch kennzeichnet: „Freie Leute, die eigen gekaufte Höfe haben, arbeiten vor sich und die Ihrigen, sind also nahrhafft und fleiſsig, lassen von denen Gerechtigkeiten ihres Gutes nichts abkommen, cultivieren Äcker und Wiesen, wie es sich gehört, unterhalten Gebäude, Wege und Zäune, in Summa sie agieren vor sich, welches der Hauptartikul aller fleiſsigen Ökonomie ist, bey der Cammer aber finden sie sich mit ihren prästationen richtig ein, gestalt Hauſs, Einsaat, Vieh ihnen eigen und der Cammer zur Caution steht. — Dagegen wenn ein bewehrter Bauer meistens durch Faulheit oder Leichtfertigkeit verdirbt, ist das Haus ruiniert, Scheun und Ställe abgedeckt, die Einsaat schlecht bestellet, das Vieh verbracht und die Beamten werden eher nichts gewahr, bis der Wirth auf dem Sprunge steht, davon zu lauffen.“ —

Der 30jährige Krieg hat aber neben den Lassiten auch die Pachtbauern in der Mark heimisch gemacht, ohne daſs Müller dieselben erwähnt. Als nämlich nach dem Krieg auch der uckermärkische Adel daran ging, die Bauernstellen wenigstens zum Teil wieder zu besetzen, so sah er sich gezwungen, da die Leibeigenen hierzu nicht ausreichten, die Stellen an freie Leute unter bestimmten Bedingungen zu verpachten.

Diese Angabe der Ritterschaft, die bisher nur aus einem spätern Bericht des Uckermärkischen Kreisdirektoriums an das Generaldirektorium bekannt war[2], wird bestätigt durch eine gleiche, aber frühere und deshalb glaubwürdigere Erklärung von 1689, die von einer kurfürstlichen Kommission zur Untersuchung der gravamina der Ritterschaft abgegeben wurde[3].

---

[1] Bei Knapp II p. 15 nicht mit abgedruckt, aber in demselben Bericht befindlich.

[2] Publiziert bei Stengel, Beitr. II p. 19 ff.

[3] Geh. St.Arch. Gen.-Dir. Contrib.-S. Tit. 213: Die Ritterschaft beschwere sich hauptsächlich, daſs die Kontribution nach der Hufenzahl, ohne Unterschied ob die Äcker bewachsen seien oder nicht, ausgeschrieben werde, weil sie (Uckermark und Land Stolpe) also gelegen, daſs die wüsten Hufen teils gar nicht, teils schwerlich, — wieder zur Kultur gebracht werden können, weshalb sie auch keine Pauern, nicht einmal an denen Örter, so vor die besten Äcker gehalten werden, bekommen könnten, ungeachtet man sie als freie Leute annehme; die freien Jahre genieſsen lasse, mit den Diensten und andern praestandis ganz

In der That werden die Pachtbauern schon in der Gesindeordnung von 1681 erwähnt[1] und dabei bestimmt, daſs ein Pächter, der sein Gut 4 Jahre lang innegehabt, nur gegen Stellung eines Gewehrsmanns abziehen dürfe.

Es ist also der Ursprung der Pachtbauern in der Mark, und zwar speciell in der Uckermark — denn anderwärts finden sich dieselben nicht[2] — ein durchaus anderer gewesen als in Pommern[3]. —

Der gesamte bäuerliche Rechtszustand am Ende des 17. Jahrhunderts verglichen mit dem vor dem 30jährigen Kriege weist also wesentliche Verschiedenheiten auf. Nur in der Altmark ist der Zustand geblieben, wie vor dem Kriege, in der Uckermark ist sogar mit den Pachtbauern ein freieres Element in die Bevölkerung gekommen. Aber in der Mittelmark und der Priegnitz haben sich, wie es scheint, bei einem groſsen Teile der Bauern die Besitzverhältnisse wesentlich verschlechtert, was die persönlichen Verhältnisse anbetrifft, so ist die Unterthänigkeit für jene Provinzen auch auf die Kinder der Bauern ausgedehnt worden[4].

Und doch gilt der bäuerliche Rechtszustand der Kurmark im Anfang des 18. Jahrhunderts als ein guter im Vergleich mit dem der übrigen östlichen Provinzen der preuſsischen Monarchie. Friedrich Wilhelm I. will in Preuſsen „den märkischen Fuſs" eingeführt wissen[5]. Wie ist dies zu erklären?

Ohne Zweifel dahin, daſs in der Mark der Willkür des Gutsherrn eine feste Schranke, wenigstens gegenüber den Laſs- und Erbbauern, gesetzt war. Man hielt eben daran fest, daſs der Bauer im allgemeinen frei sei und von seiner Stelle nicht vertrieben werden dürfe.

Es zeigt also die Entwicklung der bäuerlichen Rechtsverhältnisse in der Mark deutlich, daſs das römische Recht

---

leichtlich conditiones machen, auch zu der Leibeigenschaft, die sonst von alters her in diesem Creyse gebräuchlich gewesen, — nicht anfallen wolle.

[1] Tit. 8 § 3. Nachdem uns aber Unsere Land Stände der Uckermark und Lande zu Stolpe hiebey unterthänigst berichtet, daſs daselbsten umb die Geringheit der Einwohner, und damit gleichwohl die Contribution heraus kommen möge, wol gantze Höfe oder gewisse Hufen umb den Einfall oder sonst gewisse Geld-Pension eingethan werden müsten etc.

[2] Auch Scharnweber (Knapp II p. 385) erwähnt Pachtbauern nur in Preuſsen, Pommern und der Uckermark.

[3] Knapp I p. 61 ff. generalisiert auch hier zu sehr.

[4] Über die Rechtsverhältnisse in der Neumark läſst sich schwer ein Urteil fällen, und zwar vor allem deshalb, weil man nicht erkennen kann, wann und wie sich die Leibeigenschaft weiter ausgedehnt hat. Jedenfalls ist der Druck des Adels auf die Bevölkerung hier schon vor dem Kriege ein weit stärkerer gewesen als in den übrigen Provinzen, ebensowohl auch nach dem Kriege.

[5] Knapp II Kap. 1.

an sich nicht bauernfeindlich war[1], die wesentlichsten Beschränkungen der Bauern sind nicht erfolgt durch das römische Recht, sondern durch die Landtagsabschiede vom Anfang des 16. Jahrhunderts und dann durch den 30jährigen Krieg.

Das römische Recht hat der Herabdrückung des Bauernstandes verhältnismäfsig passiv gegenübergestanden, es giebt im wesentlichen nur den bestehenden wirtschaftlichen Verhältnissen Ausdruck; höchstens kann man sagen, dafs es zu sehr geneigt ist, dieselben zu generalisieren, vielfach zum Schaden der Bauern, namentlich wohl in der Neumark. Die Rechtsverhältnisse sind aber hierdurch nicht verwirrt worden.

Der mafsgebende Faktor für die Gestaltung der gutsherrlich-bäuerlichen Verhältnisse ist überall die Macht des Adels und der von dieser je nach den wirtschaftlichen Verhältnissen vielfach mehr oder weniger stark ausgeübte Druck auf die Bevölkerung gewesen. Ubi adductiora sunt principum jura, ibi durior conditio agricolarum vel, quod idem est, ubi nobilitas potentior, ibi lassorum, emphytheutarum, hominum propriorum arctior graviorque nexus[2].

---

[1] Dafs es vielfach von den Gutsherren gegen die Bauern verwendet worden ist, leugne ich keineswegs, ich behaupte nur, dafs dies nicht unbedingt geschehen mufste.

[2] v. Ludewig, De jure clientelari, Halle 1717, p. 236 Anm. s.

Fünftes Kapitel.

Die gutsherrlich-bäuerlichen Verhältnisse, wie sie sich seit den Gesindeordnungen von 1681 und 1685 gestaltet haben, spiegeln sich in dem Rechtszustande wieder, wie er gegen Ende des vorigen Jahrhunderts unmittelbar vor den grofsen Reformen der modernen Zeit sich entwickelt hatte. Wir erkennen dieselben aus verschiedenen Quellen, namentlich aus den Monitis[1] der Stände vom Jahre 1799 zum allgemeinen Landrecht, anläfslich des Versuches, ein Provinzialgesetzbuch für die Mark zu entwerfen[2].

Die juristischen Schriftsteller der Mark beschäftigen sich sehr wenig mit dem Bauernrecht, nur Benkendorf nimmt in seinem allgemein angelegten Werke „Oeconomia forensis oder kurzer Inbegriff derjenigen landwirtschaftlichen Wahrheiten, welche allen sowohl hohen als niedrigen Gerichtspersonen zu wissen nötig“, sehr vielfach speciell auf märkische Verhältnisse Bezug[3].

---

[1] Sie gründeten sich auf eine Umfrage nach den Statuten und Gewohnheiten der einzelnen Kreise. — Diese Akten sowie andere wichtige Materialien, die der folgenden Darstellung zu Grunde liegen, befinden sich im Geh. St.-Arch. R. 84—XIV V. Aufserdem sind noch benutzt die Berichte der Untergerichte an das Kammergericht, die infolge der Kabinetsordre vom 14. April 1780 eingefordert wurden. General-Akten des Kammergerichts J. 15. Vgl. Scholz, Provinzialrecht der Kurmark, Motive I p. 31 ff. Citiert sind jedoch, wenn möglich, die gedruckten Quellen.

[2] Vgl. hierüber Krause in Kamptz' Jahrbb. Bd. 18 p. 99 ff., Götze, Provinzialrecht d. Altmark I p. 99 ff., Scholz, Provinzialrecht der Kurmark, Motive I p. 30 ff. Ein Entwurf des Provinzialrechts aus jener Zeit (1795) ist der des Geh. Rats Wilke, aus dem der Abschnitt „Von der Verfassung der Bauern in der Kur- und Neumark“ (zu Tit. 7 T. II d. A. L. R.) in Mathis' Juristischer Monatsschrift Bd. III p. 32 ff. abgedruckt ist (vgl. Scholz, l. cit. p. 37 ff.).

[3] Für unsere Darstellung ist hauptsächlich der 5. Band (von 1779) von Wichtigkeit, aus dem die Citate im folgenden genommen sind. Aufser

Von den Gesindeordnungen sind zwar nur die neumärkischen in Kraft geblieben; die für die übrigen Provinzen wurden mehrfach erneuert[1], enthalten aber für die hier behandelten bäuerlichen Rechtsverhältnisse wenig neues. —

Die Elite des Bauernstandes bildet noch immer diejenige Klasse, die Müller als die plene liberi bezeichnet, die einzelnen Arten derselben sind sehr mannigfaltig und bereits oben gekennzeichnet worden. Das Charakteristische ist immer, dafs sie und ihre Kinder von den gewöhnlichen Zwangsdiensten[2] frei sind und ihre Güter erblich besitzen.

Soweit sie zu Lehen gehen, haben ihre Rechtsverhältnisse eine Veränderung insofern erlitten, als die landesherrlichen Lehen im Anfang des 18. Jahrhunderts allodifiziert wurden[3], vorausgesetzt, dafs die Interessenten damit einverstanden waren.

Die Privatbauernlehen dagegen, soweit nicht freiwilllig der Lehnsnexus gelöst wurde, erhielten sich, bis durch das Gesetz vom 2. März 1850 die Lehnsherrlichkeit allgemein aufgehoben wurde. —

Zwischen die plene liberi und die gewöhnlichen Bauern hat sich durch die grofsartigen Kolonisationen der Hohenzollern ein neues Element in den Bauernstand der Mark eingeschoben. Die rechtliche Lage dieses Teils der ländlichen Bevölkerung bedarf aber deswegen keiner näheren Erörterung, weil die Kolonisten nach ihren — natürlich sehr verschiedenen — Hofbriefen beurteilt werden[4]. Sie sind in der Regel persönlich frei und zu keinen andern als zu den in

---

Benkendorf sind noch zu erwähnen zwei Aufsätze des Präsidenten Ballhorn von allgemein anerkannter Vorzüglichkeit „Über die Beschaffenheit der Bauerngüter in der Mittelmark, Uckermark und Priegnitz" (Stengel, Beitr. zur preufsischen Justizverfassung II p. 1 ff) und „in der Alt- und Neumark" (Stengel, N. Beitr. Bd. 5 p. 151 ff.).

[1] Revidierte Ges.-O. für die Mittelmark, Priegnitz und Uckermark vom 24. Aug. 1722; für die Altmark vom 14. Dez. 1735 (Mylius V 3 N. 36 u. 39), für die Priegnitz vom 26. Sept. 1751 (Nov. corp. const. III N. 44). Die Revidierte Ges.-O. für das platte Land der Kurmark vom 11. Februar 1769 bezeichnet sich selbst als Ergänzung bez. Revision der beiden ersten Ordnungen (N. C. C. IV N. 12). Auch die Flecken-, Dorf- und Ackerordnung von 1702, Mylius V 3 N. 32, gehört hierhin.

[2] Über andere Dienste vgl. Scholz I p. 265.

[3] Vgl. Scholz I p. 273, Götze I p. 403 ff. Für die Kurmark ist mafsgebend das Edikt vom 5. Jan. 1717, sowie die Deklaration desselben v. 28 Aug. 1721 (Mylius II 5 N. 59 u. 74), für die Neumark vgl. die Deklaration der Neumärkischen Regierung vom 22. Sept. 1724, wegen des Edikts vom 9. April 1720, betr. die Aufhebung der Lehnschulzeien und Lehnbauergüter bei Benkendorf Bd. V § 519. — Über die Grundsätze, die in jener Zeit für die Bauernlehen mafsgebend waren, s. Eisenberg und Stengel, Beitr. I p. 89 N. 23.

[4] Wilkes Entwurf § 178, von Bassewitz, Zustand der Kurmark Brandenburg vor 1806 p. 12.

ihren Grundbriefen festgesetzten Diensten und Abgaben verpflichtet.

Viele sind als Erbzinsleute oder Erbpächter angesetzt; der Unterschied zwischen beiden ist aber nur unwesentlich; am erheblichsten ist, dafs der Erbzins gewöhnlich nur eine Kleinigkeit in recognitionem dominii directi ist, während der Erbpachtzins als eine wirkliche Vergütung für den Nutzungswert des überlassenen Gutes sich darstellt[1].

Wenn nun aber auch diese neuen Kolonisten einen beträchtlichen Teil der Bevölkerung ausmachen, so bleibt doch der eigentliche Hauptstock der gleiche, wie der der vorigen Periode: die unterthänige Bauernschaft.

Wir betrachten die Rechtsverhältnisse derselben zunächst in den adligen Gütern.

Hinsichtlich des Wesens der Unterthänigkeit machen die Stände in ihren Monitis einen Unterschied zwischen der Altmark und den übrigen Marken. In der Altmark nämlich sei die Unterthänigkeit nur eine dingliche, für die übrigen Marken passe der Unterschied zwischen persönlicher und dinglicher Unterthänigkeit, wie ihn das Allgemeine Landrecht konstatiere[2], nicht: die Annehmer einer unterthänigen Stelle würden derart unterthänig, dafs die Kinder solcher Besitzer, wenn sie auch längst in den Stand der Einlieger versetzt worden seien, mithin jene Stellen längst aufgegeben hätten, dem Zwangsdienst unterworfen seien, es komme nur darauf an, ob sie einer dienstpflichtigen Nahrung entsprossen seien.

Nach der Ansicht der Stände sind also offenbar in der Altmark die Kinder eines Bauern, der exmittiert worden ist oder sonst sein Gut nicht mehr besitzt, ohne förmlich entlassen zu sein, vom Dienstzwang frei, während sie in den übrigen Marken unterthänig bleiben[3].

Noch in andrer Beziehung aber scheint sich dieser Unterschied geltend gemacht zu haben, insofern nämlich, als in der Altmark nur der eine Sohn eines verstorbenen Unterthanen seines Vaters Stelle annehmen mufste[4], anderswo auch die anderen auf Verlangen einen wüsten Hof unter ihrer Obrigkeit zu beziehen hatten[5].

Es ist dies um so merkwürdiger, als jene Bestimmung, die zuerst in der neumärkischen Gesindeordnung von 1646, dann in der mittelmärkischen von 1681 getroffen wurde[6], auch

---

[1] Benkendorf § 516.
[2] Teil II Tit. 7 §§ 88 u. 89.
[3] Vgl. Benkendorf § 459.
[4] Stengel, N. Beitr. 5 p. 155 N. 4.
[5] Ges.-O. von 1722 Tit. IV § 4, 1751 cap. ult. Tit. 1 § 4, 1769 Tit. IV § 4.
[6] Vgl. oben p. 58.

in die altmärkische von 1735[1] aufgenommen worden ist, offenbar in der Altmark aber nie praktische Geltung erlangt hat.

Es wäre aber falsch zu meinen, dafs die altmärkischen Bauern überhaupt nicht unterthänig gewesen seien. Von den Merkmalen, die Benkendorf[2] als für das Wesen der Unterthänigkeit charakteristisch angiebt, fehlt ihnen nur das eben erwähnte, die andern beiden teilen sie mit den Bauern der andern Provinzen: sie müssen einen Gewehrsmann stellen, bevor sie abziehen[3], und sie müssen ihre Kinder bei der Obrigkeit die Zwangsdienste leisten lassen[4], bedürfen daher auch bei jeder Wohnungsveränderung[5] oder Weitervermietung eines Entlafsfcheines[6], „der Kundschaft", ihres Gerichtsherren.

Die Verpflichtung zum Gesindezwangsdienst[7] ist übrigens in der Altmark ebenso wie in der ganzen Kurmark dahin ausgedehnt[7], dafs die Kinder nicht nur 3 Jahre dienen müssen, sondern die ganze Zeit, „solange sie nicht etwas Eigenes anfangen". Auch wird der Konsens, dessen der Unterthan von seiner Obrigkeit bedarf, wenn er ein Handwerk lernen will, zwar jetzt noch, wie früher, nur honoris gratia nachgesucht[8], allein durch die Gesindeordnung von 1769 hat die Herrschaft das Recht erhalten, ihre Unterthanen, bevor sie in eine Zunft oder Innung eintreten, noch ein Jahr zum Zwangsdienst anzuhalten[9]. Ja sie durfte sogar, wenn der Unterthan sich durch Verheiratung seiner Dienstpflicht entzog, ein Loskaufsgeld von 10 Thalern für den Knecht, von 5 Thalern für die Magd fordern[10]. Dies wurde jedoch nur vereinzelt in der Altmark recipiert, in andern Teilen der Kurmark war es hier und da schon vorher üblich[11].

---

[1] Caput ultimum Tit. I § 4.

[2] §§ 240—242.

[3] Stengel, N. Beitr. Bd. 5 p. 155 N. 7.

[4] Ibidem N. 3.

[5] Ges.-O. von 1735 cap. ultimum Tit. 1 § 1.

[6] Sehr ausführliche Bestimmungen hierüber enthält die Gesindeordnung von 1769 Titel 1 und 2.

[7] Ges.-O. von 1722 für die Kurmark Tit. 1 § 1, für die Altmark Ges.-O. v. 1735 Tit. 1 § 1, vgl. Stengel, N. Beitr. Bd. 5 p. 155 u. die Ges.-O. von 1769 Tit. I § 6, wo der Zwangsdienst auch auf die Kinder der Büdner ausgedehnt wird.

[8] Benkendorf § 466, Ges.-O. von 1769 Tit. 1 § 13, für die Altmark speciell s. Stengel, N. Beitr. Bd. V S. 155 N. 2.

[9] Tit. III § 5, für die Altmark s. Stengel, l. cit. N. 5.

[10] Ges.-O. von 1769 Tit. I § 14, vgl. Benkendorf § 464.

[11] Die Stände bemerken in ihren Monitis ad § 531 des A. L. R. Teil II Tit. 7, das Loskaufsgeld werde für die Fortlassung aus der Unterthänigkeit, nicht für die Erlassung des Zwangsdienstes gezahlt. In der Altmark, wo überhaupt keine persönliche Unterthänigkeit existiere, finde sich ein Loskaufsgeld wegen Entlassung aus der Unterthänigkeit nicht, dagegen sei es nach der Lokalobservanz für die Freiheit von Zwangsdiensten entrichtet worden. Dieser Unterschied in der Natur des Loskaufsgeldes ist aber nicht gerechtfertigt, auch in der Mittelmark ist

Für die Neumark wurde das Patent vom 11. Febr. 1698[1] durch das Edikt vom 18. März 1737[2] dahin abgeändert, daſs Verheiratungen der Unterthanentöchter innerhalb der Provinz frei gestattet werden muſsten, die Deklaration vom 15. Mai 1743[3] aber führte das Loskaufsgeld für Verheiratungen mit freien Leuten wieder ein.

Überall in der Mark aber muſste der Bauer bei seiner Annahme seiner Gerichtsobrigkeit, die ja meist auch die Gutsobrigkeit war[4], einen Eid leisten, sowie ein Annahmegeld bezahlen[5], bisweilen auch beim Wegzug ein Abzugsgeld, in der Regel den Abschoſs[6].

Auch bedurfte der Bauer, selbst in der Altmark, des formellen Konsenses der Herrschaft zu seiner Verheiratung. —

Ihren Erinnerungen zum allgemeinen Landrecht über die Dienste schicken die Stände die Bestimmung des Landtagsabschiedes von 1550 voraus, daſs hinsichtlich der Dienste jeder es mit seinen Unterthanen halten solle, wie vor alters[7]. In der That sieht man, daſs die einzelnen Bestimmungen dieselben geblieben sind, wie vor dem 30jährigen Kriege, da die Stände sich durchweg auf Müllers Resolutionen stützen[8]. Sie halten daher daran fest, daſs die Dienste ungemessen seien, trotzdem sie zugeben, daſs die gemessenen Dienste faktisch häufiger sind. Aber auch die Bestimmung, daſs das Dienst-

---

das Loskaufsgeld erst seit Anfang des Jahrhunderts üblich geworden, wohl vor allem, seitdem es in der Neumark gesetzlich eingeführt wurde (s. oben p. 59 und den Bericht der Kurmärkischen Kammer von 1718 bei Knapp II p. 8). Vor der Gesindeordnung von 1769 aber war es auch nur lokal verbreitet, so z. B. nicht in der Priegnitz und dem Kreis Ruppin (Bericht des Justitiars von Neuruppin an das Kammergericht von 1781). Auch Benkendorf faſst das Loskaufsgeld auf als eine gesetzlich eingeführte Institution „wider die Natur der den Lassen zuständigen Freiheit“.

[1] S. oben p. 59.

[2] Mylius, Contin. I N. 15.

[3] Ibidem II N. 24, vgl. Stengel, N. Beitr. 5 p. 159.

[4] Nach dem Zeugnis der Stände in den Monitis ad § 47 des A.L.R. Teil II Tit. 7.

[5] Für die Altmark speciell s. Stengel, N. Beitr. 5 p. 155 N. 1.

[6] In dem Aufsatz „Über Abschoſs- und Abzugssteuern, besonders in der Kurmark“ (Stengel, Beitr. Bd. III p. 73 ff.) wird behauptet, das Recht Abzugsgelder zu nehmen, sei durch die Reskripte vom 23. Dez. 1710 und 8. Juli 1750, Mylius VI 2 p. 216 u. Cont. IV p. 254, auch für die Patrimonialgerichte aufgehoben worden. Allein das erstere Reskript bezieht sich nur auf städtische Verhältnisse, das letztere aber läſst ausdrücklich die Rechte des Adels unberührt. Aus dem Ministerialreskript vom 12. April 1766 (Cont. de 1768 p. 5028) sowie der Deklaration vom 17. Okt. 1787 (N. C. C. 8 p. 1601) geht deutlich hervor, daſs das Recht noch in Übung war, zur Anerkennung desselben wurden nur seit 1777 gefordert ausdrückliche Privilegien oder rechtsbeständige Observanz.

[7] S. oben p. 21.

[8] Vgl. auch Wilkes Entwurf §§ 216—347 und die Anmerkungen dazu.

geld jederzeit aufgekündigt werden könne, ist noch in Kraft[1]. Nur die Behauptung Müllers, dafs Kornfuhren bei gemessenen Diensten ungemessen seien, erklären sie für unrichtig, höchstens in der Altmark könne dies behauptet werden; die Baufuhren sind nicht mehr, wie noch bei Müller, ungemessen, sondern durch Präjudikate des Kammergerichts auf 2 Tage in der Woche festgesetzt.

Für die Neumark ist in dieser Periode[2] ein besonderes Dienstreglement ergangen, principiell wichtigere Neuerungen in den Dienstverhältnissen enthält dasselbe jedoch nicht.

Die Erschwerung der Dienste durch die Einziehung der vielen kontribuablen Hufen durch den Adel seit dem 30jährigen Kriege machte sich im Anfang des Jahrhunderts immer mehr geltend. Denn wenn auch rechtlich von den ausgekauften und wüsten Hufen das Bauernrecht gehalten werden sollte, so kam es doch faktisch immer mehr dahin, dafs der Adel selbst, wenn er die Steuern von diesen Hufen zahlte, doch zur Bewirtschaftung derselben seine Unterthanen in Anspruch nahm, auch den Gemeindelasten sich entzog[3].

Es ergingen daher schon unter Friedrich I. Edikte behufs Herstellung und Wiederbesetzung der „wüsten und zerrissenen Bauergüter“[4]. Noch energischer ging Friedrich Wilhelm I. vor. Er befahl in dem Edikt vom 29. Juni 1714 eine Revision der alten Kataster und auf Grund derselben die Wiederherstellung aller früher vorhandenen Stellen innerhalb 6 Monate. Schon nach wenigen Jahren aber machte sich eine Renovation dieses Edikts nötig[5], in der allen, die noch wüste Stellen unangebaut liegen liefsen, angedroht wurde, dafs sie das Recht verlieren sollten, für die Wiederbesetzung die Unterthanen auszuwählen. Es wurde jedoch in der Deklaration vom 30. August[6] bestimmt, dafs zwar die Stellen nach

---

[1] Vgl. Wilkes Entwurf § 119 und die dort citierte Kab.-O. vom 12. Juli 1801 bei Stengel 14 p. 82.

[2] 1720. Mylius VI Nachlese N. 14.

[3] Vgl. das Edikt vom 29. Juni 1714 (Mylius IV 3. Abt. 1. Kap. N. 39): Die tägliche Erfahrung giebet, dafs — die zu sothanen wüsten Höfen von alters gehörigen contribuablen Hufen und andere Pertinenzien zerrissen und — meistens (vom Adel, Beamten; und Arrendatores) unter den Pflug genommen, wodurch nicht nur die Peuplierung des Landes merklich behindert, sondern auch denen würklichen Einwohnern die Lasten der Einquartierung Marchen, Recrutirung Nachbahr Recht und dergleichen, ja auch denen Unterthanen ihre Dienste weit schwerer gemachet werden, wenn sie nebst dem Ritter- auch kontribuable Äcker mit bestellen müssen. Vgl. auch die Deklaration des Edikts vom 31. März 1717 (Mylius ibidem N. 40 § 4 u. 11).

[4] Vgl. das Edikt vom 22. Nov. 1709 und die Einleitung desselben. (Mylius V 3. Abt. 2. Kap. N. 20).

[5] 31. März 1717 bei Mylius IV 3. Abt. 1. Kap. N. 40.

[6] Mylius ibidem N. 41. Die Deklaration kam zu Stande auf Grund der Vorstellungen der Landräte, vgl. auch die Verordnung vom 22. Juni 1717 bei Mylius V 3. Abt. 2. Kap. N. 24.

den alten Katastern, besonders dem von 1624, wiederhergestellt werden sollten, dafs es aber nicht darauf ankomme, sie gerade mit Bauern und Kossäten zu besetzen, sondern auch die Ansetzung von Büdnern etc. genüge.

Wenn daher auch ausdrücklich hinzugefügt wurde, dafs die Edelleute sich hinsichtlich ihrer wüsten Hufen nicht von den Pflichten der andern Bauern eximieren sollten, so ist doch leicht begreiflich, dafs erst dann der weiteren Belastung der Bauern ein Ende gemacht werden konnte, wenn überhaupt die Wiederbesetzung aller, auch der nach Erlafs jener Edikte wüst gewordenen Stellen obligatorisch gemacht wurde.

Dieser Grundsatz, der bereits in dem bekannten Edikte Friedrich Wilhelms I. vom 12. März 1739 [1] angedeutet ist, wurde vollständig durchgeführt erst in den Edikten Friedrichs des Grofsen vom 12. Aug. 1749 [2] und 5. Juli 1764 [3].

Dieselben verfolgen allerdings — wie ja zum Teil auch schon die vorhergehenden Verordnungen — nicht sowohl den Zweck, die weitere mifsbräuchliche Steigerung der Dienste und andere Bauernlasten zu verhüten, als vielmehr den, der räumlichen Ausdehnung des gutsherrlichen Areals auf Kosten des Bauernlandes definitiv eine Schranke zu setzen.

Es wurde daher die fernere Einziehung einer wüsten Bauern- oder Kossätenstelle bei harter Strafe verboten, und insbesondere befohlen, alle während des siebenjährigen Krieges wüst gewordenen Güter binnen Jahresfrist wieder zu besetzen [4].

Infolgedessen fiel nun auch das alte, zweifellos soviel zur Vergröfserung der adligen Besitzungen gemifsbrauchte Recht, einen Bauern behufs Errichtung eines Rittersitzes auszukaufen [5]. Sehr mit Recht bemerkt aber Knapp [6], dafs jenes Gesetz nur den Schutz des Bauernstandes und Bauernlandes als solcher bezweckte, aber nicht den Schutz des einzelnen Bauern. Daher blieb das Privileg des Adels, einen Bauern wegen Ungehorsams oder schlechter Wirtschaft zu entsetzen, ungekränkt [7], ja es behielt sogar der alte Satz seine Geltung, dafs das an die Bauern verpachtete Ritterland jederzeit wieder aufgekündigt und eingezogen werden könne [8].

Was sonst die Besitzverhältnisse anbetrifft, so sind dieselben in den adligen Gütern im wesentlichen unverändert geblieben.

---

[1] Mylius, Cont. I N. 12.

[2] Ibidem IV N. 76.

[3] N. C. C. Verordnungen von 1764 N. 42, vgl. im allgemeinen Knapp I p. 51 ff., II p. 33 ff.

[4] Edikt von 1764.

[5] Ausdrücklich verboten speciell für die Kurmark in dem Edikt von 1749.

[6] I p. 51.

[7] Wilkes Entwurf § 348.

[8] Monita der Stände, vgl. dagegen das Urteil bei Stengel I p. 299.

Von den mittelmärkischen und Priegnitzschen Bauern[1] sind bei weitem die meisten Lassiten. Die bemerkenswertesten Eigentümlichkeiten der märkischen Lafsgüter sind bereits oben hervorgehoben worden. Der Lassit hat nur ein Nutzungsrecht an seinem Hof. Dasselbe ist aber vererblich und zwar geht es auf die Erben in absteigender Linie, in Ermanglung solcher auf die Ehefrau über[2]. Die Obrigkeit hat das Recht, wenn mehrere Kinder da sind, das tüchtigste zu wählen, doch gehen in der Regel die Söhne den Töchtern vor. Ist keines von den Kindern tüchtig, so darf der Hof auch an einen Fremden verliehen werden[3].

Der Oberbarnimsche Kreis behauptete sogar auf die Anfrage der Stände, dafs die Kinder überall keinen rechtlichen sondern nur einen faktischen Successionsanspruch hätten. Es kann dies jedoch nur als eine Ausnahme von der allgemeinen Regel gelten und es mufs dahingestellt bleiben, ob das Kammergericht diese Observanz hätte gelten lassen; die Gesindeordnung von 1769[4] spricht jedenfalls ausdrücklich aus, dafs die Kinder ein Recht hätten, die Nachfolge in den Hof zu erzwingen.

Weil das Gut nicht Eigentum des Bauern ist[5], so darf er dasselbe ohne Einwilligung seiner Herrschaft weder verkaufen noch vertauschen oder verpfänden, bei Erbfällen bleibt das Gut selbstverständlich aufser Teilung, nicht einmal für Meliorationen kann Ersatz verlangt werden. Andrerseits mufs die

---

[1] Hinsichtlich der Priegnitzschen Bauern hat das Kammergericht den Satz angenommen, dieselben seien in der Regel Erbbauern, s. Stengel II p. 23 ff. Die Stände behaupten dagegen, die Präsumption spräche hier wie in der Mittelmark für Lafsgüter. In der That bezeugt das Priegnitzsche Kreisdirektorium auch 1780 wieder in 2 Berichten auf Grund der Hofberichte und Annahmeprotokolle diese Qualität der Güter in der Priegnitz, es konstatiert eine Ausnahme nur für die zum kgl. Amt Eldenburg gehörigen und die Clamont-Lentzenschen Güter. Vgl. auch die Berichte der Priegnitzschen Justitiare in Kamptz' Jahrbb. Bd. 34. Das Kammergericht stützt seine Präsumption wohl vor allem auf die Stelle des Scheplitz, s. oben p. 64 Anm. 1.

In Oberbarnim scheiden sich die Güter nach Bruch- und hohen Gütern, und bei den ersteren ist die Präsumption für erbliche, bei den letzteren für Lafsgüter. (Monita der Stände.)

Aus den Berichten der Untergerichte an das Kammergericht sieht man, dafs die Regel (Stengel II p. 9) in media Marchia est praesumptio pro praedio lassitico, in der That den faktischen Verhältnissen entsprach, wenn sich auch das Verhältnis zwischen Lafs- und Erbbauer nicht ziffermäfsig fixieren läfst.

[2] Für das Folgende vgl. namentlich die beiden Aufsätze von Ballhorn bei Stengel Bd. II u. XI.

[3] Wilkes Entwurf § 60. Vgl. auch Knapp II p. 83—85.

[4] Tit. 4 § 5, vgl. auch die Erkenntnisse des Kammergerichts von 1758—1793, citiert in dem Urteile bei Stengel II p. 154.

[5] Für das Folgende vergleiche namentlich die beiden Aufsätze von Ballhorn.

Herrschaft den Bauern bei Neubauten oder grofsen Reparaturen, die sich an den Gebäuden notwendig machen, unterstützen, insbesondere ihm das nötige Bauholz liefern, soweit er es nicht selbst auf seinen Hufen stehen hat. Auch zahlt sie die Beiträge für die Brandkasse[1].

Der neue Annehmer kann, wenn er will, aufser der vom Gute unzertrennlichen Hofwehr, auch das Superinventar mit übernehmen; für etwaige Abfindungen erhält er billige Termine gesetzt, bis zu deren Ablauf das Geld ohne Zinsen auf dem Hofe stehen bleibt[2]. Dagegen mufs er vorkommenden Falls seinen Vorgänger als Altsitzer auf dem Gute ernähren, auch seine Schwestern und Brüder bis zur Vollendung ihrer Erziehung, wofür sie ihm in der Wirtschaft Hülfe leisten.

Erheblich besser gestellt als die Lafsbauern sind die Erbbauern. Sie sind, wie die bisherige Darstellung ergiebt, die alten Erbzinsleute, aber im Laufe der Jahrhunderte unterthänig geworden. Sie besitzen das Eigentum oder vielmehr Untereigentum ihrer Güter, die Gebäude gehören ihnen eigentümlich. Daher müssen sie zwar bei Unglücksfällen ihre Höfe selbst wieder aufbauen, sind aber sonst in ihrer Disposition über ihr Gut unbeschränkt. Nur hat der Gutsherr das Recht, Deteriorationen zu verhüten. Daher ist sein Konsens bei Verkäufen und höheren Belastungen des Gutes nötig, ja er kann sogar einen Erben, der ihm zur Wirtschaft untauglich erscheint, zurückweisen[3], wenn auch sonst die Vererbung sich bis auf die Seitenverwandten erstreckt.

Hinsichtlich der Annahme des Hofes gelten dieselben Grundsätze, wie beim Lassiten, auch beim Erbgute war die Hofwehr vom Gute unzertrennbar, wenn sie auch dem Bauer gehörte. Denn auch bei dem eigentümlichen Bauergute gilt als leitender Grundsatz der, dafs das Gut prästationsfähig bleibe. Es wurde daher auch nie subhastiert, sondern sei es nach einer Erbtaxe oder durch besondere Taxe des Dorfgerichts dem Annehmer unter dem wirklichen Werte überlassen.

Wie man sieht, gründen sich also die Unterschiede zwischen den Lafs- und Erbbauern im wesentlichen nur darauf, dafs dieser Eigentum an seinem Gute hat, jener nicht. Kauft

---

[1] Konsequenter Weise hätte eigentlich die Herrschaft alle gröfseren Reparaturen ihrer Güter selbst übernehmen müssen. Selbst da aber, wo dies der Fall war, mufsten die Unterthanen dazu unentgeltlich Dienste leisten (vgl. Wilkes Entwurf § 357), nach der Behauptung der Stände in den Monitis ad § 435 d. A. L. R. T. 2. Tit. VII war es nur im Bees- und Storkowschen Kreise bei Lafsgütern, sowie bei den Gütern der Leibeigenen und Pachtbauern üblich, sonst erhielten die Unterthanen nur — lokal ganz verschiedene — Unterstützung. Auch die Überlassung von Bauholz sei nur Lokalverbindlichkeit.

[2] Wilkes Entwurf § 359.

[3] Bemerkung des altmärkischen Obergerichts zu § 268 d. A. L. R. Teil. II Tit. 7.

daher der Lassit seiner Gutsherrschaft das Eigentumsrecht ab, so tritt er ganz in die Stellung des Erbbauern, ihre persönlichen Verbindlichkeiten sind ja völlig die gleichen[1].

Die Gutsherrschaft mufs für beide Arten von Unterthanen dem Staate gegenüber hinsichtlich ihrer Abgaben die Gewähr leisten[2], sie darf die Lasten, die auf den Höfen liegen, nicht willkürlich erhöhen, und mufs nach dem Edikt vom 12. Aug. 1721 bei Unglücksfällen und Neubauten den Unterthanen auf die Hälfte der Zeit, für die ihnen die Kreiskasse Remission gewährt, die Zinsen, Pächte und Dienste erlassen[3].

Die erblichen Bauern finden sich, wenn auch in geringerer Anzahl, in der Mittelmark und Priegnitz verbreitet, in der Altmark bilden sie ausschliefslich die Hauptmasse der ländlichen Bevölkerung.

Götze behauptet allerdings in seinem Provinzialrecht für die Altmark[4], dafs hier die Bauern von jeher ein volles freies Eigentum gehabt haben, nur umstellt und eingeschränkt durch die oben dargestellten Rechte.

Dies erscheint jedoch bei näherer Betrachtung nicht als richtig. Die Glosse zum Sachsenspiegel, auf die er sich hauptsächlich stützt, ist schon deswegen nicht beweisend, weil sie sich auf die Mark im allgemeinen, aber nicht speciell auf die Altmark bezieht, vor allem aber sagt sie zwar, die Gebür Erb sei besser als Erbzinsgut, aber sie bezeichnet es nicht als Eigentum.

Sodann erklären sich die verschiedenen Aussprüche aus dem Ende des vorigen Jahrhunderts, auf die sich Götze bezieht, des Inhalts, dafs die Bauern ihre Güter eigentümlich besäfsen, einfach aus dem Sprachgebrauch jener Zeit, der die Benennungen Erblichkeit und Eigentum als gleichbedeutend fafst[5].

Schliefslich konstatiert ein so gründlicher Kenner des altmärkischen Bauernrechtes wie v. Haxthausen, dafs in der That, was Götze bestreitet, ein Heimfallsrecht auch für Bauern-

---

[1] S. oben p. 85 ff.

[2] Stengel II p. 5. Vgl. auch das Urteil ibid. I p. 83 N. 12.

[3] Mylius V 3, 2. Kap. N. 32. Das Edikt war noch am Ende des Jahrhunderts in Kraft (vgl. den Aufsatz in Stengel, N. Beitr. Bd. 8 p. 1 ff.), trotzdem dasselbe sehr stark von der Ritterschaft angegriffen wurde. Man wünschte namentlich einen Unterschied zwischen Lafs- und Erbbauern für die Remission einzuführen, vgl. Wöhner, Steuerverfassung der Kurmark Brandenburg Bd. I § 585, und das Reskript vom 29. Sept. 1794, ibidem III N. 340, oben p. 79.

[4] I p. 21, vgl. p. 53 u. 63—65. So schon früher Stengel, N. Beitr. Bd. 5 p. 154; auch Rönne l. cit. p. XVI, sogar für Lebus, wo nach den Berichten der Untergerichte an das Kammergericht von 1780 sich sicher auch Lassiten befunden haben.

[5] Vgl. Stadelmann l. c. Bd. II p. 114 Anm. 2, Rönne l. c. p. LXXIII, Knapp II p. 129 Anm.

güter, nicht nur für Lehngüter existiert habe und besonders nach dem 30jährigen Kriege sehr praktisch geworden sei.

Es scheint also, als ob auch in der Altmark die Gutsherrschaft das Obereigentum über die Bauernstellen hatte. Die Stellung der Bauern in jener Provinz war aber allerdings insofern eine bessere, als ihre Unterthänigkeit, wie erwähnt, keine so strenge war. —

Während nach dem Urteil der Stände die Präsumption in der Altmark für eigentümliche, in der Mittelmark und Priegnitz für lassitische Güter spricht, gilt sie in der Uckermark für Zeitpachtgüter. Die rechtliche Lage der Pachtbauern hat sich aber in dieser Periode gar nicht geändert, wie aus einem Bericht des Uckermärkischen Obergerichts vom Jahre 1780 hervorgeht[1]. —

Die Leibeigenen bilden im Gegensatz zu den Freibauern, wenn man zu diesen mit Benkendorf auch die Kolonisten hinzurechnet, einerseits, zu den Lafs- und Erbbauern andrerseits, die dritte, am schlechtesten gestellte Klasse der ländlichen Bevölkerung. Sie sind in der Uckermark, hauptsächlich aber in der Neumark, verbreitet. Aufgehoben ist die Leibeigenschaft in der Mark erst durch das Edikt vom 9. Okt. 1807. Dafs in der Gesindeordnung von 1769, die aber ja nur für die Kurmark galt, das Wort leibeigen durch „unterthänig" ersetzt worden ist[2], kann man kaum auch nur als nominelle Aufhebung der Leibeigenschaft bezeichnen, da die Gesindeordnung ausdrücklich auf die ihr vorhergehende von 1722 verweist, in der das „Recht der Leibeigenschaft ausdrücklich bestätigt wird". Auch ist noch später selbst in officiellen Dokumenten an Friedrich den Grofsen von Leibeigenschaft in der Uckermark und Stolpe — in der Neumark blieben die Gesindeordnungen von 1685 und 1686 ja stets in Kraft — die Rede[3].

Die Stände sagen ganz ausdrücklich im Gegensatz zu der Bestimmung des A. L. R.: „Die ehemalige Leibeigenschaft als eine Art der persönlichen Sklaverei findet auch in Ansehung der unterthänigen Bewohner des platten Landes nicht statt",

---

[1] Bei den Akten des Justizministeriums im Geh. St.-Arch. Nach dem Bericht des Uckermärkischen Kreisdirektoriums von 1736, der bei Eisenberg und Stengel, Beitr. Bd. II p. 19 ff. abgedruckt ist, hätte beiden Teilen freigestanden, nach vorgängiger einjähriger Aufkündigung die Höfe zu räumen. Die Gesindeordnung von 1722 aber (Tit. 8 § 2) zeigt — und das Obergericht erwähnt dies in seinem Bericht von 1780 — dafs die Pachtbauern wie früher (s. oben p. 81) nur gegen Stellung eines Gewehrsmannes abziehen durften, sobald sie bereits 4 Jahre einen Hof in Pacht gehabt.

[2] Vgl. hierüber v. Brünneck in d. Zeitschr. d. Sav.-Stift. R. G. G. A. Bd. X.

[3] So in dem Bericht des Uckermärkischen Obergerichts von 1780. — Vgl. jedoch unten p. 96 ff.

dafs die Leibeigenschaft in der Mark gar keine Sklaverei, sondern nur eine strenge Unterthänigkeit sei, daher in der Uckermark und dem Land Stolpe, sowie in der Neumark und den ihr inkorporierten Kreisen bleiben müsse.

Über den Charakter dieser Leibeigenschaft verbreitet sich Benkendorf besonders ausführlich, man erkennt aus seiner Schilderung, dafs derselbe der gleiche geblieben ist, wie in früherer Zeit.

Das Recht des Herrn ist ein Recht auf die Person des Leibeigenen und seine Kinder.

Daher ist der Leibeigene vor allem gutspflichtig, ohne den Willen seines Herrn darf er seinen Wohnsitz nicht verlassen, nicht einmal heiraten[1]; seine Dienste und Abgaben können beliebig verändert werden[2].

Auch der Verkauf, die Vertauschung und Verschenkung von Leibeigenen, ohne das Gut, zu dem sie gehörten, scheinen in der Mark vorgekommen zu sein, von einem Recht des Herrn auf den beweglichen Nachlafs seines Unterthanen findet sich aber am Ende des Jahrhunderts nichts mehr[3].

Wie die Leibeigenen selbst, so sind auch ihre Kinder an die Scholle gebunden. Der Gesinde- und Zwangsdienst ist bei ihnen insofern strenger, als die Herrschaft, nicht der Vater das Recht hatte, unter den Kindern zu wählen, welches er behalten will. Die Erlaubnis zur Weitervermietung darf ihnen von der Herrschaft, wenn diese die Kinder nicht selbst braucht, nicht versagt werden[4], doch mufsten, bevor sie überhaupt bei einer fremden Herrschaft in den Dienst gehen durften, alle Bauern im Dorf, die der Herrschaft dienstpflich-

---

[1] Nach Müller, Res. 97 N. 15, ist die Heirat ohne Einwilligung des Herrn mit conservis, d. h. wohl unter derselben Herrschaft dienenden Leibeigenen, gestattet, nach Benkendorf § 334 nicht.

[2] Benkendorf § 251.

[3] Schon oben (p. 54) ist darauf aufmerksam gemacht worden, dafs ein Verkauf des Leibeigenen nach dem Wortlaut der Gesindeordnungen möglich war, wenigstens wenn er wieder auf ein anderes Gut gesetzt wurde. Die letztere in der That auch wohl sehr unwesentliche Beschränkung wird von den Ständen ganz ignoriert, ad § 151 Teil II Tit. 7 des A. L. R. („Unterthanen können von der Herrschaft ohne das Gut, zu dem sie gehören, nicht verkauft, vertauscht, verschenkt werden“ etc.) wird moniert, dafs „sowol in der Neumark als Uckermark, sowie auch im Bees- und Storkowschen Kreise nach alter Observanz, die durch die Ges.-O. von 1722 bestätigt wird, das Recht zustehe, das in § 151 versagt wird“. Auch Benkendorf sieht zwar Verkaufung und Verschenkung eines Unterthanen als einen Mifsbrauch des Rechtes der Leibeigenschaft an, §§ 312 und 395, er billigt aber eine Vertauschung ausdrücklich, ja er führt sogar bei Aufzählung der Rechte über die Leibeigenen an, § 230 N. 1: „dafs der Herr einen Leibeigenen verkaufen, vertauschen oder verschenken kann, ist ebenfalls durch die Gewohnheit eingeführt“; er behauptet auch wiederholt, §§ 314 und 395, dafs sich die Grundherrschaften dazu für berechtigt hielten.

[4] S. oben p. 54.

tig waren, mit Gesinde versorgt sein[1]. Die Erlaubnis zur Erlernung eines Handwerks, die der gewöhnliche Bauer nur honoris causa einzuholen hat, war bei den Leibeigenen de necessitate, konnte also auch verweigert werden[2].

Ebenso interessant wie lehrreich ist es, die Besitzverhältnisse der Leibeigenen zu untersuchen. Wie bereits bemerkt, sehen Scheplitz und Müller ein wesentliches Merkmal der Leibeigenschaft darin, dafs die Güter jederzeit revokabel sind, während die Gesindeordnung dieses Recht nicht in so unbeschränkter Form enthält. Jetzt ist jedenfalls die Ansicht Müllers durchgedrungen. Benkendorf sagt dies ausdrücklich und auch das Uckermärkische Obergericht bestätigt es in seinem Berichte an den König vom Jahre 1780, ebenso wie bereits das Uckermärkische Kreisdirektorium 1736. Selbst die neumärkische Regierung scheint diesen Standpunkt noch in einem Erkenntnis vom Jahre 1797 geteilt zu haben[3]. Ebenso sagen die Stände in ihren Monitis: in Ansehung der Uckermark und Neumark ist ausgemacht, dafs dort in Ansehung der Leibeigenen und hier allgemein die Höfe dergestalt herrschaftlich sind, dafs dem Inhaber auch nicht einmal ein Recht auf Lebenszeit, sondern ein blofs prekärer Besitz zusteht, geschweige dafs von irgend einer Erblichkeit die Rede sein sollte[4].

Dafür müssen allerdings die Höfe bei Bränden etc. von der Obrigkeit wieder aufgebaut werden[5].

Seit dem Anfange dieses Jahrhunderts jedoch, zuerst 1801, hat die neumärkische Regierung (das spätere Oberlandesgericht der Neumark), den entgegengesetzten Grundsatz aufgestellt und in Erkenntnissen[6], die vom Oberappellationssenat des Kammergerichts bestätigt wurden, festgehalten: dafs die Unterthanen in der Neumark in dem Sinne keine Leibeigene seien, dafs sie so wenig eigenmächtig ihrer Höfe entsetzt, noch

---

[1] Dafs dies Praxis wenigstens in der Neumark war, bezeugt Benkendorf V §§ 385—87.

[2] Ibidem § 276, vgl. oben p. 53 Anm. 4. Schliefslich müssen die Leibeigenen bei jeder Entlassung, sei es ihrer selbst oder ihrer Kinder, ein Loskaufsgeld bezahlen, nur die Töchter in der Neumark waren von demselben frei, wenn sie sich innerhalb der Provinz an einen Unterthanen verheirateten.

[3] Nach Kamptz' Jahrbb. Bd. 12 p. 454.

[4] Vgl. auch den Wilkeschen Entwurf §§ 162 u. 163. Nach dem Aufsatz bei Stengel, N. Beitr. Bd. 5 p. 157 darf die Herrschaft zwar nur aus den im Allg. L. R. Teil II Tit. 7 § 299 eingeführten Ursachen einen Unterthanen entsetzen, aber sie kann nach seinem Tode einem Fremden den Hof übergeben, ohne dafs sie deshalb die zurückgesetzten Erben entschädigen mufs. Diese vermittelnde Ansicht findet sich sonst nicht vertreten, vielleicht beruht sie auf dem Edikt vom 17. März 1739.

[5] Monita der Stände, s. oben p. 91 Anm. 1.

[6] Mathis' Juristische Monatsschrift Bd. 11 p. 119 f., Kamptz Jahrbb. Bd. 4 p. 338—340.

bei Wiederbesetzung einer erledigten Nahrung eine Witwe und Kinder des gestorbenen Vaters ohne hinlänglichen Grund übergangen werden könnten, sondern, daſs sie in Rücksicht der ihnen eingeräumten erblichen Laſs-Nahrung als glebae ascripti zu betrachten seien und dieselbe nicht verlassen dürften.

Soviel man sieht, stützt sich die Regierung vor allem auch auf das Edikt von 1739. Wenigstens behauptet die Ritterschaft in einer Vorstellung, die sie im Jahre 1805 eben aus Anlaſs des 3. Falles, in dem die Regierung ihren Standpunkt festhielt, an den König richtete[1]: man habe der Definition der märkischen Leibeigenen aus Müller und der Gesindeordnung vergessen und den Satz eingeschoben, daſs nach der Neumärkischen Provinzialverfassung keinem Leibeigenen ohne gegründete Untersuchung, Ursache und Erkenntnis die Nahrung nicht abgenommen werden könne.

In der That sollte man glauben, daſs das Edikt von 1739 die Frage schon längst hätte entscheiden müssen. Dies ist aber keinesfalls der Fall gewesen, wie die oben angeführten Erkenntnisse und Aussprüche beweisen. Es scheint, daſs man sich ähnlich geholfen hat, wie die Ritterschaft in der vorliegenden Eingabe: das Edikt, das ja in seiner ursprünglichen Fassung von „Bauern“ redet, gelte nicht von den Leibeigenen!

Jedenfalls hielten Ritterschaft und die Prälaten fest: Wir haben uns bis zu dem Versuche der Justizkollegien, worüber wir jetzt Beschwerde führen müssen, in dem Besitze des Rechts den Leibeigenen pro lubitu nostro unsre eigentümlichen Höfe wieder abzunehmen befunden.

Die Regierung hatte sich u. a. auch darauf berufen, daſs die Kontrakte im Zweifel nach dem Allgemeinen Landrecht zu beurteilen seien und demgemäſs § 634 Teil I Tit. 21 in Anwendung zu kommen habe.

Die Beschwerde wurde nicht angenommen, die Regierung hielt vielmehr ihren Standpunkt auch in einem Erkenntnis vom 24. April 1810 fest.

Die Beschwerde scheint jedoch nicht ganz ohne Wirkung geblieben zu sein[2]. Denn das Regulierungsedikt vom 14. Sept. 1811 (§ 36) stellt sich auf die Seite der Ritterschaft. Es war dies von auſserordentlicher praktischer Bedeutung. Denn bekanntlich setzt das Edikt die Normalentschädigung der Bauern an den Gutsherrn für die erblichen Bauern auf ein Drittel, für

[1] Geh. St.-Arch.

[2] Es ist dies um so merkwürdiger, als noch im August 1811, Mathis' Juristische Monatsschrift Bd. 11 Heft 2 p. 119, mit Bezugnahme auf die von verschiedener Seite behauptete freie Entsetzbarkeit der Bauern gesagt wird: (sie ist) längst von den Gerichtshöfen als mit der Landesverfassung unverträglich verworfen und dies auf Antrag der Provinzialstände höheren Orts vorgetragen und stillschweigend genehmigt.

die unerblichen auf die Hälfte des Landes fest. Wäre man also der Präsumption gefolgt, die das Edikt aufstellt, so würden die neumärkischen Bauern zu Gunsten ihrer Gutsherren aufserordentlich schlecht gestellt gewesen sein.

Es ist dies jedoch, wie es scheint, nur zum Teil geschehen.

Schon im Jahre 1814 erschien nämlich in Kamptz'[1] Jahrbüchern der Aufsatz eines ungenannten Verfassers, der mit Bezugnahme auf die erwähnten vier Judikate die Präsumption des Edikts angriff. Diesen Entscheidungen folgte die neumärkische Generalkommission[2] und es wurde infolgedessen im Zweifel für die Erblichkeit der Bauern entschieden.

Nur die Pommersche Generalkommission blieb bei der entgegengesetzten Meinung[3], da ihr aber nur der Dramburgsche und Schievelbeinsche Kreis unterstand, so ist auch nur für diese die den Bauern ungünstige Meinung durchgedrungen[4].

In der That dürfte zum mindesten für die drei nördlichen Kreise dies gerechtfertigt gewesen sein[5]. Ob und inwieweit für die andern Kreise die entgegengesetzte Entscheidung die richtige war, läfst sich nicht mit Sicherheit festsetzen. Nach den Aussprüchen der Schriftsteller zu urteilen scheint allerdings, wie in der Uckermark[6], so auch in der Neumark die Nichterblichkeit der Höfe vorherrschend gewesen zu sein; es war wohl mehr der Einflufs der modernen Humanitätsideeen sowie die Absichten der Krone, als streng juristische Erwägungen, welche die Regierung zu einem abweichenden Urteil veranlafsten[7].

Die Ungewifsheit hierüber beruht vor allem auf dem Umstand, dafs es gänzlich ungewifs ist, ob und welche Arten erblichen Besitzes in der Neumark noch verbreitet waren. Denn

---

[1] Bd. 4 p. 327 ff.

[2] Vgl. Kamptz' Jahrbb. Bd. 12 p. 310 und Dönniges, Landeskulturgesetzgebung I p. 232.

[3] Der Justitiar derselben verteidigte sie in einem in Kamptz' Jahrbb. Bd. 12 p. 309 ff. erschienenen Aufsatz (vgl. auch Kamptz' Jahrbb. Bd. X p. 336 ff.). Er fordert eine Widerlegung durch die uckermärkische Generalkommission, die aber nicht erfolgte.

[4] Nach Dönniges l. c. p. 232.

[5] Vgl. p. 32 u. 55.

[6] Nach Dönniges l. c. p. 232 ist hier auch die Präsumption für Nichterblichkeit bei den Regulierungen geblieben.

[7] Es geht dies auch aus dem Aufsatz in Kamptz' Jahrbb. Bd. 4 p. 327 ff. hervor. Der Verfasser führt eigentlich gar keinen Beweis dafür an, dafs die Bauern erblich seien, als die Judikate des Kammergerichts, die doch aber zu rechtfertigen waren. Er sagt nur einfach, dafs sich der Zeit Müllers gegenüber der Zustand der Bauern in der Neumark verändert habe. Diese Umgestaltung beruhe vor allem auf dem jus reciprocum, dafs der Bauer, der sein Gut nicht eigenmächtig verlassen dürfe, auch nicht willkürlich seines Hofes entsetzt werden könne. Dies ist zwar sehr menschlich, aber doch nicht juristisch gedacht.

es gab ja auch, wie man aus Benkendorf ersieht[1], erbliche Leibeigene, bei denen sich durch das Eigentum, das sie an ihren Höfen besafsen, die Leibeigenschaft insofern wieder fixierte, als sie nicht beliebig von ihren Stellen vertrieben und ihre Dienstleistungen nicht beliebig erhöht werden konnten. Ebenso fehlen alle Nachrichten darüber, ob und inwieweit das Lassiten- resp. Erbbauertum, das doch noch nach der Gesindeordnung zu schliefsen, ziemlich stark verbreitet gewesen sein mufs, sich erhalten hat.

Allerdings scheinen die Schriftsteller[2] sowohl, wie die Angaben der Regierung[3] und der Stände nur eine gleichartige Klasse von Unterthanen vorauszusetzen und diese kann freilich nur die am schlechtesten gestellte der bäuerlichen Bevölkerung gewesen sein[4].

Dafs man dieselben vielfach als Lafsbauern bezeichnet, darf nicht auffallen, insbesondere nachdem das Allgemeine Landrecht die Leibeigenschaft ausdrücklich, wie schon vorher die Edikte der preufsischen Könige versucht, aufgehoben hatte und die Bauern selbst kein Eigentum an ihren Gütern, so wenig wie die Lassiten, hatten.

Wie weit aufserhalb der Ucker- und Neumark die Leibeigenschaft verbreitet war, läfst sich nicht sicher feststellen, vielfach findet sich die Behauptung, dafs sie nur in jenen beiden Provinzen geherrscht habe, sie war aber jedenfalls

---

[1] §§ 249 u. 256 u. a.

[2] Z. B. Benkendorf p. 302. „In der Neumark, wo an den meisten Orten das Recht der Leibeigenschaft eingeführt ist.“ — Stengel, N. Beitr. V p. 157 ff.

[3] S. z. B. das Citat oben p. 95.

[4] Es geht dies auch aus Bratrings Angaben (Beschreibung der Mark Brandenburg Bd. III p. 31) hervor, der sich relativ am deutlichsten ausspricht. Er sagt nämlich: Es giebt (in der Neumark) Eigentums-Bauern, die ihre Grundstücke als freies Eigentum oder als Lehn besitzen, ferner Lafsbauern und zuletzt auch Erb-Unterthänige oder gutspflichtige Bauern. Die Ämter Cottbus, Frauendorf etc. haben lauter erbliche Bauern und Kossäten. In dem Amte Himmelstädt hingegen sind sie nur zum Teil erblich und in den Ämtern Neuenhagen und Certzig lauter Lafsunterthanen. Bei den adeligen Gütern sind sie fast allgemein gutspflichtig oder glebae ascripti. Vgl. Krug, Über Leibeigenschaft in den preufs. Staaten p. 63.

[5] Zu dem Zeugnis, welches die Kabinetsordre von 1705 dafür bietet (s. oben p. 54 Anm. 4) kommt noch hinzu das von Buchholz, Gesch. der Churmark Bd. I p 64 (1765) und Bratring, Beschreibung der Mark Brandenburg Bd. I p. 54 (1804).

Die Stände sagen in ihren Monitis nicht direkt, dafs die Leibeigenschaft in Bees- und Storkow herrsche. Sie bemerken aber: Der Bees- und Storkowsche Kreis will von keiner Erblichkeit seiner Höfe, die er im übrigen Lafsgüter benennet, etwas wissen. Nun ist bekannt (vgl. auch den Landtagsrezefs für die Neumark von 1653), dafs dieser Kreis eine besondere Provinz ausmacht, welche daher wohl besondere von der Mittelmark abweichende und der Uckermark und Neumark näher kommende

auch in den Herrschaften Bees- und Storkow[5] eingeführt, sonst wohl nur vereinzelt[1].

Wie aus dieser Darstellung hervorgeht, haben alle Bemühungen der preufsischen Könige für die Hebung des Bauernstandes in den adligen Gütern der Mark an den gutsherrlich-bäuerlichen Rechtsverhältnissen verhältnismäfsig wenig geändert, gelungen ist nur die Verhütung weiterer Ausbreitung des gutsherrlichen Areals auf Kosten des bäuerlichen; das Remissionsedikt von 1721[2] dürfte an den bereits bestehenden Verhältnissen wenig geändert haben; der Gesindezwangsdienst ist in der Kurmark verschärft worden.

Mehr dagegen ist in den Domänenämtern erreicht worden. Die Lage der Domänenbauern gilt gegen Ende des Jahrhunderts allgemein als die bessere[3], vor allem wohl deshalb, weil hier den Mifsbrauch der gutsherrlichen Rechte durch die Generalpächter die Aufsicht der Könige und ihrer Beamten erschwerte[4].

Es bestehen aber auch für die Domänenbauern nicht nur wirtschaftlich, sondern auch rechtlich manche Erleichterungen. So ist die Erteilung eines Heiratskonsenses in den Ämtern[5]

Rechte gehabt haben kann. Vgl. auch ihre Bemerkung ad § 151 Teil II Tit. 7 des A. L. R. — Glebae ascriptio in den Dörfern jener Herrschaft findet sich ausdrücklich bezeugt z. B. für die Kämmereidörfer von Beeskow, sowie das Amt Beeskow. Akten des Kammergerichts J. 15.

[1] Nach Buchholz Bd. I p. 64 gab es Leibeigene in Teltow, nach Bratring Bd. I p. 54 in verschiedenen Teilen der Priegnitz.

Die letztere Angabe wird auch bestätigt durch eine Kabinetsordre Friedrichs des Grofsen vom 15. Nov. 1755 (bei Stadelmann l. c. II Urk. N. 139), aus der ersichtlich ist, dafs noch in jener Zeit dort Bauern vom Adel als Leibeigene angesetzt wurden, ein Verfahren, das der König aufs schärfste tadelt.

Aus den Berichten des Landrates von Teltow, sowie des Priegnitzschen Kreisdirektoriums von 1780 (in Antwort auf das Publikandum vom 14. April 1780) geht jedoch hervor, dafs es sich hier nur um lokale Abweichungen handeln kann, die meisten Bauern sind Lassiten, wie die übrigen Bauern in der Kurmark.

Bekanntlich ist die Leibeigenschaft für die preufsischen Ämter zuerst durch die Dorfordnung von 1702 Art. 61 aufgehoben worden, falls die Bauern die Kosten ihrer Höfe etc. restituierten. Diese Verordnung hat aber wenigstens in der Kurmark sehr wenig Erfolg gehabt. 1772 wird ausdrücklich in der Gesindeordnung Tit. I § 5 die Leibeigenschaft konfirmiert für „alle Unterthanen in der Kurmark und im Lande Stolpe sowohl in Unsern Ämtern als adelichen Gütern".

[2] Mylius IV 2. Abt. Kap. III N. 18.

[3] Vgl. z. B. Krug, Über Leibeigenschaft und Erbunterthänigkeit (1798) p. 63.

[4] Vgl. z. B. die Kabinets-Ordre vom 16. Dez. 1647, angeführt bei Bornhak, Preufs. Verwaltungsrecht II p. 237 und die Abschnitte über die Domänen bei Stadelmann.

[5] S. den Bericht der Kammer von 1718 bei Knapp II p. 8 und den Aufsatz bei Stengel Bd. VII p. 147 ff.: Übersicht der gegenwärtigen Verhältnisse der glebae ascriptio der Landbewohner in den Kurmärkischen Domänenämtern p. 161 (1799). Dieser Aufsatz ist, wie aus den Akten hervorgeht, officiell.

nicht üblich geworden. Der Abschofs innerhalb Landes kam, wohl infolge des Reskripts vom 17. August 1717 [1], allmählich in Wegfall [2] und wurde durch die Kabinetsordres vom 15. Nov. 1743 und 8. Juli 1750 ebenso wie alle Abzugsgelder definitiv aufgehoben, später nur vorübergehend — als Retorsionsmafsregel — wieder eingeführt [3]. Vor allem aber wurde der Erlafs an Zinsen und Diensten bei Unglücksfällen schon im Anfang des Jahrhunderts genau fixiert [4], durch das Patent vom 25. April 1729 erhielten die Unterthanen auch für Neubauten oder Reparaturen an ihren Gebäuden Holz aus den königlichen Forsten geliefert, die Lassiten unentgeltlich, die Erbbauern gegen Zahlung von 1/3 des Stammgeldes [5].

Die strengere Form des Gesindezwangsdienstes bestand zwar gesetzlich auch in den Ämtern [6], es scheint aber vielfach nur der dreijährige Zwangsdienst beibehalten worden zu sein [7]. Auch die Verpflichtung zur Annahme eines wüsten Hofes ist am Ende des Jahrhunderts nur mehr zu einer nominellen geworden, faktisch dürfte sie, weil es keine wüsten Stellen mehr gab, so wenig Bedeutung gehabt haben [8], wie das Recht des Amtes, einen Unterthanen mit dem Gute abzutreten, seitdem die Domänen unveräufserlich waren [9].

Im übrigen stehen die Amtsbauern in der Mittelmark, Altmark und Priegnitz den dortigen Privatbauern gleich, namentlich findet sich auch in den Ämtern der Unterschied zwischen Lassiten und Erbbauern. Der Versuch Friedrich Wilhelms I. [10], die Lassiten zu Erbbauern zu machen, scheint wenig Erfolg gehabt zu haben, wenigstens sind gegen Ende des Jahrhunderts die Bauern nur in den Ämtern der Altmark, Priegnitz und Lebus, zum Teil auch im Oberbarnim Eigentümer ihrer Stellen. sonst gilt auch hier in den Ämtern die Präsumption für Lafsbesitzer [11]. Die Kabinetsordre vom

---

[1] Mylius VI 2 p. 176.

[2] Die kurmärkische Kammer berichtet im Dezember 1718, der Abschofs werde neuerdings nur noch bei Wegzug aus dem Lande erhoben. Dies bezieht sich wohl auf das erwähnte Reskript.

[3] Näheres s. in dem Aufsatz bei Stengel III p. 4, dessen Darstellung hinsichtlich der Ämter zuverlässig ist.

[4] Durch das Reglement vom 31. Dezember 1707, abgedruckt bei Wöhner, Steuerverfassung der Kurmark Bd. III N. 82. Vgl. Wöhner Bd. I § 585.

[5] Mylius IV 2. Abt. 3. Kap. N. 21. Vgl. Wöhner l. cit.

[6] S. Stengel VII p. 156.

[7] Für die altmärkischen Ämter wird dies bestimmt bezeugt durch Ballhorn bei Stengel XI p. 155, für die übrigen Ämter vgl. Wilkes Entwurf § 77.

[8] Stengel VII p. 160; auch der Präsident v. Gerlach bemerkt in einem Bericht von 1807, der Fall sei in den Domänenämtern „seit Menschengedenken nicht mehr vorgekommen“ (Knapp II p. 172).

[9] Stengel l. c. p. 160.

[10] Wie er aus den Akten bei Knapp II p. 15 hervorgeht.

[11] Stengel VII p. 167.

20. Februar 1777, sowie die Deklaration derselben vom 25. März 1790 hat auf die Verhältnisse der letzteren einen geringen Einflufs geübt. Die erstere gar nicht, da sie nur bestimmte, dafs die Güter von den Eltern auf die Kinder kommen sollten, die märkischen Lafsgüter aber bereits insoweit erblich waren[1]. Aber auch die Deklaration der Kabinetsordre hat, wo sie angenommen wurde — dies geschah aber nicht einmal überall[2] —, im wesentlichen nur das Erbrecht der Geschwister des Lafsbauers gesichert.

Von grofser Bedeutung dagegen wurden jene Gesetze für die Bauern in den übrigen Domänen der Mark, wo noch die Leibeigenschaft herrschte. Es scheint dies aber in der That vielfach in der Ucker- und Neumark, sowie in Bees- und Storkow gewesen zu sein. Denn wenn auch Friedrich I. in der Dorfordnung von 1702[3] die Absicht ausgesprochen hatte, die Leibeigenschaft in den Ämtern aufzuheben, so war dieselbe doch ohne wesentlichen Erfolg geblieben[4], schon die Gesindeordnung von 1722 bestätigte für die Uckermark wenigstens das „Recht der Leibeigenschaft“ ausdrücklich auch für die Ämter[5].

Jetzt dagegen wurden auch die Güter der Leibeigenen auf die Kinder vererblich, es fiel also der wichtigste Unterschied, der zwischen den Leibeigenen und den übrigen Bauern bestand, hinweg, und infolgedessen gewöhnte man sich daran, sie auch in allen anderen Beziehungen als den übrigen Amtsunterthanen gleichgestellt zu behandeln, zumal da ja Friedrich der Grofse wiederholt, dann auch das preufsische Landrecht sich gegen die Leibeigenschaft erklärte[6].

Die Kabinetsordre von 1777 sowie deren Deklaration von 1799 ist freilich nur der erste Schritt zu den grofsen agrarischen Reformen Preufsens im 19. Jahrhundert, die bei den Domänenbauern beginnend, mit der Regeneration des Staates auf alle Bauern ausgedehnt wurde und eine gänzliche Umgestaltung der gutsherrlich-bäuerlichen Rechtsverhältnisse herbeiführten. Wie sich dieselbe vollzog, ist bereits von Knapp in seinem grofsen Werke „über die Bauernbefreiung“ auch für die Mark dargestellt worden.

---

[1] Vgl. oben p. 90, auch Knapp II p. 84.

[2] Stengel VII p. 168, insofern ist § 1 des Wilkeschen Entwurfs unrichtig.

[3] Art. 61.

[4] Knapp I p. 83.

[5] S. oben p. 99. Vgl. auch den Bericht der kurmärkischen Kammer aus jener Zeit bei Knapp II p. 15.

[6] Dieser Gang der Dinge ist für die Uckermark ausdrücklich bezeugt bei Stengel Bd. VII p. 158; er dürfte aber auch in der Neumark kein anderer gewesen seien, vgl. die Angabe Bratrings (1809) über die Bauern in der Neumark oben p. 98 Anm. 4.

Anhang.

Das mittelmärkische Schofskataster von 1624.

Das „Mittelmärkische Schofs-Catastrum de 1624", aus dem ich die beifolgenden Tabellen entnehme, befindet sich gegenwärtig im Kgl. Geh. Staatsarchiv zu Berlin, früher war es im Besitz der Berliner Bibliothek. Es ist, wie der damalige Landschaftsbuchhalter Johann Caspar George „unter der Churmärkischen Landtschaffts Insiegel" beglaubigt, um die Mitte des vorigen Jahrhunderts aus dem „landschaftlichen Schofs-Catastro de ao. 1624" abgeschrieben. Das Originalexemplar scheint verloren gegangen zu sein[1].

Über die Einrichtung des Schofsregisters bemerke ich folgendes:

Auf der ersten Seite ist die Höhe des Schosses angegeben:

Einnahme an Land- und Giebel-Schofs Martini Ao. 1624:

	Gulden	Groschen
Do man (zahlt) vom Giebel	1	—
Von der Hufen	1	—
Ein Cossät	1	—
Ein Müller von der Müllen daraus die Herrschaft die Metze nimbt	2	12
Ein Erb Müller von der Müllen	2	12
Von jedem Winspel Pacht	2	12
Ein Kietzer oder Fischer	1	—
Ein Pacht oder Pauer Schäfer	2	12
Ein Hirte, so Vieh hat	1	6

[1] Wenigstens befindet es sich nicht mehr im landständischen Archiv, wie mir der Direktor desselben, Herr Geh. Archivrat Gollmert, mitzuteilen die Güte hatte.

	Gulden	Groschen
Der keins hat	1	—
Ein wohnender Schmidt	1	—
Ein Lauff Schmidt	—	9
Ein Paar Hausleute	—	9
Die Schäfer Knechte von jedem Schafe . .	—	2

Es folgen hierauf die Angaben über die Steuereinnahmen aus den einzelnen Dörfern, nach den Landschaften (exkl. Bees- und Storkow) geordnet. Die Ordnung innerhalb der einzelnen Landschaften ist im allgemeinen, wenn auch nicht streng durchgeführt, die alphabetische[1], einzelne Schäfereien und Mühlen sind gewöhnlich am Schlufs angeführt[2].

Jedes Dorf hat in der Regel ein Blatt. Und zwar sind auf demselben zunächst die Zahl der kontribuablen Hufen, sowie die der herrschaftlichen, Pfarr- und Kirchenhufen angegeben, dann die der Bauernhöfe, die Kossäten, Hirten, Müller, Fischer, Schmiede, Hausleute etc., wie die einzelnen Tabellen zeigen[3]. Hinter jeder Rubrik steht, was die Betreffenden zahlen. Es ergiebt sich dabei, dafs der Steuersatz nicht immer so hoch war, wie das Register im Eingang angiebt: für die Hufe sowie für den Kossätenhof wurden nur 15 Groschen gezahlt, auch bei den Müllern, Schäfern etc. ist die Steuer nicht immer so hoch, wie man erwarten sollte. Am Schlufs findet sich meist die summarische Berechnung dessen, was aus dem ganzen Dorf einkommen soll.

Erst hierauf folgen eventuell Angaben, wieviel Hufen und Höfe, sowie wenn sie frei gewilligt resp. wer sie zu sich genommen hat und wieviel von der Steuersumme deswegen abgeht[4], der Name des Betreffenden ist in der Regel genannt, bisweilen nur „die Herrschaft."

[1] Die Tabellen sind angelegt nach der Ordnung von Fidicin in seinem Werke „Über die Territorien der Mark Brandenburg", dem ich auch in der Schreibweise der Namen gefolgt bin (für Lebus und Ruppin Bratring, Beschreibung der Mark Brandenburg Bd. II).

[2] In den Summen der einzelnen Tabellen sind dieselben nicht mit angerechnet, dagegen in der Übersichtstabelle.

[3] Im Register wird bisweilen bei Hirtenknechten und Hausleuten nur „die" angegeben. Dies ist in den Tabellen durch ein Kreuz angezeigt, in der Berechnung sind sie als 2 angenommen. Die Hausleute sind in der Regel nach Paaren angegeben, bisweilen aber auch einzelne (1/2) Hausmänner, zu denen ich auch die mitunter erwähnten „Einspenniger" gerechnet habe. Bei den Schäferknechten ist fast durchgehends nur „die Schäferknechte" angegeben, die Tabellen zeigen daher nur, an wie viel Orten sich solche befanden. Das Kreuz bei Müllern, Schäfern und Schmieden deutet an, dafs dieselben zugleich Kossäten sind, bei den Hirten, dafs sie resp. wieviel von ihnen als „Schweiner" („Schweinehirten") im Register bezeichnet werden. Bei den Kossäten läfst sich, dafs sie halbe Kossäten sind, vielfach aus der Angabe, dafs sie nur halb zahlen, schliefsen. — Im übrigen vgl. die Anmerkungen zu den Tabellen auf p. 109 u. 110 und p. 108 Anm. 3.

[4] Bisweilen wird auch ein Abzug gemacht wegen wüster Hufen etc.

Diese letzteren Angaben erhalten eine Ergänzung durch die von Eickstedt[1] veröffentlichten Protokolle über die Hufenexemptionen aus den Jahren 1669 und 1670. In denselben sind nämlich vielfach auch die Jahre angegeben, in denen neue Steuerbefreiungen stattfanden, resp. in denen die betreffenden Stellen ausgekauft wurden. Gleichzeitig ersieht man, wie allmählich die einzelnen Rittergüter durch Einziehung einzelner Bauerngüter wuchsen[2].

Der terminus a quo das Schofsregister über die Bauernlegungen Auskunft giebt, ist freilich nur ungefähr bestimmbar.

Denn in den Eickstedtschen Protokollen findet sich nur ein Teil der Angaben des Schofsregisters näher datiert.

Es läfst sich aber aus den Namen der Geschlechter etc. doch erkennen, dafs auch die andern Steuerbefreiungen in derselben Zeit stattgefunden haben müssen[3].

Sodann führt der Charakter des Schofsregisters selbst zu der gleichen Ansicht. Offenbar nämlich liegt dem Schofsregister keine Originalkatastrierung zu Grunde. Wäre dies der Fall, so würde man die eximierten Hufen zu den herrschaftlichen Hufen geschrieben haben, da sie ja schofsfrei wurden, wenn sie mit Konsens des Kurfürsten ausgekauft waren[4]. Es mufs also das Schofsregister eine ältere Vorlage gehabt haben, bei deren Anfertigung man nur zwischen Ritterhufen und Bauernhufen in einem Dorf unterschied, und die man später durch Nachträge ergänzte, so dafs man, als das Schofsregister 1624 zusammengestellt wurde, nur jene oben gekennzeichnete eigentümliche Art der Berechnung der Steuern wählte.

In der That geht nun aus den bei Eickstedt veröffentlichten Protokollen sicher hervor, dafs sogar noch mehrere ältere Schofsbücher bei der Landschaft vorhanden waren[5]. Insbesondere wird ein Landschafts-Hauptbuch erwähnt, aus dem ein Attestat bereits aus dem Jahre 1561 angeführt wird[6].

---

[1] Beiträge zu einem neuen Landbuch der Mark Brandenburg p. 348 bis 369.

[2] Das Schofsregister giebt meist nur Gesamtzahlen an, die Protokolle bei Eickstedt geben genauere Nachrichten, die in den Tabellen durch die Summierung der Einzelzahlen ausgedrückt sind.

[3] So nimmt auch Fidicin an, vgl. z. B. Bd. II 2 p. 112 (Stolpe).

[4] Vgl. Eickstedt l. cit. p. 91 Anm.

[5] S. p. 356 N. 1: 15 Hufen zu Balderstorff. Producieret Extrakt aus den Landschaft Hauptbuche, dafs ao. 1561 33 schofsbare Hufen gewesen, in den nachfolgenden Büchern würden 46 geführt; p. 355 N. 23: Producieret dermalen einen Auszug aus den Schofsbüchern, dafs 3 Hufen Otto von Brietzke Erben Ao. 1583, 3 George von Brietzke Anno 1584, 3 Matthias von Britzke ao. 1509, 2 Christian von Rathenow a. 1615 frey gewilligt worden, und wären 18 Ritterhufen vor Alters im Dorffe gewesen.

[6] Vgl. das Citat der vorigen Anmerkung, sowie ibidem p. 365 unten: „Extrakt aus der Landschaft Hauptbuche, dafs noch einige freye Hufen mehr sein" und p. 366 N. 3: „Attestatum aus der Landschaft, dafs

Es liegt nahe zu vermuten, dafs dieses Hauptbuch die ursprüngliche Matrikel war, in der nur Ritter-, Pfarr- und Bauernhufen eingetragen standen, und welche dann ergänzt wurde. Hinsichtlich der Entstehungszeit derselben dürfte das sicher sein, dafs sie nicht entstand, bevor das ständische Kreditwerk eingerichtet wurde. Dies geschah aber vollständig erst 1550 [1], vorher war speciell der Hufenschofskataster noch den einzelnen Kreishauptstädten anvertraut, auch gründete sich die erste Erhebung der Steuern durch die Stände, die infolge des Landtags von 1540 stattfand, sicher nicht auf eine Matrikel [2]. Hingegen wurde 1550 eine neue Hufenschofssteuer auf 14 Jahre bewilligt [3] und zur Ausführung derselben eine neue Katastrierung auch des ländlichen Grundbesitzes vorgenommen [4], vielleicht, dafs im Zusammenhang mit der ganzen Reorganisation der Steuerverwaltung jenes Hauptbuch angelegt wurde.

Es scheint aber, als ob nicht einmal diese älteste Matrikel der Landschaft die direkte Vorlage des Schofsregisters von 1624 gewesen sei. Denn es wird ausdrücklich angegeben, dafs in dem landschaftlichen Hauptbuch bei Bollersdorf im Oberbarnim 1561 33 schofsbare Hufen aufgeführt wurden, in den nachfolgenden Schofsbüchern aber 46 [5]. Da nun das Schofsregister von 1624 ebenfalls 46 Hufen als kontribuabel angiebt, 15 Hufen aber als freigekauft anführt, so dürften seine Angaben aus einem der späteren Schofsbücher entstammen. Die nächste Veranlassung zur Einrichtung eines neuen Schofsregisters bot nach 1560 erst wieder der Landtag von 1565, auf dem der Hufenschofskasten durch die Übernahme von 300 000 Thalern aufs neue belastet wurde, dann

5 Hufen nebst 1 Hof Christ. v. Röbeln vermöge des Hauptbuches de ao. 1582 frey passieret worden".

[1] Vgl. Isaacsohn, Die Finanzen Joachims II. und das ständische Kreditwerk in der Zeitschr. f. preufsische Geschichte Bd. 16 p. 455.

[2] Damals wurde vielmehr eine besondere Abschätzung eines jeden Dorfes vorgenommen, vgl. Winter in der Zeitschr. für preufsische Gesch. Bd. 19 p. 546. Es zeigen dies auch die Rechnungsbücher der Verordneten, die sich zum Teil noch im Geh. St.-Arch. und dem landständischen Archiv erhalten haben.

[3] S. den Revers vom 14. Okt. bei Winter l. c. p. 706. Dafs in der Zeit von 1540--1550 aufserdem keine Matrikel zustande gekommen sein kann, beweist die durch Winter genügend bekannte Steuergeschichte jener Jahre. Es kann also das Attestat der Landschaft über einen Auskauf vom Jahre 1544 (bei Eickstedt p. 358 N. 9) nicht aus den Schofsbüchern stammen.

[4] Dies giebt wenigstens Isaacsohn l. cit. p. 465 an, leider sagt er nicht, aus welcher Quelle er diese Nachricht übernommen. Thiele (Nachrichten von der churmärkischen Schofseinrichtung p. 86) teilt mit, dafs von dem Churfürsten ao. 1567 gewisse Taxatores und Commissarii verordnet gewesen, welche nach einer sonderbaren Instruktion die Schofsmatrikel verfertigten.

[5] S. das Citat oben.

der Landtag von 1572 nach dem Regierungsantritt Johann Georgs[1]. Sehr viel jüngeren Ursprungs sind die Nachrichten des Schofsbuchs über die Steuerbefreiungen keinesfalls, da die Attestate der Landschaft bei Eickstedt bis in die siebenziger Jahre des 16. Jahrhunderts zurückreichen, sie geben also im ganzen die Umgestaltung der Grundeigentumsverhältnisse an, wie sie sich innerhalb der letzten 50 Jahre vor dem 30jährigen Krieg in der Mittelmark vollzog.

Wenn nun, wie wahrscheinlich, dem Kataster von 1624 keine neue Steueraufnahme des Landes zu Grunde lag, höchstens eine Revision der vorhandenen Matrikeln, so liegt die Frage nahe, weshalb gerade 1624 dieser Kataster zusammengestellt wurde und später, wenn auch in einzelnen Kreisen revidiert, die Grundlage für die Schofskontribution geblieben ist.

Die Erklärung hierfür bietet ein Patent für die Uckermark und das Land Stolpe vom 16. Oktober 1624[2]. In demselben wird bestimmt, dafs keiner vom Adel fernerhin wüste Hufen an sich ziehen solle, sondern alle Hufen, wenn sie wüste würden, wieder besetzen oder jedenfalls den Hufenschofs ganz für dieselben entrichten solle.

Einen ähnlichen Beschlufs fafste die altmärkische und priegnitzsche Ritterschaft schon im Jahre 1606[3]: „Als nemlich, das keinem man der Ritterschaft, welcher Paurhöfe, Erben, Äcker, Wiesen oder andere an sich oder in seinen Nutz getzogen oder solches künftig thun werde, es geschehe durch

[1] Vgl. Isaacsohn l. cit.

[2] Gedruckt im Geh. St.-Arch. Wegen der Defekte, die bei Ablegung der Kreisrechnung von 1621 und 1623 entdeckt worden sind, wird neben anderm bestimmt:

„Soll keinem von Adel, im Uckermärkischen und Stolpischen Kreis, der Lehne daselbsten von uns recognosciert oder trägt der Zeit dieses . . . Edikts . . . verstattet werden, von den Höfen, so ihnen wüste werden, die Hufen und Äcker an sich zu nehmen und zu ackern und der Landschaft den Hufenschofs der Landschaft davon zu entziehen. Denn dannenhero und das diesem bifs annoch also zugesehen worden, hat mancher der sich bedüncken lassen, er habe zu wenig Acker unter seinem Pfluge selbsten Ursache dazu gegeben, das die Höfe wüste werden müsten, das Land aber hat an Mannschafft darüber abgenommen und wenn dieses ferner also verhänget wird, dürften endlich keine Hufen mehr übrig sein, die den Hufenschofs trügen: Derowegen so . . . befehlen wir nun, allen und jedem keine Hufen oder andern Äcker von den wüsten Pawer und Cossätenhöfen an sich zu ziehen, weniger denn zu den Rittersitzen zu legen oder den gebührenden Hufenschofs der Landschaft zu entziehen, sondern vielmehr mit den armen Leuten also umbzugehen, das sie zu harter und vieler Beschwerungen halber nicht verkauffen dörften und in fellen, da ja wegen ungedeynis (wie zum öftern geschieht) die Höfe verlassen werden müsten, solche alsbald hinwieder zu besetzen oder in verbleibung dessen, soll der, unter welchem die wüsten Höfe und Hufen belegen ohne Unterscheidt, es liegen die Hufen oder Acker wüste oder aber werden gebraucht der Landschaft den Hufenschofs unverweigerlich voll entrichten."

[3] S. oben p. 27 Anm. 5.

was titul oder nahmen es immer wolle, die ordentliche und gewönliche steuer erlassen werden solle, es sei denn, dafs er dieselbe umb notwendiger und unumbgänglichen Ursache zu seinem Rittersitze an sich genommen hatte oder nehmen müfste."

Es ist nun sehr wahrscheinlich, dafs eine gleiche Mafsregel wie in der übrigen Kurmark auch in der Mittelmark getroffen wurde; dafür spricht, dafs das Uckermärkische Kataster von 1624[1] dieselbe Bedeutung erlangte, wie das mittelmärkische; aus gleichen Wirkungen dürfte hier wohl auf die gleichen Ursachen zu schliefsen sein. Wir besitzen dafür auch das direkte, wenn auch spätere, so doch glaubwürdige Zeugnis Müllers[2].

Dasselbe zeigt zugleich, welche Bedeutung die Verordnung von 1624 hatte. Es wurde nämlich durch dieselbe ein fester Gegensatz zwischen kontribuablen Bauernhufen und steuerfreien Ritterhufen ausgebildet[3]. Ein solcher bestand allerdings in gewissem Sinne schon früher. Denn nur die mit Konsens ausgekauften Bauernhufen mufsten vom Schosse freigelassen werden, die anderen waren zu versteuern. Es scheint jedoch, dafs sie selbst, wenn der Konsens nicht sofort, sondern, wie dies wohl öfters geschah, erst bei Erneuerung des Lehnbriefes erteilt wurde, von den „Verordneten", die ja auch aus dem Adel stammten, doch als schofsfrei behandelt wurden[4]. Vor allem aber waren ja die wüsten Hufen kontributionsfrei, und es war wohl nicht allzuschwer, statt einen Bauern auszukaufen, ihn zu zwingen, seine Hufen wüst liegen zu lassen.

So wurden also faktisch alle Hufen, die der Adel unter seinem Pfluge hatte, steuerfrei[5], seit 1624 aber wurde für die Exemption nicht mehr der Umstand, dafs der Adel das Hufenland benutzte, mafsgebend, sondern der, dafs das betreffende Land bereits vor 1624 eingezogen gewesen war.

Infolgedessen sind auch alle späteren Angaben über kontribuable, resp. katastrierte Hufen nicht geeignet, ein Bild der Verteilung des Besitzstandes zwischen Bauern- und Ritterland

---

[1] Leider ist es mir nicht gelungen, ein Exemplar desselben zu finden. Das von Wöhner (Bd. II p. 170 ff.) benutzte ist laut gütiger Auskunft der Kgl. Regierung zu Potsdam in dem Archiv nicht mehr vorhanden.

[2] Res. 100 N. 51 u. 52 mansi rustici apud nos usque ad annum 1624 ex aestimo deleti tum consuetudine, tum tacito consensu, tum praescriptione XXX annorum pro incorporatis fundis feudalibus habendi sunt, sed anno 1624 ni fallor inhibitio ab electore facta est, ne amplius mansi rustici eximerentur e catastro, fundis incorporentur et exinde caeteris rusticis et collectae publicae per hanc incorporationem praejudicaretur.

[3] Vgl. den Abschnitt bei Müller Res. 100 N. 28 ff.

[4] S. Eickstedt l. cit. 91 Anm.

[5] Vgl. die mitgeteilten Urkunden von 1606 und 1624.

zu geben[1]. Auch die Zahlen des Schoſsregisters sind freilich nicht ganz zuverlässig. Vor allem fehlt eine Angabe der einzelnen Vorwerke und Meiereien, von denen aus schon damals vielfach die wüsten Feldmarken etc. bewirtschaftet wurden. Nur über die damals vorhandenen Dörfer[2] orientiert das Register einigermaſsen vollständig, manches läſst es auch hier an Genauigkeit zu wünschen übrig[3].

Im ganzen aber dürfte es doch ein ziemlich wertvolles Bild über die Verteilung der Bevölkerung auf dem platten Lande der Mittelmark vor dem 30jährigen Kriege geben.

---

[1] Vgl. oben p. 61 Anm. 4.

[2] Die wenigen Angaben über die Städte aus dem Schoſsregister habe ich nicht mit aufgenommen.

[3] Namentlich fehlen vielfach die Pfarrhufen, z. B. durchgehends in Teltow. Dieselben sind, wie manche andere Angaben, aus Fidicins und Bratrings Werken ergänzt, doch ist dies sonst in der Regel durch *schräge* Zahlen bemerkt. Übrigens ist stets zu bedenken, daſs das hier benutzte Exemplar nicht das Original ist.

Anmerkungen.

Zu Tabelle I. Teltow.

[1] Nur bei Fidicin I p. 76.

[2] Die Hufenangaben sind aus Fidicin I p. 137 entnommen; das Schofsregister giebt 67 Hufen ohne nähere Bezeichnung an, bemerkt aber, dafs die Herrschaft 2 Höfe mit 21 Hufen zu sich genommen habe.

[3] Korbiskrug ist hier nicht mit eingerechnet, es wird im Reg. aufgeführt mit 2 Hufen, 1 Krüger und 1 Müller (vgl. Fidicin I p. 97).

[4] Glienicke bei Potsdam und Werben.

[5] Schmeckwitz, Kietz bei Gröben und Kietz bei Zossen.

[6] Mit der des Müllers zu Korbiskrug sind 6 Mühlen angegeben in der Herrschaft Teupitz: Hohemühle, Mittelmühle, Kleine Mühle, Stakmühle, Tierichemühle, Neue Mühle (vgl. Wöhner, Steuerverfassung II p. 146 und 148); eine Mühle, die Funkenmühle, im Amt Zossen (Fidicin I p. 82).

[7] Je 1 Kossät in Brusendorf und Genshagen, 2 in Grofs-Machenow, 5 in Ragow, in Stegelitz 1 Hüfner mit 4 Hufen, in Kl.-Kienitz 2, in Sentzke 4 Hufen, sowie das ganze Dorf Crummensee mit 5 Hüfnern und 6 Hufen („seynd die Leute wegen grofser Armuht von den Güthern entlauffen").

[8] In Fern-Wünsdorf „so zwischen den Dörfern wohnen", sie sind zugleich Kossäten.

Die Dörfer sind nach den Bezirken Teltow, Herrschaft Teupitz und Amt Zossen angegeben. Welche Dörfer zu den letzteren gehörten, ist aus Wöhner II p. 124 und 120 ersichtlich.

Zu Tabelle II. Nieder-Barnim.

[1] Im Reg. nicht erwähnt, wohl weil es eben noch steuerfrei war (s. Fidicin I 2 p. 41).

[2] Rahnsdorf und Strahlow.

[3] „Der von Crummensee" und Hellersdorf (Fidicin I 2 p. 66).

[4] „Der Brügge Müller", Veit Schüler (Jochim v. Krummensee 1605 freigewilligt), der Müller uffm Rabenstein (hat 1 Hufe), der Monicke-Müller. — 2 Müller (in Eggersdorf und Lanke), sind zugleich Hüfner.

[5] 1 Hufner in Hohen-Schönhausen; 2 Hufner mit 2 Hufen und 1 Kossät in Zehlendorf.

Die Dörfer Hennickendorf, Herzfeld, Kagel, Lichtenow, Rüdersdorf, Rehfelde, Werder und Zinndorf sind im Reg. zum OberBarnim gerechnet, Germendorf zum Havelland.

Zu Tabelle III. Ober-Barnim.

[1] Fehlt bei Fidicin, findet sich aber bei Bratring II p. 256.

[2] Fehlt bei Fidicin, Bratring II p. 259.

[3] Inkl. „12 Dambkowische Hufen", s. Fidicin II 2 p. 12.

[4] Gr.- und Kl.-Barnim, Falkenberg, Gaul, Alt-Barnim, Alt-Medewitz, Alt-Ranft, Tornow, Alt-Trebin, Alt-Wriezen, Kietz bei Wriezen, bei Biesenthal und Freienwalde.

[5] Der „halbe Müller" und der „in der langen Rönne".

[6] 2 Hufner und 2 Kossäten in Tornow, 1 Kossät in Heckelberg, 1 in Wedigendorf, 2 in Wiesenthal, 7 Hufen in Wesow, 15 Hufen in Wilmersdorf. — Über die im Schofsregister noch zum Ober-Barnim gerechneten Dörfer des Nieder-Barnim s. Anm. zu Tab. II.

Zu Tabelle IV West-Havelland.

[1] Der Müller ist zugleich Hufner mit.

[2] 1 Hirte ist als „wilder Hirte" bezeichnet.

[3] Inkl. 21 Bauersdorffsche Hufen (vgl. Fidicin III 1 p. 6).

[4] Briesen, Dikte, Grabow, Kaltenhausen, Kiek (Fidicin III 1 p. 9, 14, 21, 10, 27), Kritzkrall, Schrabsdorff (fehlen bei Fidicin), Seelensdorf, Schwanebeck, Tiekow, Wüsten Briest (ibid. p. 52, 51, 57, 10).

[5] Gülpe, Parey, Saaringen, Kietz bei Rhinow, Gr.-Kietz und Kl.-Kietz bei Brandenburg. Der Kietz bei Plauen ist nur erwähnt, ohne bemerkenswerte Angaben.

[6] 1 Hufner mit 2 Hufen in Briest, 1 Hufner, 2 Hufen, 2 Kossäten in Kotzen, 4 Hufner in Lietzow, 1 Hof mit 4 Hufen in Stechow, 1 Kossät in Pessin. — Die Dörfer in den beiden Kreisen des Havellands sind im Reg. nach Landschaften so geordnet, wie sie Wöhner II p. 62—78 anführt.

Zu Tabelle V. Ost-Havelland.

[1] Fehlt bei Fidicin, Bratring II p. 105.

[2] Bei Fidicin III 2 nur p. XVII erwähnt, Bratring II p. 106.

[3] Fehlt bei Fidicin, Bratring II p. 119.

[4] Ein Hirt ist als „wilder Hirte“ bezeichnet.

[5] Der Hirt ist zugleich der Fischer.

[6] Bei Fidicin II 1 p. 85 ff. aufgezählt.

[7] Fehlen bei Fidicin.

[8] Bärenklau und Klein-Zieten im Havelland, Neuendorf und Kerckau im Land Löwenberg.

[9] Hennigsdorf, Kietz bei Potsdam, bei Cremmen und Pichelsdorf. Aufserdem wird noch ein Kietz bei Spandau erwähnt, aber ohne bemerkenswerte Angaben.

[10] In Grünfeld und Rohrbeck.

[11] In Löwenberg.

[12] 2 Hufner und 2 Kossäten in Carpzow, 2 Kossäten in Falkenhagen, 2 Fischer in Kietz bei Potsdam, 2 Hufen, 3 Hüfner und 1 Kossäte in Vorbitz, 2 Kossäten in Dallgow.

Zu Tabelle VI. Zauche.

[1] Bei Fidicin nur erwähnt (III 3 p. 66), im Reg. besonders aufgeführt.

[2] Fidicin l. cit. p. 73 ff.;, im Reg. sind die Dörfer mit unter die der Zauche eingeordnet.

[3] Cammerrode, Cunnersdorf, Desmathen, Dretzen, Grüneiche, Kiesel, Kaltenhausen, Möllendorf, Rotscherlinde, Tornow (Fidicin l. c. p. 6, 9, 41, 74, 25, 76, XXVII 36, 49, 58), Neuentrotz, Trebbin, Ziesar, Potsdam.

[4] Göttin.

[5] In Grofs-Kreutz.

[6] 3 Hufner in Schlalach, 1 in Rhinow.

Zu Tabelle VII. Lebus.

[1] Kienbaum gehörte bis 1816 zum Kreis Lebus, dann zum Nieder-Barnim (Fidicin I 2 p. 75).

[2] 3 Schäfer sind zugleich Müller.

[3] Zu Lebus, „ufm Vorwerk Werder“, vor Fürstenwalde, Wüsten-Sieversdorf, Wüsten-Wulckow (bei Frankfurt). Die 2 letzten sind als wüste Feldmarken bezeichnet, auf Wüsten-Sieversdorf ist ein Meierhof gebaut.

[4] Berckenbrück, Kienitz, Neuendorf, Ortwig, Quappendorf.

[5] S. zu Wüsten-Sieversdorf, der Strafsen-Lehnmüller, der Obermüller, der Mittelmüller, der Krugmüller.

[6] In Wuhden und Wulkow.

[7] Je 1 Kossät in Falkenberg und Marckendorf.

Zu Tabelle VIII. Ruppin.

[1] Alt-Friesack.

[2] Der Müller zum Schrey, zu Kranitz und Zippelsförde.

[3] In Zechow.

[4] 1 Kossät in Gadow, 2 Hufner und 2 Kossäten in Zernitz, 3 Höfe mit 5 Hufen in Lögow, 1 Hufner, 4 Kossäten in Krentzlin, je ein Hof mit 2 Hufen in Zotzen, mit 3 Hufen in Seebeck.

[5] Goldbeck, Storbeck, Alt-Ruppin, Lüdersdorf, Lünow, Rathenow, Defsau.

Tabelle I. Teltow.

Name des Dorfes	Bauern-hufen	Pfarr- u. Kirchenhufen	Ritter-hufen	Eingezogene Bauernhufen	Zeit der Einziehung	Bauern-stellen	Davon eingezogen	Kossäten-stellen	Davon eingezogen	Paar Hausleute	Müller	Fischer	Schäfer	Schäferkn. an ? Orten	Hirten	Hirten-knechte	Schmiede	Lauf-schmiede
Ahrensdorf	43½	—	—	—	—	11	—	9	—	2	—	—	—	—	1	—	—	—
Gr.-Beeren	39	—	11	4	1614	9	1	9	—	1	1+	—	1	—	1	1	1+	—
Kl.-Beeren	29	—	11	3	1609	9	—	3	—	—	—	—	1	—	—	—	—	1
Groſsbesten	15	—	—	—	—	13	—	—	—	—	—	—	—	—	1	—	1	—
Kleinbesten	6	—	—	—	—	5	—	7	—	—	—	—	—	—	1	—	—	—
Gr.-Beuthen	1	—	*31*	—	—		—	8	—	—	—	—	—	—	1	—	—	—
Kl.-Beuthen	—	—	—	—	—	—	—	1	—	1	—	—	1	+	1	—	—	—
Blankenfelde	32	3	*19*	3	1620	11	1	8	—	—	1+	—	1	—	1	—	—	1
Bohnsdorf	23	—	—	4	—	7	1	2	—	—	—	—	—	—	1	—	—	1
Britz	38	4	18	3+3+3+2	1583—1615	11	2	9½	—		—	—	1	—	1	—	—	1
Brusendorf	36	4	*11*	3	—	10	—	7	—	—	—	—	—	—	1	—	—	1
Buckow	50½	5	—	—	—	13	—	5	—	1	1	—	—	—	1	1	—	1
Callinichen	15	—	—	—	—	14	—	2	—	—	—	—	—	—	1	—	—	—
Christinendorf	38	2	—	—	—	12	—	7	—	—	1+	—	—	—	1	—	—	1
Clausdorf	12	—	—	—	—	11	—	6	—		—	—	—	—	1	—	—	—
Cliestow	22	—	—	—	—	11	—	4	—	—	—	—	—	—	1	—	—	—
Crummensee	6	—	—	—	—	5	—	—	—	—	—	—	—	—	—	—	—	—
Cunnersdorf[1]	—	—	—	—	—	1	—	15	—	—	—	—	—	—	—	—	—	—
Dabendorf	10	—	—	—	—	9	—	3	—	—	—	—	—	—	1	—	—	—
Dahlem	36	2	*12*	—	—	6	—	4	—	1	—	—	—	—	1	—	—	—
Dahlwitz	30	4	*16*	2	1602	10	1	3	—	—	—	—	1	—	—	1	—	1
Dergischow	24	—	—	—	—	11	—	4	—	—	—	—	—	—	1	—	—	1
Diedersdorf	40	—	*12*	4	1616	9	—	11	—	1½	1+	—	1	+	1	—	1	—
Drewitz	—	—	—	—	—	—	—	8½	—	—	—	—	1	—	1	—	—	—

Name des Dorfes	Bauern-hufen	Pfarr- u. Kirchenhufen	Ritter-hufen	Eingezogene Bauernhufen	Zeit der Einziehung	Bauern-stellen	Davon eingezogen	Kossäten-stellen	Davon eingezogen	Paar Hausleute	Müller	Fischer	Schäfer	Schäferkn. an ? Orten	Hirten	Hirten-knechte	Schmiede	Lauf-schmiede
Egsdorf	9	—	—	—	—	6	—	—	—	—	—	—	—	—	1	—	—	—
Fahlehorst	12	—	—	—	—	6	—	3½	—	1½	—	—	—	—	1	—	—	—
Gadsdorf	10	—	—	—	—	8	—	4	—	—	—	—	—	—	1	—	—	1
Galluhn	20	—	—	4	—	7	2	2	—	—	—	—	—	—	1	—	—	—
Genshagen	21	—	32	2	1599	6	1+1	11	—	4	—	—	1	+	1	—	—	1
Giesensdorf	47	3	—	—	—	11	—	1	—	½	—	—	—	—	1	—	—	—
Glasow	40	3	—	—	—	9	—	5	—	—	—	—	—	—	1	—	—	1
Glienicke bei Zossen	60	—	—	—	—	18	—	4	—	4	—	—	1	+	—	—	1	—
Glienicke bei Cöpenik	4	—	29½	—	—	—	—	15	—	1½	—	—	1	+	1	—	—	1
Glienicke b. Potsdam	—	—	—	—	—	—	—	—	—	—	1	—	1	—	—	—	—	—
Graebendorf	24	—	—	—	—	11	—	7½	—	—	—	—	—	—	1	—	—	—
Groeben	17	—	11	—	—	5	—	6	—	1	—	—	—	—	1	—	—	1
Gütergotz	50	—	—	—	—	10	—	5	—	2	—	—	—	—	1	—	—	1
Gussow	13	—	—	—	—	12	—	4	—	—	—	—	—	—	1	—	—	—
Halbe	16	—	—	—	—	16	—	5	—	—	—	—	1	—	1	—	—	—
Heinersdorf	50	3	—	6	1590	9	1	—	—	—	—	—	—	—	1	—	—	1
Hoherlöhme	23	—	—	—	—	5	—	—	—	—	—	—	—	—	1	—	—	1
Jachsenbrück	10	—	—	—	—	9	—	1	—	—	—	—	—	—	1	—	—	—
Jühnsdorf	36	3	—	12	1618	11	3	11	—	½	—	—	—	—	1	—	—	1
Jütchendorf	26	2	—	—	—	8	—	4	—	1	—	—	—	—	1+	—	—	—
Kertzendorf	42	2	—	5	1621	14	1	2	1	—	—	—	—	—	1	—	1	—
Kiekebusch	40	2	—	9	1618	11	2	5	—	2	1+	—	—	—	1	—	—	1
Gr.-Kienitz	40	3	—	—	—	13	—	4	—	—	—	—	—	—	1	1	1+	—
Kl.-Kienitz.	24	2	4	4+3	1616	8	1+1	3	—	—	1+	—	—	—	1	1	—	1
Gr.-Köris	11	—	—	—	—	10	—	8	—	—	—	—	—	—	1	—	—	—
Kl.-Köris	8	—	—	—	—	7	—	2	—	—	—	—	—	—	1	—	—	—
Lankwitz	39	5	—	—	—	9	—	1	—	—	—	—	—	—	1	—	—	1

Löpten	12	—	—	—	—	11	—	2	—	—	—	—	1	—	1	—	—	—
Lichtenrade	61	5	—	—	—	11	—	4	—	—	—	—	—	—	1	—	—	1
Lichterfelde	49	—	—	7+7+5	1602—1612	9	1+1+1	3	—	—	1+	—	—	—	1	—	—	1
Löwenbruch	28	—	*12*	8	1603	11	2	17	—	3	1+	—	1	+	1	—	1+	—
Lüdersdorf	40	—	—	—	—	20	—	2	—	—	—	—	—	+	1	—	1	—
Lützow	13	—	—	—	—	6	—	8	—	—	—	—	—	—	1	—	—	—
Gr.-Machenow	50	4	20	4+4 +5	—	24	3	36½	—	1	—	—	1	+	1+	—	1	—
Kl.-Machenow	8	—	—	—	—	1	—	—	—	—	—	—	2	+	1	—	—	—
Mahlow	45	—	—	4	1621	11	1	3	—	—	—	—	—	—	1	—	—	1
Mariendorf	48	4	—	—	—	13	—	2	—	—	—	—	—	—	1	—	—	1
Marienfelde	48	4	—	—	—	12	—	3	—	—	1	—	—	—	1	—	—	1
Mellen	12	—	—	—	—	5	—	9	—	—	—	—	—	—	1	—	—	—
Miersdorf	20	3	*17*	4	1586	6	2	3	—	—	—	—	1	—	—	—	—	1
Motzen	32	—	—	—	—	14	—	—	—	—	1	—	—	—	—	—	—	—
Neuendorf b. Potsdam	11	—	—	—	—	6	—	11	—	1	—	—	—	—	1	—	—	—
Neuendorf b. Trebbin	13	—	—	—	—	12	—	3	—	—	—	—	—	—	1	—	—	—
Neuendorf b. Teupitz	8	—	—	—	—	7	—	6	—	—	—	—	—	—	1	—	—	—
Fern-Neuendorf	12	—	—	—	—	11	—	3	—	—	—	—	—	—	1	—	—	—
Nächst-Neuendorf	12	—	—	3	—	11	2	2	—	—	—	—	—	—	1	—	—	—
Nudow	17	—	—	3	—	6	1	13	—	1½	—	—	—	—	1	—	—	—
Nunsdorf	40	—	—	—	—	15	—	4⅔	—	1½	1+	—	—	—	1	—	1	—
Peetz	16	—	—	—	—	15	—	5	—	—	—	—	—	—	1	—	—	1
Pramsdorf	12	—	—	7+3	1608—1616	6	3	3	—	—	—	—	—	—	1	—	—	—
Ragow	46	6	—	4	—	14	1	17	—	2	1+	—	—	—	1	1	1	—
Rangsdorf	24	—	—	3+5	1587—1618	9	2	10	—	—	1	—	—	—	1	—	1+	—
Rehagen	12	—	—	—	—	11	—	4	—	—	—	—	—	—	1	—	—	—
Rixdorf	24	—	—	—	—	12	—	8	—	2	—	—	—	—	1	1	—	1
Rotzis	35	—	5	6+2	1584—1603	11	1+1+1	3	—	1	—	—	—	—	1	1	—	1
Rudow	50	5	8	3	—	14	1	13	—	1	1	—	1	+	1	—	—	1
Ruhlsdorf	42	3	4	7+4	1607, 1620	9	2+1	3	—	—	1	—	—	—	1	—	—	1
Saalow	15	—	—	—	—	14	—	4	—	—	—	—	—	—	1	—	—	—
Schenkendorf b. Wust.	19	4	8	—	—	6	—	4	—	—	—	—	—	—	—	—	—	—
Schenkendorf b. Potsd.	15	2	8	—	—	4	—	5	—	2	—	—	1	+	—	—	—	—

Name des Dorfes	Bauern-hufen	Pfarr- u. Kirchenhufen	Ritter-hufen	Eingezogene Bauernhufen	Zeit der Einziehung	Bauern-stellen	Davon eingezogen	Kossäten-stellen	Davon eingezogen	Paar Hausleute	Müller	Fischer	Schäfer	Schäferkn. an ? Orten	Hirten	Hirten-knechte	Schmiede	Lauf-schmiede
Schmargendorf	34	2	—	4+2+4 +2	1595—1621	7	2	4	—	—	—	—	—	—	1	—	—	—
Schmeckwitz	—	—	—	—	—	—	—	—	—	—	—	8	—	—	—	—	—	—
Schöneberg	41	3	*8*	3	—	12	1	7	—	—	—	—	1	+	1	—	—	—
Schönefeld	48	3	*4*	—	—	12	—	3	—	—	—	—	—	—	1	—	—	1
Schöneiche	17	—	—	—	—	16	—	11	—	—	—	—	—	—	1	—	—	—
Schönweide	14	—	—	—	—	12	—	8	—	1	—	—	1	—	—	—	—	—
Schönow b. Teltow	33	3	*8*	1	1609	8	—	1	—	—	—	—	—	—	1	—	—	—
Schönow b. Zossen	40	—	—	—	—	10	—	4	—	—	—	—	—	—	1	—	—	1
Schulzendorf b. Cöpn.	34	4	12	1	1622	8	1	6	—	—	—	—	1	—	—	—	—	1
Schulzend. b. Trebbin	30	—	—	—	—	14	—	1	—	—	—	—	—	—	1	—	—	—
Schulzend. b. Zossen	33	—	—	—	—	13	—	5½	—	1	1	—	—	—	1	—	—	1
Schwerin	7	—	—	—	—	6	—	3	—	—	—	—	—	—	1	—	—	—
Selchow	53	2	5	13+4	1613, 1616	12	2	6	2	2	1	—	—	—	1	1	1+	—
Sentzig	16	—	—	—	—	11	—	3	—	—	—	—	—	—	1	—	—	1
Siethen	19	—	*13*	3+4	1617, 1624	6	1+1	7	—	½	1	—	1	+	1	—	—	1
Sperenberg	25	—	—	—	—	12	—	7	—	1½	1	—	1	+	—	—	—	—
Sputendorf b. Teupitz	13	—	—	—	—	13	—	1	—	—	—	—	—	—	1	—	—	—
Sputend. b. Spandow	26	—	—	—	—	8	—	1½	—	—	—	—	—	—	1	—	—	1
Stansdorf	46	4	—	—	—	12	—	7	—	1	—	—	—	—	1	—	—	1
Steglitz	33	—	*10*	—	—	5	—	3	—	—	—	—	—	—	1	1	—	—
Stolpe	16	—	—	—	—	9	—	2	—	1	—	—	—	—	1	—	—	—
Telz	17	—	—	—	—	16	—	4	—	—	—	—	—	—	1	—	—	—
Tempelhof[2]	*50*	1	*16*	—	—	15	—	5	—	—	—	—	1	—	1	1	—	1
Thyrow	46	3	*10*	—	—	12	—	3	—	1	—	—	—	—	1	1	—	—
Töpchen	16	—	—	—	—	14	—	3	—	—	—	—	—	—	1	—	—	—
Tornow	15	—	—	—	—	12	—	5	—	—	—	—	—	—	1	—	—	—

Waltersdorf	66	—	6	9	1620	18	3	5	—	—	—	—	1	—	—	—	1	—
Wasmannsdorf	46	—	—	5	1619	11	1	5	—	—	—	—	—	—	1	—	—	1
Werben	—	—	—	—	—	—	—	—	—	—	—	—	1	—	—	—	—	—
Wietstock	44	—	—	—	—	13	—	12$^{2}/_{2}$	—	1$^{1}/_{2}$	1+	—	—	—	1	1	1+	—
Wilmersdorf	34	3	*15*	7	—	10	2	10	1	—	—	—	1	+	1	—	—	—
Wend. Wilmersdorf	17	—	*25*	2	—	10	1	7	—	—	—	—	—	—	1	—	1+	1
Nächst-Wünsdorf	13	—	—	—	—	12	—	4	—	—	1	—	—	—	1	—	—	—
Fern-Wünsdorf	13	—	—	—	—	12	—	4	—	—	—	—	—	—	—	—	—	—
Wendisch- { Wuster-	7	—	4	—	—	2	—	4	—	—	—	—	—	—	—	—	1	—
Deutsch- { hausen	31	—	—	—	—	11	—	3	—	—	—	—	—	—	1	—	—	—
Zeesen	7	—	—	—	—	13	—	—	—	—	—	—	—	—	1	—	—	1
Zehlendorf	48	2	—	—	—	13	—	6	—	1	1+	—	—	+	1	—	—	1
Zehrensdorf	16	—	—	—	—	12	—	3	—	—	—	—	—	—	1	—	—	—
Zernsdorf	8	—	—	—	—	8	—	2	—	—	—	—	—	—	—	—	—	—
Zeuten	—	—	—	—	—	—	—	5$^{1}/_{2}$	—	—	—	—	—	—	1	—	—	—
Gr.-Ziethen	51	*6*	—	1	1620	12	—	6	—	—	1+	—	1	+	—	—	1	—
Kl.-Ziethen	38	—	—	4	1614	8	1	4	—	—	—	—	—	—	1	—	—	1
Kietz bei { Zossen	—	—	—	—	—	—	—	—	—	—	—	20	1	—	1	—	—	—
Kietz bei { Gröben	—	—	—	—	—	—	—	—	—	—	—	8	—	—	—	—	—	—
Sa. 124 Dörfer[3]	3385	128	439$^{1}/_{2}$	246	—	1224	62	651$^{12}/_{2}$	4	48$^{10}/_{2}$	24(8)	—	30	17	108(2	13	18(7)	46
Hierzu 2 Schäfereien[4]	—	—	—	—	—	—	—	—	—	—	1	—	2	—	—	—	—	—
3 Fischerdörfer[5]	—	—	—	—	—	—	—	—	—	—	—	36	—	—	—	—	—	—
8 Mühlen[6]	—	—	—	—	—	—	—	—	—	—	8	—	—	—	—	—	—	—
Wüst liegen[7]	16	—	—	—	—	7	—	9	—	—	—	—	—	—	—	—	—	—
2 Leineweber[8]	—	—	—	—	—	—	—	—	—	—	—	—	—	—	—	—	—	—

Tabelle II. Nieder-Barnim.

Ahrensfelde	67	5	—	—	—	13	—	6	—	—	—	—	—	—	1	1	1	—
Basdorf	31	4	—	—	—	9	—	13	—	—	—	—	—	—	—	1	—	1
Bergfelde[1]	12	—	—	—	—	6	—	—	—	2	—	—	—	—	—	—	—	—

Name des Dorfes	Bauern-hufen	Pfarr- u. Kirchenhufen	Ritter-hufen	Eingezogene Bauernhufen	Zeit der Einziehung	Bauern-stellen	Davon eingezogen	Kossäten-stellen	Davon eingezogen	Paaar Hausleute	Müller	Fischer	Schäfer	Schäferkn. an ? Orten	Hirten	Hirten-knechte	Schmiede	Lauf-schmiede
Biesdorf	57	8	—	9	—	19	2	13	—	—	—	—	1	+	1	—	1	—
Birkenwerder	—	—	—	—	—	—	—	8	—	—	—	—	1	+	—	—	—	—
Birkholz	42	5	5	—	—	11	—	12	—	1	1+	—	—	—	1	1	1	—
Blankenburg	27	2	11	2+4	1579, 1592	11	2	9	1	—	—	—	1	—	1	—	1	—
Blankenfeld	50	5	7	5	1618	17	2	9	—	—	—	—	1	—	1	—	1	—
Blumberg	113	5	6	10	—	32	3	16	—	—	1+	—	1	+	1	—	1	—
Börnicke	78	5	—	11	1577	16	—	6	—	—	1+	—	—	—	1	1	1	—
Bollensdorf	8	4	27½	4	1599	2	—	7	—	—	—	—	—	+	1	—	—	1
Borgsdorf	22	—	—	—	—	8	—	2	—	—	—	—	—	—	1	—	—	—
Buch	27	4	14	—	—	10	—	16	—	—	1+	—	1	—	1	1	1+	—
Buchholz	49	5	—	—	—	15	—	19	—	—	—	—	—	—	1	1	—	1+
Dahlwitz	30	5	15	—	—	6	—	9	1	—	1+	—	1	+	—	—	1	—
Dalldorf	57	5	—	—	—	9	—	8	—	—	—	—	—	—	1	—	—	—
Eggersdorf	12	6	19	—	—	5	—	7	—	—	1	—	2	—	—	—	—	1
Eiche	35	4	4	1	—	10	1	5	—	½	—	—	—	—	1	1	—	1
Falkenberg	40	4	8	8	1620	9	2	6	—	—	—	—	—	—	1	1	1+	—
Fredersdorf	28	2	16	4+4	1602—1604	8	2	8	—	—	—	—	1	1	—	—	—	1
Friedrichsfelde	72	2	32	6	—	14	1	20	—	—	—	—	1	—	1	—	—	1
Friedrichsthal	28	—	—	3	—	7	1	2	—	—	—	—	—	—	1	—	—	—
Germendorf	48	2	—	—	—	17	—	18	—	—	—	—	—	—	1	—	—	—
Glienicke	32	—	—	—	—	7	—	3	—	—	—	—	1	—	1	—	—	—
Heiligensee	58	4	—	—	—	15	—	7	—	—	—	—	—	—	1	—	—	—
Heinersdorf	32	4	—	—	—	10	—	2	—	—	—	—	—	—	1	—	—	—
Hellersdorf	—	—	—	—	—	—	—	—	—	—	—	—	1	+	—	—	—	—
Hennickendorf	29	5	—	—	—	7	—	7	—	—	—	—	—	—	1	—	—	1
Hermsdorf	4	—	13	4	—	1	1	8	—	—	1	—	—	—	1	1	—	—
Herzfeld	61	3	—	—	—	15	—	1	—	16	—	—	—	—	1	—	1	—
Hönow	111	7	—	—	—	25	—	—	—	—	—	—	—	—	1	1	—	—

Kagel	22	4	—	—	—	10	—	—	—	1	—	—	—	—	1	1	—	—
Karow	33½	4	4½	—	—	11	—	9	—	—	—	—	—	—	1	1	1	—
Kaulsdorf	35	5	—	—	—	11	—	9	—	—	—	—	—	—	1	—	—	1
Klosterfeld	30½	4	—	—	—	22	—	34	—	6	1	—	—	+	2	—	1	—
Krummensee	28	4	19	—	—	8	—	9	—	—	—	—	1	—	1	1	—	1
Lanke	42	4	—	—	—	14	—	2	—	—	1	—	—	—	1	—	—	1
Lehnitz	14	—	—	—	—	6	—	3	—	—	—	—	—	—	1	—	—	—
Lichtenberg	54	5	8	—	—	17	1	13	—	—	—	—	1	+	1	—	1	—
Lichtenow	25	2	—	—	—	7	—	4	—	—	—	—	—	—	1	1	—	1
Lindenberg	79	5	—	—	—	20	—	8	—	—	—	—	—	—	1	1	1	—
Löhme	50	5	8	18	1577	11	4	8	—	—	—	—	1	+	1	—	—	1
Lübars	48	4	—	—	—	10	—	4	—	—	—	—	—	—	1	—	—	1
Mahlsdorf	36	4	10	6	—	17	2	14	2	1	—	—	1	—	1	—	1	—
Malchow	31	4	17	5½+3	1612	12	2+1	14	—	—	—	—	1	+	1	—	1	—
Marzahn	31	5	16	7	—	8	1	5	—	—	—	—	1	—	—	—	—	1
Mehrow	47	5	—	4	1617	9	1	3	—	—	—	—	—	—	1	—	—	1
Mühlenbeck	56	5	—	—	—	12	—	6	—	1	—	—	1	—	1	—	1	—
Münchehofe	48	—	—	—	—	9	—	—	—	—	1	—	—	—	1	—	—	1
Nassenheide	20	—	—	—	—	10	—	6	—	—	—	—	—	—	1	—	—	—
Hohen-Neudorf	27	3	—	—	—	7	—	3	—	—	—	—	—	—	1	—	—	1
Neuenhagen	42	3½	4	5+3	—	11	1+1	4	—	—	—	—	—	—	1	1	—	1
Pankow	35	4	—	—	—	12	—	15	—	—	—	—	—	—	1	—	—	1
Petershagen	28	5	14	—	—	6	—	6	—	—	—	—	—	—	1	1	—	1
Prenden	36	4	—	2	1584	17	1	7	—	—	1	—	—	—	1	—	—	1
Rahnsdorf	—	—	—	—	—	—	—	—	—	—	—	18	—	—	1	—	—	1
Rehfelde	68½	5	—	—	—	16	—	8	—	1	—	—	—	—	1	1	1	—
Reinickendorf	36	4	10	—	—	13	—	6	—	—	—	—	—	—	1,1+	—	—	—
Rosenthal	59	5	8	3+1	1608–1618	17	1	13	—		—	—	—	—	1	—	1	—
Rüdersdorf	58	5	24	—	—	10	—	9	—	1	—	—	1	—	1	—	1	—
Ruhlsdorf	30	4	—	—	—	14	—	20	—	3½	—	—	—	—	1	—	—	—
Schildow	42	—	—	—	—	9	—	4	—	—	1	—	—	—	1	1	—	—
Schmachtenhagen	26	6	—	—	—	12	—	9	—	2	—	—	1	—	1+	—	1	—
Gr.-Schönebeck	60	4	—	—	—	30	—	44	—	—	—	—	—	—	2	1	1	—
Kl.-Schönebeck	58	5	—	...	—	11	—	9	—	—	1	—	—	—	1	1	—	1
Schöneiche	32	4	12	2+2+5	1582–1616	10	1+1+1	2	—	—	—	—	1	—	—	—	—	—

Name des Dorfes	Bauernhufen	Pfarr- u. Kirchenhufen	Ritterhufen	Eingezogene Bauernhufen	Zeit der Einziehung	Bauernstellen	Davon eingezogen	Kossätenstellen	Davon eingezogen	Paar Hausleute	Müller	Fischer	Schäfer	Schäferkn. an ? Orten	Hirten	Hirtenknechte	Schmiede	Laufschmiede
Schönerlinde	77	4	—	—	—	21	—	13	—	2	—	—	—	+	1,1+	—	1	—
Schönfliefs	34	5	11	10	—	15	3	12	1	1	—	—	1	—	1	1	1	—
Hohen-Schönhausen	49	4	8	—	—	10	—	3	—	—	—	—	1	+	—	—	—	1
Nieder-Schönhausen	42	2	4	7	—	8	2	9	—	—	—	—	1	—	—	—	—	—
Schönow	43	5	—	—	—	6	—	10	—	—	—	—	—	—	1	—	—	—
Schwanebeck	57	5	—	—	—	17	—	7	—	—	1+	—	—	—	1	—	1	—
Seeberg	26	5	8	2	—	8	1	2	1	—	—	—	—	—	1	1	—	1
Seefeld	54	5	—	—	—	14	—	3	—	—	—	—	—	—	1	1	1	—
Stolpe	34	5	16	8	—	10	2	10	—	5	—	—	2	+	1	—	1	—
Stolzenhagen	36	—	—	—	—	19	—	1	—	1	—	—	—	—	1	1	1	—
Stralow	—	—	—	—	—	—	—	—	—	—	—	11	—	—	—	—	—	—
Tafsdorf	21½	—	—	3+3	1582—1595	7	2	6	—	—	—	—	1	—	—	1	—	—
Tegel	28	—	—	—	—	8	—	2	—	1½	—	—	—	—	1	1	—	—
Ützdorf	—	—	—	—	—	—	—	2	—	—	1	—	—	—	—	—	—	—
Vogelsdorf	40	5	7	—	—	9	—	2	—	—	—	—	1	—	—	1	—	1
Wandlitz	39	4	—	—	—	17	—	7	—	1	—	—	—	—	1	1	1	—
Wartenberg	40	4	8	5	1602	12	—	5	—	—	—	—	1	—	1	1	—	1
Weifsensee	55½	7	10	23	—	10	7	3	—	—	—	—	1	+	—	—	—	—
Wensickendorf	40	4	—	—	—	18	—	12½	—	—	—		—	—	1	1	1	1
Werder	60	5	—	—	—	15	—	10	—	—	1	—	—	—	1	1	1	—
Woltersdorf	9	—	—	—	—	4	—	9	—	1½	—	—	—	—	1	—	—	—
Zehlendorf	33	4	28	2	—	14	1	25	—	—	—	—	—	+	1	—	1	—
Zepernick	47	5	—	—	—	13	—	10	—	1½	1+	—	—	—	1	—	1	—
Zinndorf	61	5	—	—	—	15	—	9	—	1½	1	—	—	—	1	1	1	—
Zühlsdorf	22	—	—	2	—	9	—	1	—	—	—	—	1	+	1	—	—	—
Sa. 89 Dörfer	3574½	318½	431	206½	—	1032	54	730½	6	47 6/12	18(7)	—	32	16	79(3)	32	35(2)	29(1)

2 Fischerdörf.[2]	—	—	—	—	—	—	—	—	—	—	—	29	—	—	—	1	—	—
2 Schäfereien[3]	—	—	—	—	—	—	—	—	—	—	—	—	2	+	—	—	—	—
4 Mühlen[4]	1	—	—	—	—	—	—	—	—	—	4	—	—	+	—	—	—	—
Wüst liegen[5]	2	—	—	—	—	3	—	1	—	—	—	—	—	—	—	—	—	—

Tabelle III. Ober-Barnim.

Gr.-Barnim	—	—	—	—	—	—	—	—	—	—	—	9	—	—	—	—	—	—
Kl.-Barnim	—	—	—	—	—	—	—	—	—	—	—	10	—	—	—	—	—	—
Batzlow	47	5	8	4+4	1583—1594	12	1	5	1	—	—	—	1	—	1	1	1	—
Beiersdorf	78	5	—	—	—	18	—	8	—	2	2+	—	—	—	1	1	1	—
Biesdorf	51	5	—	—	—	9	—	4	—	2	—	—	—	—	1	1	1	—
Biesow	6	*4*	*34*	—	—	3	—	7	—	—	—	—	1	1	—	—	—	1
Alt-Bliesdorf	26	4	10	—	—	13	—	2	—	1	1	3	1	+	—	—	—	—
Bollersdorf	46	5	—	10+5	1592	8	2+1	4	—	—	—	—	—	—	1	—	—	1
Brunow	26	4	31	13+5	—	7	5+1	4	—	—	—	—	1	+	1	—	—	1
Buchholz	41	5	10	3	1607	10	—	8	—	1/2	1	—	—	—	1	—	—	1
Danewitz	51	5	—	—	—	13	—	11	—	—	—	—	—	—	1	—	1	—
Dannenberg	47	5	20	12+7	1618—1620	12	3+2	6	—	—	—	—	1	—	1	—	1	—
Falkenberg	—	—	—	—	—	—	—	2	1	—	—	25	—	—	1	—	—	—
Frankenfelde	21	3	2	5	1599	7	1	4	—	—	—	—	1	+	—	—	—	1
Freudenberg	18	7	—	—	—	13	—	3	—	—	—	—	—	—	1	1	—	1
Alt-Friedland	8	—	20	—	—	8	—	17	—	3	1	7	1	+	—	—	—	—
Gaul	—	—	—	—	—	—	—	—	—	—	—	13	1	+	—	—	—	—
Garzau	56	5	5	5+11	1598—1620	10	—	9	9	2	1+	—	—	+	1	—	—	1
Gartzin[1]	43	5	4	8	—	9	4	6	—	—	—	—	1	—	1	1	1	—
Gersdorf	47	5	—	—	—	15	—	9	—	—	—	—	1	+	1	—	1	—
Gielsdorf	49	5	16	—	—	13	—	7	—	—	1	—	1	—	1	—	—	1
Grünthal	37	3	—	10+2+2	1608—1616	14	5+2+1	11	1	—	—	—	1	+	1	—	1	—
Grunow	55	5	—	—	—	12	—	3	—	—	—	—	—	—	1	—	—	1
Harnekopf	—	—	*35*	—	—	—	—	5	—	—	—	—	1	+	—	—	—	—
Haselberg	46	5	5	6+4+4	1602—1616	13	2+1+1	7	—	—	1+	—	1	—	1	—	1	—
Hasenholz[2]	48	4	—	—	—	9	—	4	—	—	—	—	1	—	1	1	—	1
Heckelberg	67½	5		—	—	16	—	5	—	—	—	—	—	—	1	1	1	—

Name des Dorfes	Bauernhufen	Pfarr- u. Kirchenhufen	Ritterhufen	Eingezogene Bauernhufen	Zeit der Einziehung	Bauernstellen	Davon eingezogen	Kossätenstellen	Davon eingezogen	Paar Hausleute	Müller	Fischer	Schäfer	Schäferkn. an ? Orten	Hirten	Hirtenknechte	Schmiede	Laufschmiede
Hegermühle	28	4	—	2	—	13	1	3	—	—	1	—	—	—	1	1	—	—
Hirschfelde	63	5	5	14+7+3 +6+4 1/2	1593—1615	17	4+2+1 +1+1	1	—	1	—	—	1	+	1	—	1	—
Hohenfinow	36	4	24	9+5	1615, 1608	15	4	10	1	2	1	—	1	+	—	—	1	—
Hohenstein	57	5	—	—	—	14	—	2	—	—	—	—	—	—	1	1	—	1
Ihlow	38	5	28	2	1583	8	—	3	—	1	—	—	2	—	—	1	—	1
Klobbik	23	5	18	6	—	7	2	9	—	3	2	—	1	+	1	—	1	—
Klosterdorf	36	5	12	—	—	10	—	10	—	2	—	—	1	+	1	—	1	—
Köthen	18	*6*	*14*	—	—	4	—	7	—	—	—	—	1	—	—	—	—	—
Kunersdorf	45[3]	5	21	—	—	11	—	4	—	1	—	—	—	+	1	—	1	—
Ladeburg	82	5	10	—	—	15	—	9	—	—	—	—	—	—	1	—	—	1
Lauenberg	32	4	28	1+8	1584, 1608	9	1	7	—	1/2	1	—	—	+	1	—	1	—
Alt-Lewin	—	—	—	—	—	—	—	—	—	—	—	15	—	—	—	—	—	—
Lichterfelde	48	4	12	8+3	1599, 1620	28	3+1	31	—	7	—	—	1	+	1	—	1	—
Lüdersdorf	15	3	9	4	1599	5	1	7	—	—	—	—	1	—	1	—	—	1
Alt-Medewitz	—	—	—	—	—	—	—	—	—	—	—	19	—	—	—	—	—	—
Melchow	—	—	—	—	—	—	—	4	—	—	—	—	1	+	—	—	—	—
Metzdorf	40	—	—	—	—	8	—	8	—	3	—	—	—	—	1	—	—	1
Mögelin	—	—	—	—	—	—	—	2	—	—	—	—	1	+	—	—	—	—
Hohen-Prädikow	22	—	12	4	1586	6	1	11	2	—	—	—	1	—	1	1	—	1
Nieder-Prädikow	23	5	24	11+4	1590—1620	6	4	5	1	—	—	—	1	1	1	—	—	1
Pritzhagen	10	2	12	—	—	3	—	6	—	—	—	—	1	—	—	1	—	1
Prötzel	24	—	*15*	4+1+2	—	8	2	8	—	1/2	—	—	1	+	1	—	—	1
Alt-Ranft	3	—	—	—	—	—	—	3	—	1	—	20	1	—	—	—	—	—
Reichenberg	45	4	12	4	1586	12	1	5	—	—	—	—	1	+	1	—	1	—
Reichenow	49	3	—	5	1612	12	1	4	—	—	—	—	1	+	1	—	1	—
Ringenwalde	58	4	5	15	1599	12	3	5	—	2	1	—	1	+	1	—	1	—

Rüdnitz	78	5	—	—	—	14	—	6	—	—	—	—	—	—	1	1	—	1
Ruhlsdorf	39	5	—	—	—	8	—	2	—	1	—	—	—	—	1	—	—	—
Schönfeld	97	5	—	—	—	22	—	1	—	—	—	—	—	—	1	—	1	—
Schöpfurth	27	2	—	2	—	15	1	—	—	—	—	—	—	—	1	1	—	—
Schulzendorf	41	5	13	4+1	1612—1624	10	1	6	—	—	—	—	—	—	1	1	1	—
Sommerfelde	43	4½	—	—	—	10	—	12	—	2	—	—	—	+	1	—	—	1
Steinbeck	9	—	—	3	—	3	1	10	—	1½	—	—	1	—	—	1	—	1
Steinfurth	37	3	—	—	—	20	—	7	—	2	—	—	—	—	1	1	1	—
Sternebeck	10	—	18	—	—	2	—	7	—	—	1+	—	—	—	1	1	—	1
Sydow	20	—	—	3	1596	8	1	3	—	1	—	—	—	—	1	1	—	1
Tempelfelde	55	5	—	—	—	19	—	7	—	—	—	—	—	—	1	1	1	—
Tornow	39	5	6	2+4+5	1584—1615	13	1+1	14	—	—	—	—	—	—	1	1	—	1
Tornow	—	—	—	—	—	—	—	—	—	—	—	31	—	—	—	—	—	—
Trampe	49½	5	16	1†7½†4	1544—1621	14	2+1	13	1+1	2	—	—	3	—	1	1	1	—
Alt-Trebin	—	—	—	—	—	—	—	—	—	—	—	8	—	—	—	—	—	—
Tuchen	2	—	—	—	—	2	—	8	—	1	1	—	—	+	1	—	—	—
Wedigendorf	53	5	8	3	—	15	1	6	—	—	—	—	1	—	1	1	—	—
Welsickendorf	37	4	23	1+1+1 +5	1576—1608	9	1+1	5	—	—	—	—	1	+	2	—	—	1
Wesow	72	5	—	—	—	17	—	5	—	—	—	—	—	—	1	—	1	—
Werneuchen	104	5	—	—	—	22	—	8	—	—	2	—	—	+	1	—	1	—
Wiesenthal	46	—	—	6+4+4	1587—1614	12	2+1+1	8	—	—	1	—	1	—	1	1	1	—
Wilkendorf	58	5	—	8+6	1585—1612	11	2+1	7	1	—	—	—	—	—	1	1	—	1
Wilmersdorf	78	5	—	—	—	14	—	5	—	—	1	—	—	—	1	1	1	—
Woltenberg	18	5	40	1+4+6	1593—1614	6	1+1+2	8	—	—	—	—	1	+	—	—	—	1
Alt-Wriezen	—	—	—	—	—	—	—	—	—	—	—	30	—	—	—	—	—	—
Kietz b. Wriezen	—	—	—	—	—	—	—	—	—	—	—	16	—	—	—	—	—	—
Kietz b. Biesenthal	2	—	—	—	—	1	—	—	—	—	—	8	—	—	—	—	—	—
Kietz b. Freienwalde	—	—	—	—	—	—	—	—	—	—	—	29	—	—	—	—	—	—
Sa. 68 Dörfer	2718	251½	585	317	—	733	89	466	18	42 4/2	20(5)	10	40	28	56	26	29	38
13 Fischerd.[4]	5	—	—	—	—	1	—	5	1	2/2	—	233	2	+	1	—	—	—
1 Schäf. (Beerbaum)	—	—	—	—	—	—	—	—	—	—	—	—	1	—	—	—	—	—
2 Mühlen[5]	—	—	—	—	—	—	—	—	—	—	2	—	—	—	—	—	—	—
Wüst liegen[6]	22	—	—	—	—	2	—	6	—	—	—	—	—	—	—	—	—	—

Tabelle IV. West-Havelland.

Name des Dorfes	Bauern-hufen	Pfarr- u. Kirchenhufen	Ritter-hufen	Eingezogene Bauernhufen	Zeit der Einziehung	Bauern-stellen	Davon eingezogen	Kossäten-stellen	Davon eingezogen	Paar Hausleute	Müller	Fischer	Schäfer	Schäferkn. an ? Orten	Hirten	Hirten-knechte	Schmiede	Lauf-schmiede
Gr.-Bähnitz	70	2	—	14	1618	27	5	12	—	2	1	—	—	+	2	—	1	—
Kl.-Bähnitz	22	—	12	—	—	9	—	11	3	5	—	—	1	+	1	—	—	1
Bagow	11	1	7	—	—	7	—	3	—	—	—	—	1	+	1	—	—	1
Bamme	31	—	—	—	—	14	—	10	—	—	1+	—	—	—	1	—	1+	—
Bornewitz	26	2	—	—	—	13	—	13	—	$^1/_2$	—	—	—	—	2	—	1	—
Berge	49	4	7	$6^1/_2$	—	17	1	11	—	—	—	—	2	+	1	—	1	—
Bredikow	33	—	—	—	—	18	—	4	—	$3^1/_2$	—	—	—	+	2	—	1	—
Brielow	34	2	1	—	—	12	—	8	—	—	—	—	—	—	1	1	—	—
Briest	14	—	—	—	—	7	—	9	—	1	—	—	—	—	1	1	—	—
Buckow	12	—	—	—	—	11	—	3	—	—	—	—	—	—	1	—	—	1
Buschow	12	*1*	5	1	—	8	1	14	—	2	1+	—	—	—	1	1	1	—
Butzow	24	*1*	—	—	—	13	—	4	—	—	—	—	—	—	1	1	—	1
Damme[1]	16	—	—	—	—	10	—	$2^1/_2$	—	—	1	—	—	—	1	1	—	—
Döberitz	13	—	—	—	—	12	—	4	—	—	—	—	—	—	1	1	—	1
Ferchesar b. Brandb.	22	—	—	—	—	11	—	10	—	1	—	—	—	—	1	1	—	1
Ferchesar b. Rathenow	25	2	5	6	—	7	1	14	—	1	—	—	—	+	1	—	—	1
Fohrde	42	—	—	—	—	15	—	7	—	—	—	—	—	+	1	—	—	1
Garlitz	40	2	—	—	—	20	—	$15^1/_2$	—	—	1+	—	—	+	2	—	1	—
Görne	32	—	—	3	—	17	2	2	—	$5^1/_2$	—	—	1	+	1	—	1	—
Gohlitz	60	—	—	—	—	14	—	5	—	$1^1/_2$	—	—	—	+	1	—	1	—
Gortz	24	1	9	—	—	11	—	5	—	—	—	—	1	+	—	—	—	1
Gröningen	25	—	—	—	—	8	—	7	—	—	—	—	—	+	1	—	—	1
Gülpe	—	—	—	—	—	—	—	2	—	$1^3/_2$	—	18	—	—	1	1	—	—
Gutenpaaren	$21^1/_2$	—	$7^1/_2$	—	—	8	—	6	—	2	—	—	1	+	1	—	—	1
Hage	34	—	—	4	—	20	2	4	—	9	—	—	1	+	1	—	1	—

Hohennauen	10	2	16	4	1620	5	2	16	1	1½	—	7	3	+	1	—	1	—
Ketzür	12	2	12	—	—	5	—	9	—	1	1	—	—	—	1	—	1	—
Kleessen	11	—	6	—	—	6	—	8	—	5	—	—	1	+	2	—	—	—
Kotzen	23	—	17	2+2	1600	17	1+1	10	—	6	—	—	2	+	1	—	1	—
Kreutz	10½	—	4	—	—	4	—	20	—	2	—	—	—	—	1	1	—	—
Kriele	30	2	—	4+3	1580—1620	14	1	9	—	—	1	—	1	+	1	—	1	—
Landen	10	—	6	3	1620	6	1	8	—	1	—	—	1	—	1	1	—	1
Liepe	18½	2	5	—	—	11	—	2	—	3	—	—	—	—	1	1	1	—
Lietzow	16½	2	12½	—	—	12	—	13	—	1	—	—	1	+	—	—	1	—
Lüchnow	12	2	10	—	—	6	—	6	—	2	—	—	—	—	1	1	—	—
Marzahne	29	1	—	—	—	13	—	6	—	2	—	—	—	+	1	—	1	—
Mögeln	11	—	—	—	—	10	—	5	—	—	—	—	—	—	1		—	1
Möthlow	19½	2	8½	—	—	11	—	6	—	1	—	—	1	+	1	—	1	—
Mützlitz	25	—	—	—	—	13	—	9	—	—	—	—	—	—	1	1	1	—
Neuhausen	14	2	21	—	—	8	—	14	2	2	1	—	2	+	1	—	1	—
Neuendorf	20	—	—	—	—	7	—	1	—	2	—	—	—	—	1	1	—	—
Niebede	28	2	—	—	—	8	—	5	—	2½	—	—	—	—	1	1	—	1
Päwesin	36	—	—	—	—	11	—	3	—	5	—	1	—	+	1	—	—	1
Parey	—	—	—	—	—	—	—	—	—	—	—	13	—	—	1	—	—	—
Pessin	27	—	17	6+2	1586—1614	17	2	26	1	2	1+	—	1	+	1	—	1	—
Prietzen	31	—	—	—	—	12	—	2	—	—	—	—	—	—	1	1	—	—
Premnitz	24	—	—	—		14	—	10	—	1	—	—	—	+	1	—	—	1
Radewege	42½	—	—	—	—	16	—	1	—	—	—	—	—	—	1	1	—	—
Retzow	27½	3	30	1	1616	16	1	23	—	3	—	—	—	+	2	—	1	—
Ribbeck	15	2	13	2+2½	1609	11	3	20½	—	18	—	—	2	+	1	—	1	—
Riewendt	12	—	—	—	—	7	—	3	—	—	—	—	1	+	1	—	—	—
Roscow	41	1	4	4	—	13	1	9	—	—	—	—	1	—	1	1	1	—
Saaringen	—	—	—	—	—	—	—	—	—	—	—	11	—	—	1	—	—	—
Selbelang	32	—	—	32	—	5	5	9⁸/₂	—		—	—	1	—	1	—	1	—
Semlin	20	—	—	—	—	13	—	9	—	—	—	—	—	—	1	—	—	—
Sentzke	14	2	8	5	1620	14	—	4	1	1½	—	—	1	+	1	—	1	—
Spaatz	25	2	6	—	—	15	—	9	—	—	—	—	—	+	1	—	1	—
Stechow	21	3	11	3	1621	13	2	11	—	3½	—	—	1	+	1,1+	—	1	—
Stölln	21	—	19	—	—	12	—	4	—	2½	—	—	2	+	1	—	—	—

Name des Dorfes	Bauern-hufen	Pfarr- u. Kirchenhufen	Ritter-hufen	Eingezogene Bauernhufen	Zeit der Einziehung	Bauern-stellen	Davon eingezogen	Kossäten-stellen	Davon eingezogen	Paar Hausleute	Müller	Fischer	Schäfer	Schäferkn. an ? Orten	Hirten	Hirten-knechte	Schmiede	Lauf-schmiede
Strodehne[2]	25	*2*	—	—	—	23	—	14	—	2	—	—	1	+	2	—	—	1
Tremmen[3]	87	—	—	—	—	22	—	11	—	4½	1+	—	—	+	2	—	1	—
Vietznitz	27¾	—	—	4	1620	14	2	2¹/₁	—	4	—	—	—	+	1	—	—	1
Wachow	53½	—	6½	—	—	16	—	9	—	1	1+	—	1	+	1	—	1	—
Wagenitz	21	—	*11*	—	—	18	—	3	—	4½	—	—	1	—	1	1	1	—
Warsee	20	—	—	—	—	9	—	—	—	1	—	—	—	—	1	1	—	1
Wassersuppe	4	—	8	—	—	2	—	8	—	1	—	—	—	—	1	—	—	—
Weseram	35	2	—	—	—	12	—	9	—	½	—	—	—	—	1	1	1	—
Witzke	13	2	2	—	—	5	—	6	—	—	—	—	—	—	1	—	—	—
Wolsier	9	—	3	—	—	5	—	8	—	—	—	—	—	—	1	1	—	—
Zachow	43	—	—	—	—	11	—	7	—	2	—	—	—	—	1	1	1	—
Sa. 67 Dörfer	1719¾	56	309	114	—	789	35	550¹²/₂	9	117¹²/₂	11(6)	8	32	33	74(1)	22	33(1)	18
11 Schäfereien[4]	—	—	—	—	—	—	—	—	—	—	—	—	11	11	—	—	—	—
6 Fischerd.[5]	—	—	—	—	—	—	—	4	—	6³/₂	1	94	—	—	3	1	—	—
Wüst liegen[6]	8	—	—	—	—	7	—	3	—	—	—	—	—	—	—	—	—	—

Tabelle V. Ost-Havelland.

Bahnitz[1]	16	—	—	—	—	8	—	12	—	—	—	—	—	—	1	1	—	—
Betzin[2]	24	—	—	—	—	16	—	5	—	3	—	—	1	1	1	—	1	—
Börnick	48	3	—	—	—	20	—	8½	—	2	—	—	1	—	1	1	1	—
Bötzow	50	3	12	2+2+2½	1607—1621	20	2	24	1	—	—	—	1	—	1,1+	1	1	—
Bredow	39	*3*	*15*	2	—	13	—	27	1	14	1+	—	1	+	1	—	1	—
Buchow {	18	—	5	3+3	—	7	1	7	4	—	—	—	1	—	—	—	1	—
Carpzow {	16½	—	6	3½	—	11	3	3	—	2	—	—	—	—	1	—	—	—

Brunne	33	4	3	2½+1	1588—1624	23	2	4	—	5	—	—	1	+	1	—	1	—
Cadow	44	—	—	—	—	6	—	2	—	—	—	—	—	—	1	—	—	—
Carvesee	22½	2	8½	1½	—	13	1	8	—	3	—	—	1	+	1	—	1	—
Dallgow	49	1	—	—	—	21	—	8	—	1	—	—	—	—	2	1	1	—
Dechtow	28	2	10	2½+4	1616—1620	16	2	11½	—	4½	—	—	3	+	1	—	1	—
Döberitz	21½	—	23	3	—	7	1	3	—	—	—	—	1	+	1	—	—	1
Dyrotz	42	2	6	3	1622	15	1	13	—	2	—	—	1	+	1	—	1	—
Eichstedt	35½	2	8½	—	—	15	—	3	—	½	—	—	—	+	1	—	1	—
Etzin	54	2	4	—	—	15	—	3	—	—	1	—	—	—	1	1	—	—
Fahrland	42	—	18	—	—	14	—	17	—	4	1+	10	2	+	1	—	1	—
Falkenhagen	60	2	—	—	—	19	—	21	—	2	—	—	—	—	2	—	—	1
Falkenrede	33	1	6	—	—	13	—	14	—	1½	—	—	1	+	—	—	1	—
Flatow	55	2	5	2	1620	23	1	4	—	2½	—	—	2	+	1	—	1	—
Gatow	52	4	—	—	—	9	—	2	—	—	—	—	—	+	1	—	—	—
Gr.-Glienicke	52	—	8	—	—	9	—	3	—	1	—	—	1	+	1	—	—	1
Grünefeld	49	3	—	2	—	26	1	4	—	—	—	—	1+	+	1	—	—	—
Hackenberg	38	—	—	—	—	21	—	2	—	6	—	2	1	+	1	—	1	—
Hennigsdorf	—	—	—	—	—	—	—	—	—	—	—	*15*	—	—	—	—	—	—
Hoppenrade	30	—	—	—	—	10	—	2	—	½	—	—	—	—	1	—	—	1
Kartzow	38	2	—	8	1604	10	3	4	—	2	—	—	—	—	1	1	1+	—
Kietz bei Potsdam	—	—	—	—	—	—	—	—	—	—	—	22	—	—	—	—	—	—
Knobloch	35	2	7	—	—	12	—	1	—	—	—	—	1	+	—	+	1	—
Lenzke[4]	27	2	21	—	—	23	—	12	—	14	—	—	1	+	2	—	—	—
Linum	61½	—	—	4	—	27	1	10	—	7½	—	—	1	+	—	—	1	—
Markau	47	3	5	5	—	11	1	9	—	5	—	—	1	+	1	—	1	—
Markee	49	—	10	6	—	15	1	8	—	8	—	—	1	+	1	—	1	—
Marquardt	33	2	5	—	—	6	—	4	—	—	—	—	—	—	1	—	—	1
Marwitz	62	2	2	6	—	30	1	3	—	2½	—	—	2	+	1	—	1	—
Nieder-Neuendorf	13	—	3	—	—	7	1	5	—	½	—	—	—	—	1	1	—	—
Nitzahne[3]	28	2	—	—	—	14	—	6	—	1	1	—	1	—	1	1	1	—
Paaren im Glin	34	1½	1½	1½	—	27	1	5	—	4	—	—	1	—	1	—	1	—
Paaren a. d. Wublitz	15¾	2	13	—	—	5	—	6	—	1	—	—	—	—	1	—	—	—
Paretz	22½	2	13	5½	—	9	1	12	—	—	—	—	1	—	—	—	—	1
Pausin	50	—	—	—	—	19	—	9	—	1½	—	—	—	—	2	1	—	1

Name des Dorfes	Bauern-hufen	Pfarr- u. Kirchenhufen	Ritter-hufen	Eingezogene Bauernhufen	Zeit der Einziehung	Bauern-stellen	Davon eingezogen	Kossäten-stellen	Davon eingezogen	Paar Hausleute	Müller	Fischer	Schäfer	Schäferkn. an ? Orten	Hirten	Hirten-knechte	Schmiede	Lauf-schmiede
Perwenitz	29	2	11	5+2	1620—1623	16	3	5	—	—	—	—	1	+	1	—	1+	—
Pichelsdorf	—	—	—	—	—	—	—	—	—	—	—	*14*	—	—	—	—	—	—
Priort	24	—	6	7	1620	8	2	5	1	—	—	—	1	1	1	—	—	—
Rohrbeck [5]	36	4	—	—	—	10	—	7	—	—	—	1	—	—	1	1	1+	—
Sacrow	10	—	3	9½	—	6	3	3	—	—	—	—	1	+	—	—	—	—
Satzkorn	13½	—	18½	3	—	5	1	8	1	—	—	—	—	—	1	1	1	—
Schönwalde	27	—	7½	6	—	13	3	14½	2	—	—	—	1	+	1	—	—	1
Schwante	39	3	18	3	1598	15	—	12	—	3	—	—	1	+	1	—	1	—
Seeburg	57	3	—	—	—	11	—	—	—	—	—	—	—	—	1	1	—	1
Seegefeld	38	—	4½	3	1596	14	1	12	—	3½	—	—	—	+	2	—	—	1
Staaken	59	3	—	—	—	18	—	5	—	—	—	—	—	—	1	1	—	1
Staffelde	33	3	13	7	—	14	1	9	—	4	—	—	1	+	1	—	—	1
Tarmow	38½	2	2½	1½	—	24	1	1½	—	1	—	—	1	+	1	—	1	—
Tietzow	41	4	7	—	—	16	—	13⁴/₂	½	2½	—	—	—	—	2	1	1	—
Uetz	22	2	10	3	1624	8	1	—	1	3	1	—	1	—	1	—	—	—
Vehlefanz	38½	—	23	1½	—	24	—	13	—	10	—	6	2	+	1	—	1	—
Velten	43	—	—	—	—	15½	—	9½	—	2½	—	—	—	—	1	1	—	—
Verbitz	16	*2*	22	—	—	6	—	7	—	—	—	—	1	—	1	—	—	—
Wansdorf	36	3	7	3	1599	15	1	13	—	—	—	—	1	+	1	—	—	1
Wernitz	37	—	—	—	—	10	—	2	—	½	—	—	—	—	1	1	1	—
Wustermark	39	—	3	—	—	15	—	4	—	3½	—	—	—	—	1	1	1	—
Zeestow	19½	1	8	4½	—	8	2	6	2	7½	—	—	—	—	1	1	1	—
Gr.-Ziethen	33½	3	15	4½	—	14	2	9	1	2	—	—	1	+	—	—	1	—
Sa. 61 Dörfer	2197¼	91½	399½	137	—	868½	46	461⁹/₂	14½	137¹⁵/₂	5(2)	19	43	32	61(1)	19	34(3)	13

Die Dörfer der Insel Potsdam[6].

Bornim	39	*5*	*19*	22	—	15	2	10	—	$1^1/_2$	1+	—	2	+	1	—	1	—
Bornstedt	20	1	8	—	—	8	—	3	—	—	—	—	1	—	1	1	—	—
Eiche	8	—	—	—	—	4	—	5	—	—	—	—	—	—	1	—	—	—
Gelte	8	*2*	*18*	—	—	2	—	9	—	—	1	—	1	+	—	—	—	—
Golm	20	1	—	20	—	1	1	12	—	$1^1/_2$	1+	—	—	+	1	—	—	—
Grube	4	—	4	—	—	2	—	8	—	—	—	—	—	—	1	1	—	—
Nedelitz	4	—	—	—	—	2	—	2	—	1	—	—	—	—	1	—	—	—
Sa. 7 Dörfer	93	9	49	42	—	34	3	49	—	$3^2/_2$	3(3)	—	4	3	6	2	1	—

Die Dörfer in Land Löwenberg[7].

Badingen	37	—	—	4	—	21	2	8	—	—	—	—	1	+	1	—	1	—
Beetz	44	6	29	3	—	17	1	$12^3/_2$	1	—	1	—	1	+	1	—	1	—
Bergsdorff	60	4	—	—	—	29	—	11	—	$1^1/_2$	—	—	—	—	2	1	1	—
Grüneberg	57	—	—	2	—	27	1	10	—	$7^1/_2$	—	—	1	—	2	—	1	—
Löwenberg	55	—	—	—	—	18	—	12	—	1	—	—	2	—	1	—	1	—
Mildenberg	50	2	—	—	—	28	—	6	—	—	—	—	—	—	2	—	1	—
Sommerfeld	48	—	—	—	—	13	—	12	—	—	1	—	—	—	1	1	1	—
Teschendorf	57	—	—	—	—	17	—	12	—	—	—	—	1	+	1	—	1	—
Zebelsdorf	22	—	—	—	—	10	—	5	—	—	—	—	—	—	1	—	—	—
Sa. 9 Dörfer	430	12	29	8	—	180	4	$88^3/_2$	1	$9^1/_2$	2	—	6	3	12	2	8	—
Sa. Sa. 77 Dörfer	$2720^1/_4$	$112^1/_2$	$477^1/_2$	187	—	$1082^1/_2$	53	$598^{12}/_2$	$15^1/_2$	$149^{19}/_2$	10	19	53	38	79	23	43	13
4 Schäfereien[8]	—	—	—	—	—	—	—	—	—	—	—	—	4	4	—	—	—	—
4 Fischerd.[9]	—	—	—	—	—	—	—	—	—	—	—	57	—	—	—	—	—	—
2 Leinew.[10]	—	—	—	—	—	—	—	—	—	—	—	—	—	—	—	—	—	—
1 Schneider[11]	—	—	—	—	—	—	—	—	—	—	—	—	—	—	—	—	—	—
Wüst liegen[12]	2	—	—	—	—	5	—	7	—	—	—	2	—	—	—	—	—	—

Tabelle VI. Zauche.

Name des Dorfes	Bauern-hufen	Pfarr- u. Kirchenhufen	Ritter-hufen	Eingezogene Bauernhufen	Zeit der Einziehung	Bauern-stellen	Davon eingezogen	Kossiten-stellen	Davon eingezogen	Paar Hausleute	Müller	Fischer	Schäfer	Schäferkn. an ? Orten	Hirten	Hirten-knechte	Schmiede	Lauf-schmiede
Bergholz	18	2	—	—	—	10	—	5	—	—	—	—	—	—	1	1	—	—
Bliesendorf	30	2	—	—	—	10	—	3	—	1½	—	—	—	—	1	1	—	1
Bochow	52	2	—	—	—	11	—	3	—	1	—	—	—	—	1	1	1	—
Deutsch Bork	24	—	—	—	—	7	—	6	—	—	—	—	—	—	1	1	—	1
Wendisch Bork	26	—	—	—	—	12	—	3	—	2	—	—	—	—	1	—	—	1
Brachwitz	—	—	—	—	—	11	—	11	—	1½	—	—	—	—	1	—	1	—
Buchholz	40	2	—	—	—	17	—	14	—	—	—	—	—	—	1	—	1	—
Cummerode	—	—	—	—	—	—	—	—	—	—	—	—	1	+	—	—	—	—
Cunnersdorf	—	—	—	—	—	—	—	—	—	—	—	—	1	+	—	—	—	—
Damelang	—	—	—	—	—	—	—	21	—	1½	—	—	—	—	1	—	—	—
Damsdorf	34	—	6	—	—	9	—	7	—	2	—	—	1	—	1	1	1	—
Deetz	42	2	—	—	—	10	—	5	—	2	—	1	1	+	1	—	1	—
Drewitz	37	2	—	—	—	10	—	5	—	6	—	—	—	—	1	1	—	1
Elsholz	39	3	—	—	—	13	—	7	—	6	—	—	—	+	1	—	—	1
Ferch	10	—	—	—	—	7	—	2	—	—	1+	—	—	—	1	1	—	—
Freesdorf	48	—	—	—	—	11	—	3	—	3	—	—	—	—	1	—	—	1
Golzow	3½	—	—	—	—	4	—	20	—	4	1	—	1	+	1	—	1+	—
Glindow	44	4	—	—	—	16	—	2½	—	—	—	—	—	—	1	—	1	—
Gollwitz	10½	—	21½	3½	1598	3	1	11	—	1	—	—	—	—	1	1	—	—
Guhlsdorf	40	2	—	—	—	11	—	3	—	—	—	—	—	—	1	—	—	1
Göttin	—	—	—	—	—	—	—	—	—	—	—	7	—	—	1	—	—	—
Göttin	25	1	4	4	1626	8	1	2	1	—	—	—	—	—	1	1	—	—
Götz	27	—	—	—	—	9	—	9	—	2	—	2	1	—	—	—	1	—
Grebs	53	1½	—	—	—	12	—	3	—	1	—	—	—	—	1	1	—	1
Gr.-Kreutz	39	2	12	3+1	1623	10	1	10	—	1	—	—	1	+	1	—	1	—

Grüneiche	—	—	—	—	—	—	—	—	—	—	—	—	1	+	—	—	—	—
Jeserig	51	2	—	21	—	11	3	2	1	1	—	—	1	+	1	—	—	1
Kähnsdorf	22	2	—	—	—	8	—	—	—	—	—	—	—	—	1	—	—	—
Kammer	25	—	5	4	1578	12	1	15	—	—	—	—	1	+	1	—	1	—
Kamnitz	6	2	11	—	—	3	—	3	—	—	—	—	—	—	1	1	—	1
Körzin	9	—	—	—	—	7	—	2	—	—	—	—	—	—	1	—	—	1
Krahne	45	2	16	6+9	1604—1629	14	2+4	4/2	—	1	—	—	1	—	—	1	1	—
Krielow	32	—	—	—	—	8	—	5	—	1	1+	—	—	—	1	1	—	1
Alt-Langerwische	23	2	—	—	—	5	—	2	—	—	1	—	1	—	1	—	—	1
Neu-Langerwische	34	—	—	10	—	10	1	5½	1	2	—	—	1	—	1	1	—	—
Leest	10	—	—	—	—	4	—	3	—	—	—	—	—	—	1	—	—	—
Lühsdorf	15	—	—	—	—	13	—	1	—	1½	—	—	—	—	1	—	—	—
Mesdung	—	—	—	—	—	—	—	13	—	—	—	—	—	—	—	—	—	—
Michelsdorf	24	2	5	—	—	8	—	1	—	2	—	—	—	—	1	1	—	1
Miechendorf	24	—	8	—	—	5	—	—	—	1	—	—	—	—	1	—	—	—
Möllendorf	—	—	—	—	—	—	—	—	—	—	—	—	1	+	—	—	—	—
Namitz	—	—	—	—	—	—	—	18	—	2	—	—	—	—	1	1	—	—
Netzem	24	*1*	—	—	—	10	—	5	—	—	—	—	—	—	1	—	1+	—
Neuendorf	36	—	—	4	—	9	1	5	1	1½	1	—	1	—	1	1	—	—
Nichel	34	—	—	—	—	7	—	9⁵/₂	—	½	—	—	1	—	1	1	1	—
Niebel	12	—	—	3	1619	10	1	2½	—	3	—	—	—	—	1	1	—	—
Pernitz	25½	—	—	—	—	12	—	7	—	2½	—	—	1	—	1	1	—	1
Petzow	32	1	—	—	—	7	—	1	—	—	—	—	—	—	1	—	—	1
Phöben	22	—	—	—	—	4	—	5	—	—	—	9	—	—	1	—	—	—
Plessow	19	1	4	2	1620	6	—	4	—	½	—	—	—	—	1	1	—	—
Plötzin	57	1	—	—	—	13	—	7	—	1½	1+	—	—	—	1	1	1	—
Prützke	24	—	—	—	—	13	—	9	—	½	—	—	—	—	1	1	—	—
Rädel	—	—	—	—	—	—	—	23	—	4	—	—	—	—	1	1	—	1+
Rähsdorf	18	—	—	—	—	9	—	5	—	4	—	—	—	—	1	—	—	—
Reckahn	29	—	—	26	1619	10	9	5	4	—	—	—	—	—	1	—	—	—
Rieben	41	2	3	6	1623	13	1	5	—	1	—	—	—	—	1	—	—	—
Rietz	18	4	—	—	—	9	—	6	—	½	—	—	—	—	1	—	—	—
Rotscherlinde	—	—	—	—	—	—	—	—	—	—	—	—	1	+	1	—	—	—
Schäpe	22	—	—	—	—	10	—	3	—	1	—	—	—	—	1	1	—	—

Name des Dorfes	Bauernstellen	Pfarr- u. Kirchenhufen	Ritterhufen	Eingezogene Bauernhufen	Zeit der Einziehung	Bauernstellen	Davon eingezogen	Kossätenstellen	Davon eingezogen	Paar Hausleute	Müller	Fischer	Schäfer	Schäferkn. an ? Orten	Hirten	Hirtenknechte	Schmiede	Laufschmiede
Schiass	7	—	—	—	—	6	—	3	—	—	—	—	—	—	—	—	—	—
Schlalach	21	—	3	3	1620	12	1	19½	—	1½	1+	—	—	—	1	1	1	—
Schlunkendorf	40	2	—	—	—	9	—	3	—	—	—	—	—	—	1	—	—	1
Schmertzke	23	—	—	—	—	12	—	6	—	—	—	—	—	—	1	1	—	—
Schönefeld	29	3	—	—	—	14	—	1	—	—	—	—	—	+	1	—	—	1
Schmergow	57	1	—	—	—	13	—	6	—	2½	—	2	—	—	2	1	1	—
Schwiena	36	—	—	4	—	9	1	5	—	—	—	—	1	—	1	1	—	1
Seddin	20	—	—	—	—	9	—	—	—	—	—	—	—	—	1	—	—	—
Stücken	50	—	6	3	1603	11	1	11	—	1	—	—	1	+	1	—	—	1
Töpelitz	16	—	—	—	—	5	—	6	—	2	1+	—	1	+	1	—	1	—
Tornow	—	—	—	—	—	—	—	—	—	—	—	—	1	+	1	—	—	—
Trechwitz	34	—	6	4	1584	10	1	9	—	3½	—	—	1	+	1	—	1	—
Tremsdorf	13	—	—	—	—	6	—	6½	—	1	—	—	—	—	1	—	—	—
Wildenbruch	68	2	—	—	—	14	—	4	—	—	1+	—	—	—	1	—	1	—
Wittbriezen	46	2	18	20	—	15	4	8	1	7	1	—	2	+	1	—	1	—
Wuhst	21	—	—	—	—	10	—	7	—	2	—	—	—	—	1	1	—	—
Zauchwitz	58	—	—	—	—	15	—	7	—	3	—	—	—	—	1	1	—	1
Sa. 70 Dörfer	1874	57½	128½	136½	—	631	34	427 14/2	9	84 14/2	10(6)	15	25	16	68	31	20(2)	22(1)

Das Ländchen Beerwalde[1].

Name des Dorfes	Bauernstellen	Pfarr- u. Kirchenhufen	Ritterhufen	Eingezogene Bauernhufen	Zeit der Einziehung	Bauernstellen	Davon eingezogen	Kossätenstellen	Davon eingezogen	Paar Hausleute	Müller	Fischer	Schäfer	Schäferkn. an ? Orten	Hirten	Hirtenknechte	Schmiede	Laufschmiede
Beerwalde	—	—	—	—	—	—	—	5	—	—	—	—	—	—	—	—	—	—
Hermsdorf	30	—	—	5	1622	13	1	1	—	—	—	—	—	—	1	—	—	1
Cössin	18	—	—	—	—	8	—	3	—	—	—	—	—	—	—	—	—	—
Meinsdorf	31	—	—	5	1624	15	2	6	—	—	2	—	—	—	1	—	1	—
Rinow	13	—	—	—	—	9	—	4	—	—	—	—	—	—	—	—	—	—
Weißen	18	—	—	—	—	7	—	3	—	—	—	—	—	—	—	—	—	—
Wippersdorf	14	—	—	—	—	4	—	4	—	—	—	—	1	—	1	—	—	—
Sa. 7 Dörfer	124	—	—	10	—	56	3	26	—	—	2	—	1	—	3	—	1	1

Amt Ziesar[2].

Böcke	20	2	—	—	—	10	—	6	—	—	—	—	—	—	1	1	—	1
Bramsdorf	15	—	—	—	—	5	—	10½	—	—	—	—	—	—	1	—	—	1
Kl.-Briesen	—	—	—	—	—	—	—	11	—	—	—	—	—	—	—	—	—	—
Buckau	13	—	—	—	—	8	—	7½	—	—	1	—	—	—	1	—	1	—
Bücknitz	65	—	—	—	—	21	—	3	—	—	2	—	—	+	1	—	1	—
Cöpernitz	18	—	—	—	—	8	—	3½	—	—	—	—	—	—	1	—	—	—
Glienecke	37½	1	—	—	—	19	—	6	—	—	—	—	1	+	1	—	1	—
Gräben	16	—	4	—	—	8	—	9	—	—	1	—	1	—	1	—	1	—
Grüningen	17	—	7	—	—	8	—	9	—	—	—	—	—	—	1	1	1+	—
Gr.-Lübars	15	—	—	—	—	10	—	8	—	—	—	—	1	—	1	—	—	1
Kl.-Lübars	6	—	—	—	—	3	—	1½	—	—	1	—	—	—	1	—	—	—
Magdeburgisch-Forth	4	—	—	—	—	1	—	4	—	—	1	—	—	—	—	—	—	—
Rottstock	40	—	—	—		12	—	4	—	—	—	—	—	—	1	—	—	—
Wentzlow	24	—	—	—	—	15	—	9	—	—	1+	—	—	—	1	1	—	1
Werbig	24	—	—	—	—	12	—	8	—	—	—	—	—	—	1	1	—	1
Wollin	45½	—	—	—	—	19	—	11	—	—	—	—	1	+	1	—	—	1
Zitz	28	1	2	—	—	18	—	7	—	1½	—	—	—	—	1	1	1	—
Sa. 17 Dörfer	403	4	11	—	—	177	—	115¹⁴/₂	—	1½	7(1)	—	4	3	15	5	6(1)	6
Sa. Sa. 94 Dörfer	2501	61½	139½	146½	—	864	37	568²⁸/₂	9	85¹⁵/₂	19	15	30	19	86	36	27	29
12 Schäfereien[3]	—	—	—	—	—	—	—	—	—	—	—	—	12	12	1	—	—	—
1 Fischerdorf[4]	—	—	—	—	—	—	—	—	—	—	—	7	—	—	1	—	—	—
1 Schneider[5]	—	—	—	—	—	—	—	—	—	—	—	—	—	—	—	—	—	—
Wüst liegen[6]	—	—	—	—	—	4	—	—	—	—	—	—	—	—	—	—	—	—

Tabelle VII. Lebus.

Ahrensdorf	60	—	—	—	—	20	—	18	—	1½	—	—	1	+	1	—	1	—
Belendorf	28	4	14	2+7	1576—1608	8	1+2	5	—	—	—	—	1	+	1	—	—	1
Berckenbrück	—	—	—	—	—	—	—	—	—	2	—	21	—	—	1	—	—	—
Berfelde	55	5	11	4	—	14	—	8	—	1½	—	—	1	+	1	—	1	—

Name des Dorfes	Bauern-hufen	Pfarr- u. Kirchenhufen	Ritter-hufen	Eingezogene Bauernhufen	Zeit der Einziehung	Bauern-stellen	Davon eingezogen	Kossäten-stellen	Davon eingezogen	Paar Hausleute	Müller	Fischer	Schäfer	Schäferkn. an ? Orten	Hirten	Hirten-knechte	Schmiede	Lauf-schmiede
Biegen	44	—	12	2	—	17	1	17	1	4	—	—	1	+	1	—	1	—
Bodelzig	27	—	30	—	—	11	—	14	—	—	1	—	3	+	1,1+	—	1	—
Bossen	63	4	—	4	—	19	1	41	—	3½	3	—	2	+	1	—	—	—
Briesen	22	2	—	—	—	8	—	20	—	—	1+	—	1	—	—	—	—	1
Briesekow	14	—	—	—	—	10	—	23	—	1	—	—	—	—	1	—	—	—
Buchholz	46	4	—	—	—	18	—	4	—	2½	—	—	—	—	1	1	1	—
Cartzig	12	4	3½	2	—	6	1	6	—	1	1	—	1	—	1	—	—	—
Clessin	—	—	—	—	—	—	—	4	—	1	—	—	1	—	—	1	—	—
Cliestow	50	—	—	5+4+5	1608	11	1+1+1	9	—	2	—	—	2	+	1	—	1	—
Dahmsdorf	29	4	—	—	—	12	—	6	—	2	—	—	—	—	1	1	—	1
Demnitz	39	4	12	5	1582	12	1	16	1	—	—	—	1	—	1	—	1	—
Diedersdorf	—	—	—	—	—	—	—	6	—	—	1	—	2	—	—	1	—	—
Döbberin	39	5	—	—	—	10	—	3	—	1½	—	—	—	—	1	—	1	—
Dolgelin	48	—	—	—	—	20	—	18	—	6	—	—	—	—	1	1	1	—
Eggersdorf	50	4	—	—	—	12	—	2	—	—	—	—	—	—	1	1	1	—
Falkenberg	12	—	—	—	—	4	—	13	—	1	—	—	2	—	1	1	—	1
Friedersdorf	25½	3	16	—	—	8	—	11	—	4	1	—	1	+	1	—	1	—
Genschmar	8	—	—	—	—	8	—	4	—	7½	—	—	—	—	1	1	—	—
Görlsdorf	51	3	9	4	—	14	1	10	1	—	2	—	—	+	1	—	1	—
Goltzow	14	—	—	—	—	12	—	14	—	10	—	—	1	—	1	1	1	—
Gorgast	9	—	—	—	—	9	—	18	—	$8^{7}/_{2}$	—	—	—	—	1	—	1	—
Gusow	9	5	29	—	—	5	—	21	—	4	1	—	2	+	—	—	—	—
Hasenfelde	60	—	—	—	—	15	—	12	—	1	—	—	—	—	1,1+	1	1	—
Hathenow	20	—	—	—	—	9	—	9	—	4	—	—	1	—	1	—	—	1
Heinersdorf	73	4	—	14½+ 13½	—	26	3+5	19½	1	1	—	—	1	+	1,1+	—	1	—
Hermersdorf	31	4	24	4	—	9	1	$13^{5}/_{2}$	—	—	—	—	1	+	—	—	1	—

Hohenjehsar	33	5	11	8	—	8	2	8	—	—	1	—	1	+	1	—	—	1
Hohenwalde	34	4	4	10	—	9	1	18	—	—	—	—	1	+	1	—	1	—
Hoppengarten	3	—	—	—	—	1	—	9	—	—	1+	—	—	—	1	—	—	—
Jacobsdorf	53	3	6	—	—	19	—	12	—	1	—	—	1	+	1	—	1	—
Jänikendorf	48	—	—	—	—	12	—	6	—	1	—	—	1	—	1	—	—	1
Jahnsfelde	23	4	23	8	—	8	4	7	4	1	—	—	1	+	1	—	—	—
Kersdorf	—	—	—	—	—	—	—	$12^{5}/_{2}$	—	—	1	—	—	—	1	—	—	—
Kienbaum [1]	24	—	—	—	—	13	—	2	—	2	—	—	—	—	1	1	—	—
Kienitz	—	—	—	—	—	—	—	—	—	$1^{1}/_{2}$	—	29	—	—	1	1	—	1
Kunersdorf	14	2	8	—	—	4	—	7	—	$^{1}/_{2}$	—	—	—	+	1	—	—	1
Langsow	12	—	—	—	—	12	—	—	—	$1^{1}/_{2}$	—	—	—	—	1	—	—	—
Lichtenberg	50	4	6	4+16	—	13	1+3	11	—	1	—	—	1	+	1	—	1	—
Lebbenichen	40	—	—	—	—	12	—	14	—	—	1	—	1	—	1	—	1	—
Letschin	16	—	—	—	—	16	—	21	—	22	—	—	—	—	1,1+	1	1	—
Lietzen	45	—	—	—	—	15	—	15	—	2	2	—	—	+	1	—	1	—
Lindow	12	—	—	—	—	9	—	4	—	1	1	—	—	—	1	1	—	—
Lossow	28	5	31	4	—	13	2	$28^{15}/_{2}$	—	7	1	—	2	+	1	—	1	—
Madlitz	42	2	11	3+5+ 5+5	1591—1616	9	1+1+1	8	—	—	1	—	1	+	1	—	1	1
Mahlisch	46	—	—	—	—	11	—	—	—	1	—	—	—	+	1	—	1	—
Mallnow	50	—	—	—	—	16	—	9	—	9	—	—	—	—	1	1	1	—
Manschnow	$5^{1}/_{2}$	—	$2^{1}/_{2}$	—	—	6	—	$10^{6}/_{2}$	—	5	—	—	1	—	1	1	—	1
Marckendorf	14	—	4	2	—	4	1	11	1	1	—	—	1	+	—	—	—	—
Marxdorf	49	—	—	—	—	11	—	5	—	—	—	—	—	—	1	1	1	—
Münchehofe	25	3	—	—	—	5	—	3	—	1	1	—	1	+	—	—	—	1
Neuendorf im Bruch	—	—	—	—	—	—	—	1	—	1	—	21	—	—	1	—	—	—
Neuendorf im Sande	49	5	—	4	—	13	1	8	—	$1^{1}/_{2}$	—	—	—	+	1	—	—	1
Neuentempel	26	—	—	—	—	8	—	6	—	1	—	—	—	—	1	—	1	—
Niederjehsar	44	4	—	—	—	8	—	—	—	—	—	—	—	—	1	—	1	—
Obersdorf	15	7	5	2	—	8	2	13	—	3	—	—	1	+	1	—	1	—
Orthwig	—	—	—	—	—	—	—	—	—	—	—	17	—	—	1	—	—	—
Petersdorf	24	—	38	3	1599	6	1	$8^{1}/_{2}$	—	—	—	—	1	+	1+	—	—	1
Petershagen	41	5	18	4+8	1599—1616	10	1+2	10	—	—	—	—	1	—	—	1	1	—
Pilgram	24	—	—	—	—	10	—	12	—	2	—	—	2	+	1,1+	—	—	1
Platikow	26	4	—	4+1	1605—1609	13	1	26	1	5	1	—	—	—	1	—	—	—

Name des Dorfes	Bauern-hufen	Pfarr- u. Kirchenhufen	Ritter-hufen	Eingezogene Bauernhufen	Zeit der Einziehung	Bauern-stellen	Davon eingezogen	Kossäten-stellen	Davon eingezogen	Paar Hausleute	Müller	Fischer	Schäfer	Schäferkn. an ? Orten	Hirten	Hirten-knechte	Schmiede	Lauf-schmiede
Quappendorf	—	—	—	—	—	—	—	—	—	2	—	12	—	—	1	—	—	—
Quilitz	83	5	25	7	1611	41	1	43	1	4	—	—	2	+	1	—	—	—
Rathstock	$18^1/_2$	4	$12^1/_2$	$1+3^1/_2$	1595—1599	7	1+1	10	—	—	—	—	2	+	—	—	1	—
Reuthwen	$11^1/_2$	$^1/_2$	—	3	—	9	2	23	—	7	—	—	3	+	1	—	1	—
Rosengarten	—	—	—	—	—	—	—	8	—	—	—	—	1	+	1	—	—	1
Rosenthal	—	—	—	—	—	—	—	2	—	$3^1/_2$	1	—	2	+	—	—	—	—
Sachsendorf	13	1	10	—	—	10	—	$12^7/_2$	—	3	—	—	1	+	1	—	1	—
Schönfeld	49	5	—	6	—	12	1	3	—	$1^1/_2$	—	—	—	—	1	1	—	1
Schönflies	48	—	—	—	—	12	—	1	—	3	—	—	—	—	1	1	1	—
Sieversdorf	40	4	20	—	—	12	—	10	—	—	1	—	1	+	1	—	1	—
Steinhöfel	43	—	18	6	1620	17	1	$8^4/_2$	—	1	—	—	1	+	1	—	1	—
Tempelberg	27	3	18	6	1620	11	3	15	—	$2^1/_2$	—	—	1	+	1	—	1	—
Trebbus	15	—	8	—	—	3	—	5	—	—	—	—	1	+	—	—	—	—
Trebnitz	7	2	42	—	—	2	—	12	—	—	—	—	2	+	1	—	—	—
Treplin	$52^1/_2$	4	—	$15+4^1/_2$	—	11	4	11	—	—	—	—	—	—	1	—	—	1
Tucheband	11	—	—	2	—	13	1	$28^3/_2$	—	5	1	—	3	+	1	—	1	—
Werbig	22	—	—	—	—	7	—	8	—	$5^1/_2$	—	—	—	—	1	—	—	—
Willmersdorf	35	6	13	4+4+6	1599—1605	10	1+1+2	$10^1/_2$	1	2	—	—	1	+	1	—	—	1
Wohrin	—	—	—	—	—	—	—	6	—	$3^1/_2$	1	—	1	+	—	—	—	—
Wuhden	16	—	—	—	—	6	—	9	—	2	—	—	—	—	—	—	1	—
Wulkow b. Quilitz	35	5	14	13	1605	11	4	6	2	—	—	—	1	+	1	—	1	—
Zechin	12	—	—	—	—	11	—	5	—	14	—	—	—	—	1	1	1	—
Zernickow	17	—	—	—	—	6	—	8	—	$4^1/_2$	—	—	—	—	1	—	—	1
Zehsdorf	$17^1/_2$	—	—	—	—	4	—	1	—	$^1/_2$	—	—	1	+	1	—	1	—
Zetschnow [2]	34	—	—	7	—	10	1	50	—	2	2	—	4	—	1	1	—	—
Sa. 84 Dörfer	2459	$155^1/_2$	$498^1/_2$	160	—	854	69	$962^{14}/_2$	14	$194^{23}/_2$	27(2)	—	72	45	77(6)	21	44	19

5 Schäfereien [3]	—	—	—	—	—	—	—	2	—	—	—	—	6	3	—	—	—	—
5 Fischerd. [4]	—	—	—	—	—	—	—	1	—	6½	—	100	—	—	5	1	—	1
5 Mühlen [5]	—	—	—	—	—	—	—	—	—	—	5	—	—	—	—	—	—	—
2 Leineweber [6]	—	—	—	—		—	—	—	—	—	—	—	—	—	—	—	—	—
Wüst liegen [7]	—	—	—	—		—	—	2	—	—	—	—	—	—	—	—	—	—

Tabelle VIII. Rupppin.

Bantzendorf	29	2	—	—	—	17	—	7	—	—	—	—	1	—	1	1	1	—
Barsickow	25	—	6½	2	1624	17	2	3	1	4	—	—	1	—	—	—	—	—
Baumgarten	31½	2	18½	3½	1599	12	—	7	—	4	2	—	2	+	—	—	—	—
Bechlin	45½	2	4	—	—	25	—	14	—	½	—	—	1	+	1	—	—	1
Brunne	20½	2	19½	7½	—	15	3	11	2	—	—	—	—	—	1	1	—	—
Braunsberg	30	—	—	2	—	14	1	6	1	—	—	—	1	—	1	1	—	—
Buberow	30	—	—	—	—	15	—	—	—	—	—	—	—	—	1	—	—	1
Bückwitz	35	2	3½	7	—	17	4	1	—	3½	—	—	1	—	1	—	1	—
Buskow	39	2	—	3	—	16	1	2	—	—	—	—	—	—	1	1	—	—
Campehl	24½	2	15½	4	—	16	2	1	2	½	—	—	—	—	1	1	—	1
Cantow	19	2	9	—	—	12	—	⅔	—	—	—	—	—	+	1	—	—	1
Dabergotz	39	2	11	4	—	20	2	10	—	4	—	—	2	—	1	—	1	—
Darritz	17	—	—	—	—	10	—	—	—	1½	—	—	—	—	1	1	—	—
Dierberg	58	2	—	—	—	23	—	7	—	—	—	—	1	—	1	—	—	1
Dreetz	13	—	8	—	—	13	—	19	—	3	1	—	2	+	1+	—	—	—
Dolgow	24	2	—	—	—	15	—	7	—	—	—	—	—	—	2	—	1	—
Alt-Friesack	—	—	—	—	—	—	—	—	—	—	—	14	—	—	—	—	—	—
Gadow	40	—	—	—	—	19	—	4	—	—	—	—	—	—	1	—	—	—
Gantzer	45	3	3	—	—	23	—	6	—	1	—	—	—	—	2	—	1	—
Gartow	17	—	—	—	—	10	—	11	—	—	—	—	1	—	1	1	—	—
Gartz	29	2	9	1½	—	19	1	7	—	4	1	—	1	+	1	—	1+	—
Guten-Germendorf	60	—	—	—	—	27	—	8	—	—	—	—	1	—	1	—	1	—
Gnewikow	38	3	10	5	—	12	1	2	—	—	—	—	1	—	—	1	—	1
Gottberg	39	—	4	—	—	22	—	8	—	2	—	—	1	—	—	1	1	—
Grieben	50	—	—	—	—	18	—	4	—	—	—	—	1	—	1	—	—	1

Name des Dorfes	Bauern-hufen	Pfarr- u. Kirchenhufen	Ritter-hufen	Eingezogene Bauernhufen	Zeit der Einziehung	Bauern-stellen	Davon eingezogen	Kossäten-stellen	Davon eingezogen	Paar Hausleute	Müller	Fischer	Schäfer	Schäferkn. an ? Orten	Hirten	Hirten-knechte	Schmiede	Lauf-schmiede
Gühlen	7	—	—	—	—	4	—	8	—	—	—	—	—	—	1	—	—	—
Hertzberg	60	2	—	2	—	30	1	10	—	$2^1/_2$	—	—	—	—	2	—	—	1
Karwe	45	4	11	1+3	—	21	1	8	—	2	—	—	1	+	1	—	1	—
Katerbau	29	—	—	2	—	14	—	9	—	—	—	—	2	+	1	—	—	1
Keller	32	—	—	—	—	11	—	—	—	—	—	—	—	—	1	—	—	1
Ketzlin	31	—	—	—	—	15	—	11	—	—	—	—	1	—	1	—	1+	—
Köritz	59	—	1	4	—	32	—	$10^1/_2$	—	7	—	—	2	+	1	—	—	—
Kraats	60	4	—	—	—	29	—	9	—	$5^2/_2$	—	—	—	—	1	1	1	—
Krangen	32	—	—	—	—	16	—	—	—	—	—	—	—	—	1	—	—	1
Krentzlin	$27^1/_2$	3	$19^1/_2$	4	—	14	3	20	—	2	—	—	2	+	1	—	—	—
Kügow	25	—	4	—	—	6	—	—	—	1	—	—	—	+	1	—	—	—
Läsickow	$19^1/_2$	$^1/_2$	—	—	—	16	—	3	—	3	—	—	1	—	—	—	—	—
Langen	$24^1/_2$	2	$8^1/_2$	3	—	13	1	9	—	2	—	—	—	—	1	—	1+	—
Leddin	17	—	—	—	—	8	—	11	—	—	—	—	1	+	—	—	—	1
Lichtenberg	47	3	—	—	—	17	—	2	—	—	—	—	1	—	1	—	1	—
Linde	19	—	—	—	—	7	—	8	—	—	1	—	1	—	—	—	—	1
Lögow	42	—	$16^1/_2$	3	—	24	—	3	—	3	—	—	3	+	1	—	1	—
Lüchfeld	29	3	10	—	—	12	—	2	—	2	—	—	—	+	1	—	1	—
Mancker	42	—	2	—	—	26	—	3	—	—	—	—	—	—	1	—	1	—
Meeseberg	24	2	11	—	—	13	—	5	—	—	—	—	1	+	1	—	—	1
Mentz	49	2	—	—	—	24	—	6	—	—	1	—	1	—	1	—	1	—
Metzelthin	22	2	10	5	—	13	2	6	—	—	—	—	1	—	1	1	—	1
Molchow	20	—	—	—	—	13	—	—	—	2	—	—	—	—	1	—	—	—
Gr.-Mutz	46	2	—	—	—	31	—	12	—	2	—	—	—	—	2	—	1	—
Nackel	28	2	8	—	—	22	—	12	—	5	—	—	2	+	1	—	1	—
Nietwerder	32	2	—	—	—	13	—	5	—	—	—	—	—	—	1	—	—	1
Plänitz	15	—	$19^1/_2$	3	—	11	2	15	—	—	—	—	3	—	1	1	—	—
Pahlzow	15	—	—	—	—	7	—	2	—	—	1	—	—	—	1	—	—	—
Protzen	$39^1/_2$	2	8	—	—	16	—	6	—	2	—	—	1	—	1	—	1	—
Radensleben	31	—	—	$41^1/_2$	1618	19	—	13	—	—	3	—	3	+	1	1	—	1

Rägelin	28	—	—	—	—	21	—	7	—	—	1	—	—	—	1	—	1	—
Rauschendorf	—	—	—	—	—	—	—	3	—	—	1	—	1	+	—	—	—	—
Ribbeck	12	—	—	3	—	6	1	9²/₂	—	1	—	—	—	—	1	—	—	—
Rönnebeck	47	—	—	4	—	25	2	9	—	1	—	—	—	—	2	—	1	—
Rohrlack	24	4	11	2	—	13	1	8	1	2	—	—	1	—	—	—	—	1
Rüthenik	58	4	—	—	—	19	—	11	—	—	—	—	1	—	1	1	—	1
Sägelitz	27	2	11	4+1	1619—1623	17	1	9	—	—	—	—	2	+	1	—	1	—
Schönberg	50	2	—	—	—	16	—	3	—	—	—	—	—	—	1	—	—	1
Schönermark	53	—	7	—	—	24	—	1½	—	2½	—	—	2	+	1	—	—	—
Seebeck	39	—	—	—	—	13	—	1	—	—	—	—	—	—	1	1	—	—
Sieversdorf	36½	—	—	—	—	21	—	13½	—	—	—	—	—	—	1	—	—	—
Sonnenberg	48½	—	—	2	—	24	1	7	2	—	—	—	—	—	2	1	1	—
Steffin	43	4	10	3	—	19	1	1	—	—	—	—	2	—	1	—	1	—
Strnvensee	27	—	—	—	—	9	—	2	—	—	—	—	—	—	1	—	—	—
Tramnitz	20	—	20	—	—	11	2	5	2	—	—	—	1	—	1	1	1+	—
Viechel	10	—	4½	1	—	10	1	3	—	—	—	—	1	+	—	—	—	—
Vielitz	40	2	—	—	—	12	—	5	—	—	—	—	—	—	2	—	—	1
Walchow	31	2	4	2	—	12	—	—	—	2	—	—	—	—	1	1	—	1
Walsleben	30	4	13	2	—	19	1	17	1	1	1	—	3	+	1	—	1	—
Werder	33½	2	5½	2½	—	19	1	4	—	—	—	—	1	—	—	—	—	1
Wildberg	57	—	—	—	—	25	—	27	—	1	1	—	1	1	—	—	1+	—
Gr.-Woltersdorf	26	—	—	—	—	24	—	10	—	—	—	—	—	—	2	—	1	—
Wulkow	42	3	17	2	—	11	1	4	—	1	—	—	—	—	1	—	—	—
Wustrow	30	2	20	3½	1608	14	1	10½	1	4½	1	—	2	—	1	—	1	—
Wuthenow	62	—	—	—	—	19	—	6	—	—	—	—	1	—	—	—	—	—
Wutzetz	—	—	—	—	—	—	—	19	—	4	—	—	—	—	1	1	—	—
Zechow	24	—	—	—	—	11	—	1	—	—	—	—	—	—	1	—	—	1
Zermützel	17	—	—	—	—	5	—	—	—	—	—	—	—	—	1	—	—	—
Zernickow	24	—	—	4	—	13	2	5	—	—	1	—	—	—	1	—	—	—
Zernitz	33½	2	5	—	—	30	—	17	—	—	—	—	—	—	1	—	1+	—
Zootzen	28	—	—	—	—	11	—	1	—	—	—	—	—	—	1	—	—	—
Zühlen	40	2	—	—	—	21	—	6	—	—	—	—	1	—	1	1	1	—
Sa. 86 Dörfer	2806	100	378	187	—	1399	43	574⁹/₂	13	105⁹/₂	18	—	65	18	81	31	31(6)	24
1 Fischerdorf[1]	—	—	—	—	—	—	—	—	—	—	—	—	—	—	—	—	—	—
3 Mühlen[2]	—	—	—	—	—	—	—	—	—	—	—	14	—	—	—	—	—	—
1 Schneider[3]	—	—	—	—	—	—	—	—	—	—	3	—	—	—	—	—	—	—
Wüst liegen[4]	10	—	—	—	—	8	—	7	—	—	—	—	—	—	—	—	—	—
7 Schäf.[5]	—	—	—	—	—	—	—	—	—	—	—	—	7	7	—	—	—	—

Tabelle IX. Übersicht.

	Name des Kreises.								
	Teltow	Nieder-Barnim	Ober-Barnim	West-Havelland	Ost-Havelland	Zauche	Lebus	Ruppin	Sa.
Dörfer	124	89	68	67	77	94	84	86	689
Fischerdörfer	3	2	13	6	4	1	5	1	35
Bauernhufen	3385	3575½	2723	1719¾	2720¼	2501	2459	2806	21789¾
Davon eingezogen	246	206½	317	114	187	146½	160	147	1524
Wüst liegen	16	2	22	8	2	—	—	10	60
Ritterhufen	439½	431	585	309	477½	139½	498½	378	3256
Pfarr- u. Kirchenhufen	128	318½	251½	56	112½	61½	155½	100	1183½
Bauernstellen	1234	1032	734	789	1082½	864	854	1399	7988½
Davon eingezogen	62	54	89	35	53	37	69	43	389
Wüst liegen	7	3	2	7	5	4	—	8	36
Kossätenst., ganze	651	730	466	554	598	864	962	574	5399
- halbe	12	1	—	12	12	28	14	9	88
Davon eingezogen	4	6	19	9	16	9	14	13	100
Wüst liegen	9	1	6	8	7	—	2	7	40
Paar Hausleute	48	47	42	117	149	85	200	105	688
Einzelne Hausmänner	10	6	4	12	19	15	24	9	99
Müller	33	22	22	12	10	19	32	21	171
Fischer	36	29	233	102	76	22	100	14	612
Schäfer	32	34	43	43	56	42	78	72	400
Schäferknechte an ? Orten	17	18	29	44	42	31	48	25	254
Hirten	108	79	57	77	79	88	82	81	651
Hirtenknechte	13	33	26	23	23	36	22	21	197
Schmiede	18	35	29	33	43	27	44	31	260
Laufschmiede	46	29	38	18	13	29	20	24	217
Leineweber	2	—	—	—	2	—	2	—	6
Schneider	—	—	—	—	1	1	—	1	3

Pierer'sche Hofbuchdruckerei. Stephan Geibel & Co. in Altenburg.

FSC
www.fsc.org
MIX
Papier | Fördert gute Waldnutzung
FSC® C083411

Kolibri 360 GmbH
Ferdinand-Jühlke-Straße 7
99095 Erfurt, Deutschland
produktsicherheit@kolibri360.de

Druck:
CPI Druckdienstleistungen GmbH
im Auftrag der
Kolibri 360 GmbH
Ferdinand-Jühlke-Str. 7
99095 Erfurt